U0001392

幕末史

半藤一利

Handō Kazutoshi

序　章　「御瓦解」與「御一新」——・4
第一章　幕末最長的一天——・10
第二章　攘夷派、開國派、一橋派、紀伊派——・57
第三章　和宮下嫁與公武合體論——・96
第四章　遭恐怖行動震撼的京城市町——・126
第五章　猛烈的權力鬥爭——・163
第六章　為皇國不惜粉身碎骨——・197
第七章　前腳將軍死，後腳天皇駕崩——・237
第八章　淪為朝敵的德川慶喜——・264
第九章　勝海舟與西鄉隆盛——・300
第十章　戊辰戰爭的戰死者——・340

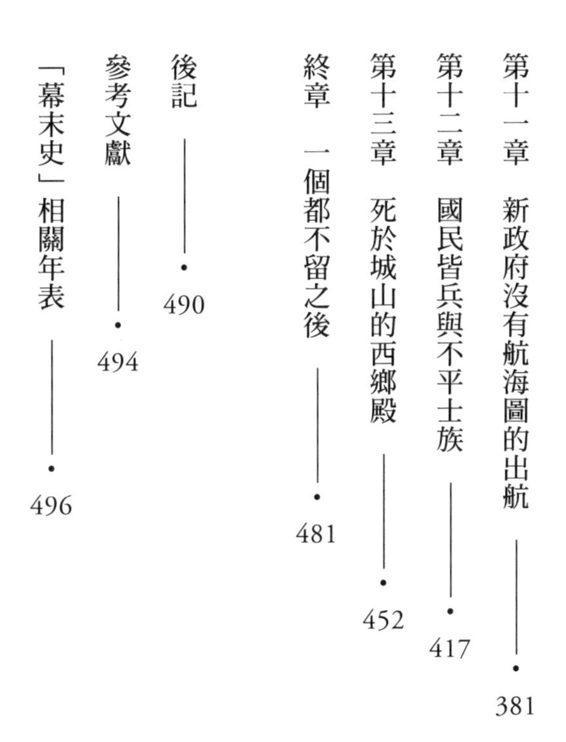

第十一章　新政府沒有航海圖的出航──381
第十二章　國民皆兵與不平士族──417
第十三章　死於城山的西鄉殿──452
終章　一個都不留之後──481
後記──490
參考文獻──494
「幕末史」相關年表──496

序章　「御瓦解」與「御一新」

昭和五年（一九三〇），我出生在東京的向島。於中日戰爭開打的昭和十二年就讀小學，在六年小學加上昭和十八年一直到大日本帝國投降為止的兩年中學期間，正被徹底灌輸基於戰前的皇國史觀，正確來說是「薩長史觀」所建構的近代日本成立史。也就是「官軍」與「賊軍」的史觀。

當時，我們被迫熟記這首歌：「親王大人，親王大人，馬前隨風飄揚的是什麼，咚咚咚呀咚呀咚。你不知道嗎，那可是征討朝敵的錦旗，咚咚咚呀咚呀咚……[1]」總之，在國史課上，我們被教導薩摩、長州及土佐的勤皇志士才是正義的一方，他們打著尊皇的口號，擊倒仇視皇國的德川幕府與支持幕府的賊軍，建立美哉皇國。

然而，從我還是個乳臭未乾的小鬼時，就已經聽過另一個截然不同版本的歷史聽到大。原因是，孩提時，父母為了讓我鍛鍊體魄，每年暑假總會送我到父親的老家——新潟縣長岡市的一個貧窮村落。眾所皆知，以前位於當地的越後長岡藩是朝敵藩，在戊辰戰爭中猛烈地抵抗「官軍」，使得長岡城下變成一片焦土。亦即「賊軍」。因此，從以前祖母就經常對我耳提面命這件事，聽到我耳朵都快長繭了：

「東京多的是像明治新政府啦，或是那些位階為勳一等或勳二等的高官達人之類好逞威風的傢伙，說起來薩長那幫人根本就是土匪。不但刻意跟俸祿七萬四千石的長岡藩找架吵，最後還搶走了長岡藩五萬石俸祿。這算哪門子官軍啊。那幫人所謂尊皇的理由，就跟土匪的屁沒兩樣！」

這番話正好與過去學校老師及周遭大人所教導我們的偉大故事截然不同，可說是正好相反的史觀。順帶一提，長岡戰爭中擔任「西軍」指揮官的西園寺公望、山縣有朋等人，在遭到長岡藩兵勇猛果敢的夜襲後險些喪命，如同「屁股掛帆[2]」般落荒而逃，聽完這段祕話真是倍覺痛快，讓當時還是小孩的我大快人心。同時，我也愈來愈確信這個版本才是正確歷史。

就這樣，從我還是個小鬼時起，便自然而然地對薩長產生反感。因此，即使在成人後，我看到東京出生的漱石老師及荷風先生[3]在作品當中以德川家的「瓦解」來取代「維新」二字時，心底就會油然升起一股敬意。下面就來介紹一、二段荷風先生精彩怒罵薩長的犀利言論。

「薩長土肥的浪士提倡不該實行的攘夷論，施巧計擁錦旗顛覆了江戶幕府，但他們原是缺乏文化的蠻族。」（〈東京夏季的趣味〉）

「明治以後日本人變壞的原因，在於擅權謀的薩長將天下變成薩長人的天下，事到如今才令人痛惜不已。」（《斷腸亭日乘》昭和19・11・21）

另外，前些日子我也讀了同是江戶子的芥川龍之介的短篇作品〈雛〉，看到其中一行寫道「畢竟自德川（とくせんけ）家御瓦解以來，願意調降御用金[4]的只有加州公[5]而已」時，真是叫人快哉。不但「御瓦解」的「御」字加的好，在「德川家」標注「とくせんけ」[6]的唸法更是絕妙。

在薩長史觀的影響下，至今我們仍將一八六八年爆發的這場暴力革命美其名稱為「明治維新」。不過只要瀏覽明治初年的詔書、御誓文、太政官布告、命令及法令等文書，就會發現當時並沒有使用「維新」二字。這是因為，儘管這場革命推翻了德川家，人民卻認為〈反正不久後薩長就會起衝突，諸藩將再度行動，最後又會天下大亂〉。當時有首狂歌便如此諷刺道：

從上而下唸作明治

由下而上唸作治瞑〈明〉[7]

為了好好教育這群不懂革命之可貴的老百姓，首先得先倡導王政復古。不不不，當然不是所有的一切全都復古，因此接著提倡「百事御一新」。例如王政御一新、大政御一新、舊弊御一新等，不管什麼都要御一新。

至於「維新」一詞的出現，就我所看過的資料而言，一般認為最早出現在明治二年（一八六九）九月二十六日針對薩長土肥一幫人論功行賞的詔書中：

「朕惟皇道維新，全賴汝有眾之力所資……」

儘管如此，卻也不是自此以後萬事皆改用「維新」，大部分仍使用「御一新」。

說起來，曾幾何時，不知是哪位人士從中國的古典作品《詩經》中找出「維新」這一平時少見的莊重詞彙，貼在這場暴力革命上作為粉飾。我不禁感到佩服，心想：原來世上竟有這樣優秀的智囊。

因此，容我話先說在前頭，我保證接下來跟各位長篇大論地講述幕末到明治十一年這段歷史都是採取「反薩長史觀」。司馬遼太郎先生曾說，「在幕末這個如履薄冰的階段，薩長的舉動幾乎算是一種暴力。」對此我深表同感。而且這種暴力不過是建立在有利己方的戰略上，區分正義與非正義。關於這點，我想提出幾點異議。

說起來，歷史本來就可以從各種不同的角度進行檢視，因此了解反薩長史觀的觀點對各位有利無害。不同於「西鄉隆盛是個偉人」、「坂本龍馬是最了不起的日本人」這類評價，在接下來的講座中，將會出現「西鄉隆盛與毛澤東是同類」、「坂本龍馬的觀點缺乏獨創性」等我個人的看法，請各位聽完後不要太過驚訝。

1 「宮さん宮さん（親王大人）」是寫成於1868年的一首軍歌，由品川彌次郎作詞，大村益次郎作曲。又稱為「トコトンヤレ節」或「トンヤレ節」。可說是日本最早的軍歌。歌詞原文是「宮さん宮さん、お馬の前にひらひらするのは何じゃいな、トコトンヤレトンヤレナ、あれは朝敵征伐せよとの錦のみ旗じゃ知らないか、トコトンヤレトンヤレナ……」，歌詞中的「宮さん」是指戊辰戰爭時擔任東征大總督的有栖川宮熾仁親王。

2 屁股掛帆，日文是「尻に帆をかける」，源自因為逃得太匆忙，使得兜襠布灌風鼓起，如同掛帆一般，引申為倉皇而逃之意。

3 漱石老師及荷風先生，即夏目漱石與永井荷風。

4 御用金，是指江戶時代，為了彌補幕府、藩、旗本等財政匱乏而向農民、商人所課徵的稅金。明治政府初期，由於缺乏財政基礎，因此以御用金作為財源。

5 加州公，加賀藩又稱為「加州」，這裡是指加賀藩最後一任藩主前田慶寧。

6 根據江戶學之祖三田村鳶魚的說法，江戶因忌諱將軍，故在提及將軍時會以「とくせん」作為隱語指稱「德川（とくがわ）」。到了幕末，幕臣及天領的民眾也稱將軍為「とくせん」。因此，在德川家標注「とくせんけ」的唸法蘊含與德川家有關或關係密切之意。

7 原文是「上から明治だなどいふけれど　治まるめい〈明〉と下からは読む」，「治まるめい」帶有「搞不定、無法平息」之意，故這裡翻成「治瞑」。從上層角度來看，明治維新成功地讓日本近代化；但對下層百姓而言卻與以前沒有差異，反映出一般民眾對明治維新的反感。

第一章　幕末最長的一天

美國總統的國書

第一次講座的內容是培里來航。在三浦半島的久里濱沙灘上，至今仍然立有培里來航紀念碑。這塊紀念碑據說是建於明治三十四年（一九〇一），由伊藤博文題字，上面寫著「北米合眾國水師提督伯理上陸紀念碑」，相當壯觀。我也在兩、三年前前去參觀，看完後有些感慨：原來這裡就是日本被培里強迫開國，首度以國家名義簽訂條約的地方啊。

然而近來，我聽說幕末日本並未實施鎖國體制已成為史學界的定論。我心想：「咦！？這怎麼可能？」不過當時幕府只對荷蘭開放長崎港，雖未進行盛大的貿易活動，但兩國確實有交流；此外，幕府也透過對馬及琉球，分別與朝鮮半島及中國進行交流、維持往來……，因此不算實施鎖國體制。話雖如此，看過歷史年表後，我還是認為德川幕府明顯實施過鎖國政策。因此培里來航才會成為令幕府大幅改變國策，由鎖國變成開國的重大事件。倘若日本未曾實施鎖國體制的話，根本沒必要誇大形容培里來航一事，至少日本人在江戶時代的兩百二十年間無法到外國去，外國人也不能前來日本。若是日本人前往外國，回國後就得處死刑。約翰萬次郎[1]歷經漂流後回到日本之時已經取消死刑，要是再早些時候回國的話，搞不好就會遭處死刑。

眾所皆知，培里來航發生於嘉永六年（一八五三），而改元明治是在慶應四年（一八六八）。接下來要跟各位講述的就是這十五年，再加上歷經西南戰爭後一直到明治十一年這段期間的歷史。明治十一年時已經確立了軍隊統帥權，比國家憲法的制定更早。而這個寺子屋[2]式的講座也將到此結束。

回到正題，嘉永六年六月三日（陽曆七月八日）下午五點，適逢夏天，天色還很明亮，據說海面上有十艘以上的日本漁船。這時，突然有四艘大型美國艦艇——由於是海軍艦隊，因此設有大砲——排列陣型，急速衝向日本漁船。原來是馬修・卡爾布萊斯・培里（Matthew Calbraith Perry）提督所率領的美國東印度艦隊，當時他率領旗下十艘當中的四艘軍艦前來日本。根據紀錄所述，先是在浦賀鴨居村的海面看到這四艘軍艦，緊接著從城島海面急速移動到千駄崎（現橫須賀市），停泊在海面一・五英哩處。一英哩相當於一八〇〇公尺左右，因此那四艘艦隊排列隊形，停泊在距離海岸二六〇〇～二七〇〇公尺處。在《日本遠征記》一書當中，培里沾沾自喜地寫道「可清楚看到富士山」、「日本之島實在美哉」等。其中，最重要的部分如下：

「做好戰鬥準備，大砲就定位，充填彈藥，備妥步槍，命所有士兵堅守崗位。」

換言之，培里艦隊已擺出備戰狀態，抵達日本領海。

那群漁夫看到從未見過的船突然駛來，自然嚇得驚慌失措，全員逃之夭夭。其中有一名漁夫立刻衝到奉行所報告：不得了了！有從未見過的大船正以猛烈的速度朝這裡衝過來。

當時，擔任浦賀奉行[*1]的是一名俸祿五千石的旗本[3]，名叫戸田氏榮。他聽到此一報告後大感吃驚，立刻招喚值班與力[*2]近藤良次、佐佐倉桐太郎、中島三郎助——這幾位之後還會出現好幾次，最後戰死在箱館——要他們立刻到奉行所來。這三名與力帶著通譯堀達之助，一同前往船艦所在地。當時，因實施鎖國體制不可能有外國船隻前來浦賀，但意外的是浦賀奉行所內卻有通曉外語的通譯——之後還會出現另一名通譯，共計兩名——在往後將會提到，其實培里提督率領美國艦隊前來的消息早已傳入日本耳中。而且，據說消息不只傳入向荷蘭開放門戶的長崎，甚至還傳到江戶。所以才會在浦賀也設置通譯吧。無論如何，這三名與力帶著一名通譯命漁夫加快船速，抵達美國艦隊前方。

三名與力高舉以法文寫著「請進速退去，切勿停泊做出危險之舉」的字條，在船下大聲叫喊，對方卻從上方探出頭，以一口「長崎腔的英文」回答道：「派身份更高的官員過來」，似乎是說：跟你們這種小嘍囉沒話說。這時中島三郎助靈機一動，說道：「我們可是位居奉行的次席」——這句話用英文該怎麼說才好？跟他們說奉行大概也聽不懂吧，不管怎樣，就說「我們是身份第二高的，就是Number Two」吧。無論如何，中島三郎助就這樣敷衍過去，於是對方放下鉤繩說道：那你們就上來吧，他們便攀登鉤繩上船了。

關於當時的情況，在《日本遠征記》中記述如下：

「三十多名水手搭乘大型警備船朝這裡駛來，他們個個高大，身強體健，膚色略帶黝黑，光著身子，僅腰間繫著單薄的布。……頭頂剃光，左右兩側的頭髮則紮成一束，擺在頭頂，形同頭頂擺著一把手槍。有兩、三名男子頭上戴著宛如平底盆倒過來放的竹笠，恰似萬邊奴（Mambrino，古代勇士的金盔）的頭盔，相當奇怪。」

大概是划船者身上僅穿戴兜襠布之類，外表看起來就像個野蠻人。一般常形容日本武士的頭上「宛如擺著一把手槍」，該形容詞最早出現於這時期。至於以萬邊奴來形容，大概是當時這三名與力頭戴著時代劇中常見的平底斗笠吧。無論如何，他們冒死搭船前去進行談判。

根據當時日本國法規定，除了長崎以外，其他地方一概禁止與外國人進行交流。因此在這之前，俄羅斯及其他國家的船隻曾屢次前來，每次進行交涉時總會要他們「去長崎」。這次也對美國方面如此說明，沒想到對方卻堅決不接受。培里的副官康德（John

Contee）出面拒絕，說道：「沒必要去長崎。吾等提督地位相當於日本的大君閣下——大君是指德川將軍而非天皇。這個部分有些微妙，對美國而言，日本的統治者就是德川將軍，當時他們對京都的天皇尚無任何概念——為了將美國總統的國書親手交給大君閣下，才特地到江戶附近。爾等卻叫吾等去長崎，究竟有何用意？」接著又說：「雖說是國家規定，但也須『視情況而定』，美國是個愛好和平的國家，沒有任何惡意。叫吾等去長崎實在太無禮，絕不允許侮辱我國。若不願受理，那也無可奈何，吾等只好訴諸武力等強硬手段，將國書交給將軍閣下。」

我在後面也會提到，當時的美國總統米勒德・菲爾莫爾（Millard Fillmore）並沒有提到「開戰吧！」這句話，因此儘管黑船方面應該無意與日本交戰，但仍以「慎重起見，話先說在前頭，若是日本派出多餘的防備船或警備船在我國船艦周圍伺機而動，吾等將斷然做好攻擊的準備」等強硬的措辭回絕日本的藉口。由於不管怎麼交涉仍無進展，中島三郎助只好倉皇失措地回道：總之吾等並無決定權，暫且先回去與上司討論後明日再行回覆。

此乃第一天交涉的經過。

看到對方如此氣勢洶洶，想必中島三郎助等人心裡一定覺得：「真是氣人」吧。不過作為工作的一環，他們也見識到黑船（薩斯喀那號，USS Susquehanna）的外觀構造，不僅擁有巨砲，還裝備了眾多武器，體悟到「千萬不能隨意招惹對方」才是。再怎麼說，浦賀奉行的旗下只有與力十六騎、同心七十四人，根本不足一百名兵力，剩下的靠足輕也無法與之抗衡。天色已完全昏暗。下午九點，美國的四艘軍艦同時點燃報時用的大砲，大砲的轟隆聲沉重地響遍整個浦賀灣。在完全被美國牽著鼻子走的情況下，結束第一回合。

違背天理罪

當天晚上，收到報告的浦賀奉行戶田氏榮立刻寫信給江戶表[*3]，連忙派使者火速送達江戶。內容如下：

「揚帆行駛的兩艘船艦設置大砲七十餘挺。另一艘全面鋪上鐵皮的蒸氣船備有大砲三十～四十挺，剩下一艘亦鋪有鐵皮，設置大砲十二挺，進退自如，無須櫓櫂，迅速出沒，不讓接應的船隻靠近……」

與力等人戰戰兢兢地上船後還能做出如此詳細的報告，可說是觀察入微且周到。但是實際情況又是如何，旗艦薩斯喀那號——附帶一提，雖然素有「鐵船」之稱，當時卻是採取在木造船艦鋪上鐵皮的方式，而不像後來的軍艦完全採用鐵製。另外，說是採蒸氣動力，使用的燃料卻是煤炭而非石油——排水三八二四噸，相當於昭和時期日本的驅逐艦，並裝備六門六英吋榴彈砲，一英吋約等於二．五公分，因此十五公分砲的規模可說是相當大。換算成日本式的說法就是十一貫目[4]砲。江戶灣（現在的東京灣）台場的備砲有九十九門，其中過半數以上屬於一貫目砲。根本比不過對方。密西西比號（USS Mississippi）的排水三二二〇噸，裝備十二門口徑約一〇公分的榴彈砲。至於另外兩艘，普利茅斯號（USS Plymouth）及薩拉多加號（USS Saratoga）均為排水一〇〇〇噸等級的武裝帆船，裝備有七～八公分小型榴彈砲等十八門。也就是說，與力等人的觀察未免太誇大其實，先入為主地認定是威力相當強大的船艦。但或許是因為太過提心吊膽，才會誇大其實。

翌日早晨，戶田氏榮找來名叫香山榮左衛門的筆頭與力，命他前往薩斯喀那號（這時還不知道該艦的名稱）傳話：「駛往長崎去，除此以外無可奉告。」香山先生立刻帶著堀先生及立石得十郎兩位通譯，以正式使者身份出發。美國也派出參謀長亞當斯上校及薩斯喀那號艦長布坎南（Franklin Buchanan）上校接應，但卻依然見不到培里提督的身影。其實這正是培里的作戰計畫，相當有意思，稍後再跟各位詳談。

總之，雙方持續進行「去長崎」、「辦不到」的爭論。最後，美國方面終於說道：「如果非要吾等去長崎不可，那也無可奈何，吾等將駛進江戶灣登陸，直接將國書交給將軍。」接著又說，「在現在的世界，國與國之間不再封閉門戶，相互開放，進行交流通商才是一大趨勢。認為這股趨勢與本國無關，一直維持封閉門戶，毋寧是『違背天理』之舉。一直違背世界的常識將鑄成大錯，明知如此還是拒絕開放門戶的話，那也無可奈何，吾等將憑藉大砲的威力強行撬開門戶，讓全世界都知道你們犯下違背天理之罪。」

明知日本沒有做好應戰的準備，才會藉此要脅。

不僅如此，美國方面也實際拿出白旗說：「若是貴國陷入戰爭狀態，無力抵抗的話，吾等在此已備妥兩支白旗。只要舉起白旗，吾等將隨時接受談和。」這就是所謂的「白旗傳說」，也有說法認為這不是事實。原因在於，白旗在當時尚未成為國際性的（表示投降）戰爭條件，因此日本並不曉得，我則認為美國遞給日本白旗是不爭的事實。

其實，西歐列強基於「雙方彼此打開門戶以利通商」之用意（名義），至今已接二連三地攻擊東南亞並納為殖民地的情報，早已傳入日本。其中又以當時的暹羅，即現在的泰國，遭受西歐列強假借通商的名義行軍事力量的壓迫而陷入困境，從繁盛步入衰亡；而澳門也在接受通商的利誘後逐漸衰亡。因此日本武士在進行交涉時，必定抱持著絕不輕易聽信美國方面說詞的意念。這時，美國是否遞給日本白旗的確是個有趣的話題，我則認為美國拿出白旗來威脅日本。

儘管如此，香山先生如是說道：

「然而，國禁不可犯。既然如此，那也無可奈何。吾等向江戶請示後再行回覆，請再寬限四天。」

對此，美國的參謀長則回道：

「我們的蒸氣船只消一小時即可到達。等不了四天，頂多只寬限三天。」

態度相當強硬。無可奈何下，香山先生只好答應在三天內答覆後便打道回府。或許是對單方面被吃得死死的感到懊悔不已吧，他在離開前問道：

「話說回來，貴國通過地峽的運河已經完工了嗎？」

布坎南上校將這個問題解讀為巴拿馬運河鐵路，似乎讓他大感吃驚。心想：想不到島國日本居然會掌握到這種情報。看來日本不像其他東南亞諸國一樣不諳世界各地的情報，絕非尚未開化的野蠻人，而是相當文明化的國家。香山先生確實展現了志氣，無論如何，交涉最終還是得請示江戶方面的判斷。

在此我再重申一次，日本幕府並沒有那麼無能，甚至還掌握不少西歐列強接二連三地將東南亞納為殖民地等世界情勢資訊。關於培里來航的消息，也早在嘉永三年（一八五〇），即培里實際來航的三年前就已經掌握情報。據說，美國在得知日本僅透過長崎港與荷蘭保持往來後，委託荷蘭「接下來我國想前往日本進行交涉，能否從中幫忙牽線？」荷蘭在回絕美國的請求後，長崎的荷蘭商館長便透過長崎奉行向幕府傳達「總有一天，美國將會率領艦隊前往日本」的消息。之後只要一有機會，荷蘭就會將從美國方面得到的情報告知日本。共計六次，第一次是在嘉永三年，出現培里提督的大名則是在第三次，即嘉永五年。

而在培里來航的前一個月，也就是嘉永六年五月時，培里艦隊的四艘軍艦靠近琉球，先調查小笠原後再前往日本的消息傳到日本。荷蘭警告日本：美國是動真格的，最好得勒緊褲帶，否則會淪為與東南亞諸國一樣的下場。另一方面，荷蘭也提出建議：「與其只對我國打開門戶，不如與我國正式簽訂貿易條約如何？」結果遭到日本冷淡回絕。日本幕府沒有打算更動鎖國的方針，雖與荷蘭維持交流，卻沒有簽訂特殊通商條約的打算。

然而當黑船實際來航後，日本這才明白美國的兵力、武器的威力有多麼巨大。設置在浦賀奉行旗下觀音崎的六門砲台都是舊式砲台，而且只有十五發彈藥，根本無法與對方較量。因此，儘管日本事前已得知消息，卻依然倉皇失措，這就是當時日本的實態。

這可說是日本人的通病。太平洋戰爭時也是一樣。儘管日本人往往能提前取得確實的情報，卻總是慣性認定令人擔憂的事應該不會發生，不，這絕對不會發生，就這麼辦，沒問題，一定不會發生。舉個例子，例如昭和二十年（一九四五）八月蘇聯侵略滿洲。日本早在同年春季時，就已得知蘇聯的兵力在穿過西伯利亞鐵路後將在滿洲國境內集結的消息。同年四月，蘇聯早已通知日本《日蘇互不侵犯條約》將於一年後撤銷，因此日軍中樞部的大部分人早已預料蘇聯極可能會攻擊日本。特別是參謀總部不可能不曉得此事，但參謀總部卻說：「若是蘇聯現在進攻過來的話只好認輸，無從處置」事情若是真的發生的話，就會令人相當頭大；可是令人擔憂的事不是不會發生嗎？不，是絕不會發生，因此日軍中樞部認定蘇聯不會攻打過來。同年八月九日上午零點時，當蘇聯一口氣越過滿洲國過境攻打過來時，參謀次長河邊虎四郎中將在日記上寫著：「啊，是我判斷有誤」。這並不是判斷出錯，只不過是認定判斷有誤罷了。這一點在幕末也是一樣。幕府早已掌握培里來航的情報，而且還多達六次，儘管如此，幕府仍然認定令人擔憂的事絕對不會發生。可是事情還是發生了。於是乎在束手無策下，釀成一場天翻地覆的大騷動。

鴉片戰爭的衝擊

當時幕府的筆頭老中[*4]是福山藩（現在的廣島縣）十一萬石的阿部伊勢守正弘，時值三十五歲，頭腦不但相當清晰，而且悉知世事。明治時期的評論家山路愛山對他如此評道：「善聽人言，即便與己見相左，先順其意見，有擇其長處而用之器量。」阿部正弘就是如此傑出優秀的幕末時期人物。而且在培里來航的七年前，亦即弘化三年（一八四六），他曾寫信給水戶的德川齊昭，內容如下：

「（放眼當今世界情勢，列強正在展開對亞洲各國的侵略）如今，即便下達異國船擊攘令，也難期必勝。既然無法取勝，只會成為日本的恥辱（儘管實施鎖國體制，一旦敵方來襲時，若是強行驅趕也無法獲勝的話，只會成為日本之恥）。單憑日本的小船不僅難以與異國之船抗戰，重要的是異國船將阻斷江戶近海的通商，只會落得糧食缺乏。故必須製造堅固之軍艦，從嚴加強海軍防備才行。此乃今日之急務。」

德川齊昭是個徹頭徹尾的攘夷[*5]論者。沒人比他更勝任攘夷論的中心人物了。而阿部正弘就是如此開明，甚至還寫了一封內容開明的信給思想如此保守的人。儘管如此，同時他也認定令人擔憂的事絕不會發生。

然而，前面已提到當時西歐列強將東南亞納為殖民地，其中最令日本大受衝擊的就是鴉片戰爭。我認為，隨著鴉片戰爭相關情報不斷地傳入日本，在此契機下，日本國內開始分成「仍然堅持攘夷」派，以及認為日本再這樣下去將被世界情勢淘汰，因而主張開國的「開國」派。

那麼，什麼是鴉片戰爭呢？這是於一八四〇年（天保十一），在中國，亦即當時的清朝所爆發的一場中英戰爭。原因在於，英國為了採購當時被視為貴重品的茶葉，於是在印度種植罌粟製成鴉片，並強行將鴉片賣給中國。一七七三年清國的鴉片輸入量為一千箱，到了一八二一年卻增為六千箱，一八三五年時為三萬箱，而在一八四〇年已增至四萬箱。鴉片患者一年的吸食量約為一箱，四萬箱相當於四萬名鴉片患者一年的吸食量。假設當時中國的人口為四億人，其中就有四萬人是鴉片患者，對國家而言可說是非比尋常的事態。這時，中國有個名叫林則徐的主張嚴禁鴉片的嚴禁派者，前往廣州沒收大量鴉片並全部銷毀。此舉讓英國領事義律（Admiral Sir Charles Elliot）大悅。既然中國做出抵抗，就是開戰的好時機，於是率領軍艦十六艘，輸送船及醫船等三十二艘，四千陸軍登陸廣州，戰爭就此開打。最後，英軍的攻擊越過天津，擴及南京，清國投降。戰爭結果，清國政府將前陣子才收復的香港割讓予英國，同時被迫對英開放五大港口（廣州、廈門、福州、寧波、上海）等，人稱睡獅的中國就這麼輕易地在英國的武力面前崩垮。

鴉片戰爭的情報不斷傳入日本。這些情報究竟透過何種管道傳入？一般認為，當然是從荷蘭透過長崎，或是從中國經由朝鮮、對馬等路徑傳入日本。無論如何，這場戰爭對日本人造成極大的衝擊。

比方說吉田松陰，他在十六歲時得知鴉片戰爭的消息後，心中強烈地產生一股危機感，心想：大事不妙，這場戰爭換作是在日本發生，也會陷入與中國同樣的局面。之後他在二十一歲時到長崎看見荷蘭的船隻時，才體悟到自己所學的那套傳統的打山鹿流陣太鼓[5]式的戰爭根本無用武之地，思考方式也有一百八十度大轉彎。

勝海舟，即麟太郎先生在鴉片戰爭爆發時正值十八歲。二十二歲時，他才首度拜訪佐久間象山詳細聽聞世界情勢。在這之前，勝先生在一位名叫島田虎之助的劍術大家門下習劍，當時他相當熱衷劍術，甚至獲得道場的免許皆傳的資格，在體悟到今後不再是劍的時代後，便開始學習荷蘭文。當時，幕府只跟荷蘭有交流，因此若想多了解外國就必須學荷蘭文，而非英文。翌年，二十三歲時，他拜入永井青崖門下，正式開始學習蘭學。

像這樣，當時有不少人在受到鴉片戰爭的衝擊後開始醒悟，於是學習西歐的學問。

佐久間象山——娶勝先生之妹阿順為妻，成為其妹夫——是勝先生的啟蒙老師。鴉片戰爭爆發時，佐久間象山年已三十二歲，他寫給上田藩友人的書信內容如下：

「汝應知，彼終將成為本國之患。縱然彼無心犯我，兵法曰：『無恃其不來，恃吾有以待』，亦即鞏固國本，海岸防禦之事備具，以祈本國安泰。[6]」

也就是說，英國在鴉片戰爭中以武力擊敗中國，不久其矛頭也將指向日本。當時年輕氣盛的佐久間象山是強硬的攘夷論者。他認為應該徹底攻擊外敵，就算日本因此吞敗也無所謂，因為這時日本人正上下一心、團結一致地奮戰。像現在眾人成一盤散沙是不行的，因此重整現在的日本國才是一大要事。無論如何，在這之前佐久間象山原是信州松代藩士，同時也是儒學講師，其後進入江川太郎左衛門的私塾學習製造大砲等，日後成了蘭學大家，走在幕末的尖端。不光是勝海舟，吉田松陰、長岡藩的小林虎三郎、河井繼之助等後來也成了他的門生，而幕末的思想也以佐久間象山為中心大幅轉變方向。不管怎樣，鴉片戰爭帶來的影響成了建立明治日本的起始點。

說到這裡，最近連鴉片戰爭的「鴉」字都沒聽到。老一輩人或許還有點印象，太平洋戰爭期間，約在昭和十八年時有一部電影叫做《鴉片戰爭》[*6]，內容是描寫英國做出哪些惡行。因為在當時，日本正與英國作戰中。我還記得片中有一幕，描述原節子女士與高峰秀子女士所飾演的一對中國籍姊妹花因鴉片戰爭而遭到不幸。林則徐似乎是由市川猿之助飾演。

「風從海上來，我的姊姊在哪等待……」這首歌在當時紅極一時，也就是說，日本相當重視鴉片戰爭對日本近代史帶來的影響。另外還有一部名叫《春江遺恨》[*7]（昭和十九年）的電影，由阪妻（阪東妻三郎）飾演高杉晉作，內容是講述高杉晉作前往上海時得知爆發鴉片戰爭的消息。戰時會流行這類電影的原因，在於日本努力地將英美的壓力及列強侵略深植日本國民心中。

無論如何，我們可以說鴉片戰爭造就了近代日本，亦可說是讓近代日本步上正軌的一大要因。

幕府什麼也沒有

好了，培里來航的報告終於寄達江戶，接下來我們將話題轉移到江戶。六月四日，一份關於「黑船來航」相當詳盡的報告傳入江戶。幕閣立刻集合，採取對策，透過大目付[7]命令警備四藩——川越藩、忍藩、會津藩及彥根藩從嚴加強對美國艦隊的警戒。儘管下令，但培里等人尚在浦賀，雖然不知該採取何種對策，姑且先派這四藩盡可能在靠近浦賀的場所設置兵隊。然而，幕閣也不忘囑咐警備四藩千萬不要輕舉妄動。此外，幕府亦下令佐倉藩、館山藩、勝山藩出兵。兵隊在市町來回奔走，連帶也影響到町人，使得江戶如同蜂窩受到攻擊般亂成一團。

福地源一郎（櫻痴）先生的《幕府衰亡論》是本相當有意思的書，裡面提到：

「雖命諸大名加強海岸警備（主要是指東京灣岸的警備），悲哀的是，因大名安於兩百餘年的太平，武具兵具均不足，慌忙之下，他們只能命商人搜集武器，委託進出屋敷的傭工介紹所代為斡旋足輕從卒，結果演變成總之先湊人頭數等前所未聞的醜態……」

這就是當時日本的現況。美其名為大名，卻連像樣點的武器也沒有，旗下也沒有多少兵隊；為了湊足武器，得委託商人到別處幫忙購入；為了湊兵隊的人頭，還得請傭工介紹所幫忙湊足人數，裝扮成足輕的模樣，這種情況實在太不像話。

而旗本及御家人也是一樣，大抵來說，先祖代代相傳的武具甲冑等不是在天下泰平期間遺失，就是寄在當舖裡不在手邊。因此眾人連忙跑到舊貨店購買，普通具足只要十兩，舊貨店的具足卻得花七十～八十兩，連一套破具足也得花上二十或三十兩，為了修補損壞的武具，鐵匠鋪及武具鋪都忙的手忙腳亂。相反地，劇場、雜耍、料理茶屋、煙花巷卻變得人煙稀少，再怎麼說非常時期也沒有去煙花巷的閒工夫。總之，江戶市區一片喧鬧，終於要開戰了，因此也有不少人趁夜逃跑。就算有官員出面阻止，仍有不少人暗地裡逃跑，讓人力車夫、轎夫及船屋因而大賺一筆。

當時，市井中流傳著一首名叫「什麼都沒有[8]」的歌：

「不想打破因襲兩百數十年的老規矩（指鎖國），不想讓將軍的威嚴掃地，沒有老中能夠接應外國人，沒有充足的軍備，沒有開戰的勇氣，不想失體面，老中也不敢下決心。」

要什麼沒什麼——江戶的町民高興地哼唱這首歌。其實根本沒有閒工夫高興，因為事實正如歌曲所述，包括阿部正弘在內，幕府設有五名老中（牧野忠雅、松平乘全、松平忠優、久世廣周），但卻只有阿部先生在孤軍奮戰，根本沒有一個能夠好好接應外國人的老中。

另一方面，美國艦隊在浦賀放下一艘艘載有士兵的小艇駛入江戶灣，共計四艘，亦即東京灣口。接著進行水深測量、風向觀察等。結果進行防備的川越藩士與美兵對個正著，大叫「不准過來，快離開！」制止對方，美兵卻全員一同拔出槍劍，擺出一副準備開打的架式。被上層叮囑「不可開打」的川越藩士，便詢問浦賀奉行「讓我們動手吧！」、「可否擊退美利堅船？」浦賀奉行大吃一驚，只好講些如同《終戰詔書》般的話要他們忍耐：「拜託各位千萬別動手。幕閣下令息事寧人，只好請各位堪所難堪，忍所難忍[9]……」會這麼說，是因為美方小艇上所載的士兵最多不過三十人。而日本方面卻有數百人，自然會想給對方一點顏色瞧瞧。儘管如此，在浦賀奉行努力安撫川越藩士下，結束這一天。

「宜應博盡眾議」

六月五日，幕閣又加派薩摩、熊本、長州等大藩出動，守衛江戶附近。此外，阿部正弘也動身拜訪水戶的德川齊昭。原因在於，德川齊昭依然說著「別再猶豫不決，趕快驅趕出境」這種不切實際的風涼話，周遭也有許多人贊同，因此阿部正弘只能親自跑一趟與德川齊昭面談。七年前，德川齊昭與阿部正弘互通書信時，曾這麼寫道：

「務必嚴令逮捕夷狄，斬殺殆盡，一命也不留。如為內地戰爭，勝者即可獲取土地，以資激勵；防禦異國船入侵雖無益處，至少取其船隻、大砲，以資激勵。」

大意如下：總之一定要下令逮捕所有外國人，一個也不留地全部斬殺。若是國內戰爭，戰勝後可以佔領土地，俘虜人民；若是與外國對戰，至少要佔領其大砲、船隻作為獎勵。由這封信的內容可知，德川齊昭是個激進的攘夷論者。然而這次，阿部正弘卻收到德川齊昭語氣相當有禮的報告。激進如德川齊昭，得知敵方擁有十五公分口徑的大砲後，就明白在武器上根本比不過對方，於是回覆道：

「事到如今，很難說擊退敵軍才是上策。宜博盡眾議，再行決斷。」

收到回覆後，阿部先生總算鬆了一口氣，說：「太好了！齊昭大人不再堅持擊退外國船的意見，很好，那就召集眾人商討方策吧。」這時，兩人詠誦下列詩歌：

覆枕難眠思異船，不知該船靠何方　正弘

——這艘令人憂鬱到難以言喻的外國船，究竟有何目的？

武士之道若在胸，不論晝夜何須憂　齊昭

——只要眾武士同心協力，胸懷武士道就沒問題，根本無須憂鬱。

這兩位的詩歌寫得都不怎麼高明，不過內容卻相當正面。雖然阿部先生可不這麼認為。

不知為何，美國艦隊在這天竟然毫無動靜，使得日本人又開始樂觀地想：該不會美國同意前往長崎吧？結果經調查後才發現，美國與日本不同，固定於星期日休息。但事情發展可沒這麼簡單。

「為何深入灣內？」

翌日六月六日早晨，前天休息的美國船艦這次卻接連放下武裝測量船，深入江戶灣口的深處。同時，連之前停靠在浦賀外部的密西西比號也拉響汽笛，通過三浦半島後進入江戶灣內來。美國此一舉動惹惱了日本各藩的警備船，紛紛大喊「快掉頭、快掉頭」，然而事情不但沒有進展，甚至還將江戶灣毫無防備的實態暴露在光天化日下。一臉驚愕的筆頭與力香山榮左衛門立刻火速趕到薩斯喀那號，詢問美方為何將船駛入江戶灣口內，這時培里依然沒有露面，參謀長回覆道：

「萬一交涉決裂，明年春天吾等定將派遣規模更大的艦隊前來，追究貴國違背天理之罪。現在正是為了這一天做準備。因此，現在正進行調查可直接進入江戶的便利水路。」

在這裡稍微跟各位談談堅持不露面的培里。美國艦隊出發前來日本的原因，是根據前年，亦即一八五二年米勒德・菲爾莫爾總統的訓令內容：

「我國政府並非企圖藉著此次遠征以獲得具有排他性、我國獨享的商業利益，而是希望透過這次遠征，使我國所收得的所有利益在不久的將來能為整個文明世界所享有。」

意思是，美國政府策劃這次遠征的目的並不是為了本國的利益，也不是為了獲取具排他性的商業利益，而是為了世界各國——亦即讓三番兩次被指責犯下「違背天理之罪」的日本傷透腦筋的這句話：「吾等是為了全世界才撬開貴國的門戶」——而總統訓令還提到，「命令艦隊司令長官（培里）率領所有兵力前往日本，並在最適當的地點（浦賀）停泊……並遞交總統委託的親筆書信。」換句話說，培里的任務就是不前往長崎，並將國書遞交給德川將軍。

奉命來日的培里生於一七九四年，當時五十九歲。他生長於「海軍世家」，父親、祖父以及哥哥全都是海軍，在美國海軍當中似乎佔有一席之地。培里一接獲出發前往日本的命令，就讀遍菲利普・法蘭茲・馮・西博德（Philipp Franz von Siebold）的《日本》、恩格柏特・坎普法（Engelbert Kaempfer）的《日本誌》、瓦西里・米哈伊洛維奇・戈洛夫寧（Vasilii Mikhailovich Golovnin）的《日本幽囚記》以及查爾斯・麥克法蘭（Charles

MacFarlane）的《日本，其地理與歷史》等日本相關書籍，徹底研究該如何與這個國家打交道。研究的結果，培里歸納出一個結論：日本人是個「固守形式上的禮儀作法，時刻保持威嚴，絕不對外透漏真心，如同帝王般自尊心強」的民族，因此他認為「毫無疑問，日本人總是保持自命不凡、充滿優越感的態度。因此，必須要讓他們明白他國國民也知道如何保持尊嚴，而且不承認日本人是勝者」換句話說，只要挫其銳氣，對方定將答應我方要求。這也是他絕不輕易露面的原因之一。要是他一露面，對方就會心想：「一見廬山真面目，原來不過是個五十九歲的臭老頭嘛！」又會開始擺高姿態，維持尊嚴。為了不讓日本人這麼做，培里才會決定絕不露面，特地以傲慢的態度接應日本官員。

各位是否覺得這種作風似曾相識？就是麥克阿瑟。麥克阿瑟在明治時期結束後曾來過日本一次，儘管他之前待在菲律賓，相當了解亞洲情勢，但仍然煞費苦心地做足功課，像是將培里來日前所做過的功課全都研究透徹似地，然後才踏上戰後日本的土地上。就這個層面來看，培里可說是幕末的麥克阿瑟，這兩人同樣針對日本做過徹底研究。

無論如何，培里遲遲不肯露面，參謀長等人一開始就不斷跳過日本方面的說詞，只要對方搬出冠冕堂皇的理由反駁，就在一旁擺出一副瞧不起人的態度——這些都是培里鑽研的成果。

談到美國為何會逼迫日本開國，現在普遍認為有下列三項原因。

第一，首先美國在太平洋通商的起步較晚。由於美國晚英國、法國及荷蘭等一些時候開拓航路，因此通商對象只剩下維持鎖國體制的日本。而必須趁早抵達日本的主要原因，在於當時的蒸氣船是以煤炭作為燃料發動之故。對必須得橫跨太平洋與大西洋兩大洋才能進行通商的美船而言，補給地實在太過遙遠，因此美國打算將日本作為煤炭補給地之一。

第二，由於當時相當盛行捕鯨，因此美國想要有個中途港，作為補給糧食、船員中若出現傷患或病患時可提供保護的重要場所。

第三，由於美國在市場爭奪已經晚人好幾步，為了增強 Sea Power ——提到這個詞，或許各位的腦中會立刻浮現武力二字，但基本上 Sea Power（制海權）主要是指確保交通路線及拓寬通商路線——日本列島成為必要條件。

假使日本無論如何都不肯點頭，開港失敗的情況下，米勒德・菲爾莫爾總統以下的美政府官員似乎考慮到佔領當時名為琉球的沖繩作為領土。因此，一般認為美國的開國要求多少將佔領日本列入考慮。無論如何，基於上述原因，美國才會態度強硬地要求日本開國。

接下來，話題再度回到星期一。

依照慣例，培里命密西西比號駛進江戶灣以挫日本的銳氣，驚慌失措的日本則立刻派遣香山榮左衛門前往薩斯喀那號向美國抗議，可是美國卻佯裝不知，使得幕府感到相當震撼。其實在這之前，幕府並未將這樁事態稟報給將軍德川家慶。原因在於，當時德川家慶重病在床，正處於命在旦夕的危急狀態。然而，事情已發展到這種地步，不得不稟報將軍，於是透過側用人[10]向德川家慶說明事情的來龍去脈。大概是發燒加重的關係，德川家慶立刻喚來阿部伊勢守（正弘），告訴他說：

「這可是國家的大事。務必與水戶（德川齊昭）好好商量，可別做出錯誤處置。」

儘管尚未抵達橫濱（當時稱作神奈川），然而密西西比號步步逼近的消息卻使整個江戶市嚇得發抖。看來美國無意前往長崎，直到日本收到國書後才肯回去，阿部正弘在迫不得已的情況下，終於下定決心。

「違背國法雖難，卻不可陷社稷於危險。拒接國書而掀戰端將肇成一大事件。無論如何只能受理國書，姑且讓美艦撤退，再策劃後路。」

好一個耍小聰明的計策。簡單來說，總之先收下國書，請對方打道回府後再重新思考接下來的事。這是阿部正弘最後做出的決斷。然後派遣使者前往日光東照宮，拿出百枚白銀向德川家康公祈願：「懇請保佑幕府」。德川齊昭得知此一消息後，氣得暴跳如雷。據說他大叫道：「真是丟人現眼。想讓老天刮神風嗎？有錢去祈願的話，還不如用那筆錢去買鐵砲的彈藥。」

不僅如此，德川齊昭還提到：「至於讓武士穿火事裝束[11]，在炎熱的暑氣下，要是眾人都中暑暈倒的話，豈不是無法開戰？」我倒認為穿火事裝束比穿戴鎧兜更方便行動呢。無論如何，儘管阿部先生下達最終的決策，當時卻已陷入內憂外患，今後不知會如何演變的狀態了。

既然決定收下國書，就得再找幾名位階高的官員，因此阿部先生命令待在江戶的浦賀奉行井戶弘道說：「速速前往浦賀，與戶田氏榮達成協議後再接收美國國書。」

諸如上述，結果在黑船來航的三天內，忙得手忙腳亂的日本做出接收美國國書的決策。

「白刃一閃未免荒唐」

到了六月七日。阿部先生立刻遵照將軍德川家慶的囑咐拜訪德川齊昭，除了轉達將軍的意旨後，同時請他前往江戶城參與國事商討。由於德川齊昭態度過於強硬，自弘化元年（一八四四）五月起遭處禁閉處分，不得踏進江戶城，話雖如此，他也不過是在背地說人壞話，因此在得知處分解除後喜出望外，說道：「時候也差不多了吧」，像是事先準備好似地詠誦這首歌：

雲霧盡散天晴朗，仰望月光見賢明

然後對阿部先生如是說：

「聽好了，先佯裝交涉，隨即白刃一閃，割下敵將首級，再闖入船上連人帶船全都搶奪過來，如此一來就能一次解決所有難題，還能獲得四艘軍艦。真是一舉數得的妙計。伊勢守，就這麼辦吧。」

真要這麼辦就會大事不妙。阿部先生連忙勸阻德川齊昭說道：

「不，其實昨晚的幕府評議會上已經決定暫且收下美國總統的親筆信。今早派遣的使者應該已前往美艦，向對方告知這件事。白刃一閃之舉未免太荒唐，還請手下留情。」

實際上，筆頭與力香山先生已在當天前往薩斯喀那號，告知美方將於九日在前面提到的建有石碑的久里濱海岸領取國書。

這個消息也在翌日八日早晨傳到江戶市區。幕府貼出佈告，要町民冷靜，努力工作。萬一有事，會在望火樓連續敲鐘以示通知。就這樣，「騷動暫告結束，應該不會發生戰爭了吧」，儘管時值盛夏，當天江戶的夜晚卻有如隆冬般安靜無聲。

當時的江戶人口，男性為二十九萬五千二百七十五人，女性則是二十七萬九千八百一十六人，共計五十七萬五千九十一人。接著再加上武家人口，武家與町人的比例約為二比八，武士頂多十萬人，合計還不到七十萬人咧。常聽到人說「江戶百萬」，我想前者才是正確的數字。無論如何，這群江戶民眾心想「萬事解決了」，暗地裡高興地鬆了一口氣。

這裡介紹一首佐久間象山所寫的詩：

火輪橫恣江流轉／非君臣貪日之秋
忠義要張神國武／功名欲討虜人謀
興堵東圻曾陳策／南島賒船蓋有猷
兵事巧妙久未聞／何人速解熱眉憂

詩的內容拙譯如下：「外國船擅自在江戶灣徘徊，現在可不是君臣偷閒之秋。我內心的忠義之魂，此刻正想發揮神國之武。另外，我的功名之心正在吶喊著：盡快粉碎外國的企圖。針對江戶的防禦，我曾提出策略。再者，也曾計畫前往南海購買船隻。可是，我卻沒有聽說過添購軍備的進展相當順利的消息。啊啊，有誰能盡快消除我的憂慮呢？」

這是佐久間象山仍信奉攘夷論時所寫的詩。

歷史性的儀式

終於到了六月九日領取國書之日。而美國方面，培里提督等人也將隆重登場。培里還帶著黑人隨侍兩側，大概是想讓日本人大吃一驚。戶田先生靜靜地現身領取國書，接著香山先生交給美國一封文件。美方問到：「這是什麼？」通譯堀先生回答道：「收據。」在這場始於上午八點，歷時約二十分鐘的儀式中，據說雙方交談的內容只有這些。整個過程相當安靜。儀式結束後，培里說道：

「吾等將在兩、三天內率領艦隊離開江戶灣，預計在明年的四月或五月會再回來。

屆時希望得到貴國正式的答覆。」

這是怎麼回事？其實，在美國的國書當中明文寫著「想與日本簽訂和親條約」。意思就是「給我一個答覆」。聽完後，戶田先生如此詢問：

「你們下次還要率領那四艘軍艦再度赴日嗎？」

「不，下次將會率領整批艦隊再度赴日。」

美國方面再次威脅說道。這一天天氣相當炎熱，擔任警護的四十多名足輕（藩兵）出現中暑症狀，搖搖欲墜。

無論如何，這場會面到此結束。翌日十日下午，幕閣接獲會面順利結束的報告後鬆了一口氣，總算一道難關過去了。然而，這時培里卻大為震怒。原因是，剛才收到的收據中寫道：「在有違日本國法下，於當地正式收下總統書簡」到這裡還沒什麼問題，緊接著下一句寫道：「文件已確實收下，請務必盡早出發」就是這句話惹惱了培里。他心想：「這群野蠻人，那副傲慢的自尊算什麼？居然叫我立刻離開？看來有必要再度打斷他們的鼻樑。」這時，十日的黃昏將近，培里立刻下令四艘軍艦起錨，毫無預警地以驚人的速度駛進江戶灣。此舉的確震撼了日本人。而且其中有兩艘軍艦行駛到羽田沖（據說是密西西根號與薩拉多加號，實際上並不清楚），日落後開始發射大砲。另外也有傳聞指出，橫濱有幾十名美兵已經上岸。夜色漸深的江戶市町又再度騷動起來，「什麼嘛，不是事情一談完就回國嗎？」儘管已經夜深，老中、若年寄、大目付、目付等幕府官員全都登城。幕閣商量後，懇請美方「總之請你們盡快回國」，美方也派遣使者傳達回覆：「明年春天若得不到好消息，吾等將命令大艦隊停泊在品川沖，讓貴國大君（是指德川將軍）親眼目睹這一切。現在就是為了這一天做準備。」儘管幕閣聽完後相當吃驚，卻也感到安心，同時也被黑船的強硬舉動搞得啞口無言。

其實，美國也想盡快回國。原因有二，其一是進行這類交涉時，在國際禮儀上理應贈送領取國書國伴手禮，然而日本卻沒有收到。這點若是遭到指出，美國在國際上就會被視為無禮國家，因此才想趕在日本察覺前趕緊回國。

另一項原因在於水與糧食大幅減少，再加上收到來自台灣的緊急通知，告知中國爆發「長髮族之亂」*8，而且戰況愈演愈烈，因此保護中國境內的美國人成了首要之務，無法繼續停留在日本。儘管如此，美國認為有必要挫挫日本的銳氣，才會先擺出高傲的態度。

「美國大人來的正好」

到了翌日六月十一日，總算不用開戰的傳聞傳遍了全國，日本國民還真是喜歡看熱鬧，「既然這樣，那就去見識見識黑船吧！」橫濱沖上聚集了來自江戶及全國各地人山人海的人潮，其中甚至還有人搭船與美國的海軍士兵交換香煙，當天擠滿了湊熱鬧的人群。而佐久間象山、小林虎三郎及河井繼之助等人據說也在其中。

隔天，六月十二日，返回浦賀的美國艦隊終於離開了。然而當天無風，儘管帆船已揚起帆，仍然紋風不動，只好採取薩斯喀那號拖著薩拉多加號，密西西比號拖著普利茅斯號的拖航方式，將四艘船艦繫在一塊後，靜靜地離開江戶灣。而日本人則一邊觀看這一幕，一邊大聲喧鬧，其中甚至有店家為了這群看熱鬧的民眾，沿路販售湯茶、甘酒及食物，大撈一筆。

當時，誕生了不少落首[12]及狂歌作品，例如這首「喚醒泰平睡夢中人的上喜撰（蒸氣船），只須四杯入喉，讓人夜不成眠」，相信各位都很熟悉，其他尚有「用異國浪潮清洗陣羽織，衣服翻面後，內裡（浦賀）慘兮兮[13]」、「與昔日蒙古來襲時恰恰相反（阿部），風波不起的伊勢神（伊勢守）風[14]」、「託異國的福，甲冑毫無用武之地[15]」、「未聞三味線，江戶自擾之」、「心裡暗地說聲，美國大人來的正好」——這些狂歌大概是由在沿路開店大賺一筆的人所寫的吧。

就這樣，黑船來航的騷動到此結束。

江戶子的奇案妙策

話雖如此，還得收拾殘局。

六月二十二日，將軍德川家慶留下「今後，政治就交給德川齊昭及阿部正弘」這句話後去世，享年六十一歲。繼任成為將軍的是德川家定（NHK電視台大河劇《篤姬》的丈夫），稍微提一下後續發展，這位將軍也很早死，由德川家茂繼位。而繼位的將軍後來又遭到毒殺之類而去世，由德川慶喜後繼成為將軍，就這樣在短期間內將軍連續更迭。這跟現在首相連續更迭的自民黨，喔不，跟現在的日本沒有不同。

姑且不論這件事，到了情勢稍為安定些的七月，幕閣找來所有的大名，命令他們針對今後的對策各自發表意見。

「今次之儀，乃國家之一大事，事情著實不容易（中略）諸位若有意見，縱使牴觸忌諱亦無須苦惱（即使違反法律也無妨），務請暢所欲言，毫不保留。」

而幕府亦發出布告，命令官員、旗下的藩士、御家人[16]等全員提出意見，若江戶的町民有不錯的意見也能夠向上進言。對於兩百五十年來恪守「民可使由之，不可使知之[17]」大原則的江戶幕府而言，這可說是一大創舉。由於幕府宣佈廣徵意見，下級武士及民眾也開始認為「我們也有發言權」，不久引發一股處士橫議之風，對日後的倒幕行動帶來影響。

另外，募集的意見書當中也可看到三十一歲的勝麟太郎、二十七歲的河井繼之助的名字。勝先生的意見書內容出類拔萃，讓幕府異國應接掛的岩瀨忠震與海防掛的大久保忠寬（號一翁）印象深刻，相當賞識，成為他受到重用的開端。話雖如此，岩瀨忠震與大久保忠寬兩位本身也是幕府在走投無路下所提拔的新銳官員。也就是說，幕府借助眾人之力，從中挑選出頭腦優秀的人才，並設立海防掛等職位。在這之前，勝先生本來只是名御家人，不能踏入江戶城內；日後，他被提拔為洋式學校，即後來的長崎海軍傳習所設立準備的專門委員。簡單來說，當時勝先生的意見書內容如下：

「若想防禦來自海上敵軍的攻擊，最好的辦法就是擁有軍艦。然而，今天才得到軍艦就想在明天派上用場，根本沒有這麼容易的事。這是因為，不論是哪種軍艦，只要操作者技術不夠熟練，就跟玩具沒兩樣。因此不但要大量購買軍艦，同時最重要的一點就是培養海軍生。如果我們無法製造真正的日本軍艦，培育海軍生，那麼不管經過多久的時間，朝廷的痛苦，不，是日本的痛苦都不會有改善。」

此外，意見書中也有提到其他方面，不過勝先生所提出最重要的一點就是購買軍艦（最好能夠自行製造，但因不可能所以只好購買），同時培育能操作軍艦的海軍人才——這是拯救日本的唯一辦法。請各位最好能記住這點。

而有趣的是，江戶子因應布告，不斷提出各種意見。舉例來說，只要在夜晚潛入美艦下方，在海底插上好幾根鐵棒，等到退潮時吃水深度就會下降，鐵棒就會刺穿美艦船底，使美艦沈船——這是由一名吉原遊女屋的老爹所提出的意見。另外，還有人提議在江戶灣入口處以石頭填滿水底後，興建木柵，只針對我方船隻開放船路，等到敵軍來襲就關起來，使對方無法通航。據說這是由木材批發商工會的成員所提出的意見，並歡迎使用該工會木材批發商的木材。

齋藤月岑算是江戶的隨筆家，在他的著作《武江年表》中有這一段記載：

「九月時在品川沖新建台場。神田明神祭禮延期至後年。

上至大小名、陪臣，下至匹夫，均圍繞著洋船議論不斷。有人提議在深川費工夫興建車輪船，結果失敗；淺草的馬具師製作了可潛入水中，直搗敵方的皮囊，卻沒有考慮換氣方式，宣告失敗。其他尚有倉促之下所杜撰有如井蛙之見的意見，絕大部分都被世人當作笑話。投機師打著攘夷的名義，實則圖謀發財，費盡心機地利用兵器等各種手段。九月十八日，回向院的開帳[18]儀式正式開始，並售有免除劍難的護身符。旁邊還註明鐵砲彈打不到。和尚的貨殖（賺錢）手段比商人還要高招。」

由此可知，雖說江戶人半帶好玩地做了不少嘗試，但的確有所行動。

順帶一提，當時，西鄉吉之助（隆盛）二十六歲，大久保一藏（利通）二十四歲，吉田寅次郎（松陰）二十四歲，坂本龍馬十八歲。接下來終於要進入幕末時代。另外，幕府諮詢意見的五十四藩大名當中，支持攘夷者八名，支持開國者十四名，其餘都是持觀望態度，也就是說這群沒出息的人都在等幕府做決定。

近代日本的開始

由於培里逼迫日本收下國書的消息一下子就在海外傳開，諸國自然也跟著蜂擁而至。培里原本說過於翌年嘉永七年（一八五四）四月或五月會再度赴日，但為了搶先他國一步，他提前於一月十六日（陽曆二月十三日）再度來航。而且是率領九艘大艦隊一口氣駛進江戶灣，直達羽田沖，強迫以神奈川（橫濱）作為交涉場地。關於當時的事，培里如是寫道：

「若吾稍有讓步，日本人定會認為獲勝。……既然如此，不顧一切展現毅然的態度，不如說採取頑固倔強的態度方為賢明之舉。與這般聰明且多虛偽的人民交涉之際，必須排除各種虛式，或是採取虛傲、虛飾的態度以對……」（《日本遠征記》）

看來他興致正好，還說日本人是「聰明且多虛偽的人民」，這可不是什麼恭維的話。無論如何，從二月十日起展開為期三週的談判，最後雙方於三月三日（陽曆三月三十一日）簽訂內容計十二項的日美和親條約（神奈川條約）。

就這樣，日本廢棄了堅守二百數十年的鎖國國策，繼美國之後，英國、俄羅斯、荷蘭等世界列強陸續來日，並簽訂條約。在當時的局勢下，培里高興地表示「達成十二分期待的目標」，但對日本卻造成極大的困擾。

昭和時期的日本，有一位名叫石原莞爾的軍人策劃發動了滿洲事變。他在東京審判時被選為證人，在法庭上如是說：「我不是證人，滿洲事變就是我發動的，我是被告。」接著又說：「順便傳喚培里過來。今天日本會變成這種下場，那傢伙要負最大的責任。」據說在場的美國人聽完全都嚇一跳，心想：哪個培里？原來是自己國家的培里啊。就這樣，培里來航掀開了近代日本的序幕，其中蘊含著培里對日本人的觀察、怎樣才能讓日本人對自己言聽計從等的研究成果。然後逼迫日本開國，最終達到令本人趾高氣揚的滿意結果：「達成十二分的目標」。

幕府遇到盜賊後，才慌忙地臨陣磨槍。嘉永六年九月，終於廢止了大船停止令（嚴禁造船及買船）。這是因為幕府總算察覺到海軍力量的重要性。近代日本即將開始。如前所述，幕府雖然改變了以往的方針，廣納眾議，卻也促成日後基於尊皇論或是基於攘夷意識形態的幕府批判，最終釀成尊皇攘夷的一大爭論，開始造成騷動。

1　約翰萬次郎，江戶時代末期～明治初期的人物，本名中濱萬次郎。致力於促進神奈川條約（日美和親條約）的簽訂，其後以通譯、教師身分大為活躍。又名John Mung。

2　寺子屋，日本江戶時代讓平民百姓接受讀、寫、算盤等的民間教育機關。

3　旗本，指江戶時代俸祿未滿一萬石，可出席將軍出現的儀式，家格高於御目見（有資格晉見將軍）的德川將軍家直屬家臣團之統稱。

4　貫目，一貫目＝3.75公斤。

5　山鹿流陣太鼓，在歌舞伎、人形淨瑠璃的《假名手本忠臣藏》當中，赤穗四十七志士夜襲吉良上野介邸時，由家老大星由良助（原型是大石內藏助）敲打「山鹿流陣太鼓」指揮下令，因此聞名。但一般認為，山鹿流陣太鼓並不存在，而是戲劇作品的創作。不過山鹿流兵法確實存在，是由山鹿素行所創的兵法流派。長州藩士吉田松陰所繼承的吉田家，代代都是山鹿流師範家，故這裡所說的「打山鹿流陣太鼓式的戰爭」應是指山鹿流兵法。

6　原文是「竟には本邦の患いとも相成るべき事と存ぜられ候。よしや彼より我を犯し候心無く候とも、兵法にも、其の來らざるを恃まず、其の待つあるをたのむとも申し候えば、國本を固くし、海岸防禦の事備具致し候よう、本邦に生を受け候ものは願わしき事に之あり候」，摘自天保十三年十月九日的〈加藤冰谷宛書簡〉。加藤冰谷是指上田藩士加藤彥五郎。

7　大目付，在江戶幕府的職制上位於老中之下，負責監視大名、高家及朝廷的監察官。

8　「什麼都沒有（ないないづくし）」是流行於幕末～明治期語調輕快的俗謠「阿呆陀羅經」的一種，內容多參雜著世間一般話題及時事諷刺。

9　「堪所難堪，忍所難忍（耐え難きを耐え、忍び難きを忍び）」，這句與昭和天皇在二次大戰結束後所發布的《終戰詔書》的內容相當類似：「然時事所趨，朕堪所難堪，忍所難忍……（然レトモ朕ハ時運ノ趨ク所、堪ヘ難キヲ堪ヘ忍ヒ難キヲ忍ヒ…）」。

10　側用人，江戶時代，設置於幕府及諸藩旗下的職位。正式名稱為「御側御用人」。其職務是隨侍征夷大將軍身旁，將將軍的命令傳達給老中等人。

11　火事裝束，江戶時代消火隊所穿的服裝。主要為武家的服裝，包括火事頭巾、火事羽織、野袴、胸當及革足袋等。

12 落首，盛行於平安時代到江戶時代的一種匿名打油詩，公開於人潮眾多的公共場所，主要內容為諷刺社會世相。

13 原文是「陣羽織を異国の波で洗ひ張り　返してみれば裏が（浦賀）たいへん」，日文中「裏が（uraga）」與「浦賀（uraga）」的唸法相似，用以比喻當時浦賀港的情況。

14 原文是「いにしへの蒙古の時とあべ（阿部）こべに　波風たてぬ伊勢の神（伊勢守）かぜ」，這首狂歌是取「あべこべ（恰恰相反）」與「阿部（あべ）」、「伊勢の神（いせのかみ）」與「伊勢守（いせのかみ）」的諧音，諷刺當時的老中首座阿部正弘壓制攘夷論，貫徹穩健外交，避免起糾紛的懦弱作風。

15 原文是「甲冑は異国のおかげで土用干し」。「土用干し」是指在夏季的土用時期進行曬衣曬書以防止長蟲或發霉，由於異國來襲，甲冑根本派不上用場，只能定期拿出來曬一曬，故翻成「甲冑毫無用武之地」。

16 御家人，是指江戶時代直屬將軍的下級家臣，地位低於目見。

17 「民可使由之，不可使知之」，出自《論語》「泰伯第八」。

18 開帳，是指佛寺打開供奉本尊佛像的佛堂或佛　的門扉打開，以供信徒參拜的儀式。東京淨土宗寺院回向院的開帳儀式就相當有名。

＊1 奉行　武家社會中負責行政事務的職名。在江戶幕府，老中的管轄下設有勘　定奉行、寺社奉行、町奉行。浦賀奉行為遠國奉行之一，在幕府的直轄地執行政務。

＊2 與力　江戶幕府的職名。附屬在奉行、所司代、大番頭、書院番頭等之下，負責指揮同心，輔佐上司工作。

＊3 江戶表　地方指稱江戶的用語。

＊4 老中　江戶幕府中直屬於將軍，統籌幕政的最高職位。一般是從俸祿三萬石以上的譜代大名中選出四～五名擔任。

＊5 攘夷論　相對於開國論的封建性排外思想。與奉天皇為絕對權威的尊皇論結合後，變成尊皇攘夷論，進而發展成討幕運動。

＊6 《鴉片戰爭》　昭和十八年，出品：東寶，導演：MAKINO 正博。

＊7《春江遺恨》　昭和十九年，出品：大映與中華電影（合作），導演：稻垣浩。

＊8長髮族之亂　太平天國之亂。一八一五年，由洪秀全領導的革命軍建立反清政權。嚴禁纏足、賭博、吸食鴉片，蓄長髮拒辮髮。政權一直持續到一八六四年。

第二章　攘夷派、開國派、一橋派、紀伊派

下田、箱館兩港開港

在上一回講座中曾提到，培里率領九艘軍艦赴日。正確來說，起初培里先率領七艘軍艦前來，另外兩艘隨後才跟來，終於要正式與日本進行交涉，簽訂和親條約。這部分我再跟各位稍微詳細說明。

嘉永六年（一八五三）的隔年十一月，改元號為安政，是為安政元年（一八五四），這年的三月三日，培里在赴日後費時將近兩個月終於簽訂神奈川條約。該條約屬於「和親條約」，算不上以貿易為主的「通商條約」。這裡比較有意思的是，總之只要先撬開日本的門戶就好。也就是說，在貿易方面，列強根本不把日本當一回事，反倒將目標放

在中國身上。從美國的立場來看，橫跨太平洋前往中國的途中需要有個停靠港，因此只須與日本簽訂和親條約即可。條約內容主要有下列四點：

「開放下田、箱館兩港，提供柴水、食糧及煤炭。」

「於前述兩港周邊設置美國市民遊步區。」

「遇難的美國船（捕鯨船等）船員（包含病人等）及運輸貨物轉送到前述兩港，交給美國方面，不可（如同鎖國時代般）監禁船員。」

「允許外交官駐紮下田。」

日本被迫接受這些條件後，由於情報網相當發達，結果變成「日本已經開港了」。因此，其他各國也立刻赴日，八月二十三日簽訂日英和親條約，十二月二十一日則簽訂日俄和親條約。

就這樣，幕府通知位於京都的朝廷廢止維持二百數十年的鎖國體制，以及政策大轉彎的消息。這時，幕府以非通商條約為由，姑且安撫朝廷。不過之後，朝廷卻提出「其實無法接受」的意見。儘管條約若真的涉及貿易的話，幕府也不知該如何是好，卻以

「總之只有開國而已」為由讓朝廷認可和親條約。

另外在同年三月，吉田松陰（寅次郎）先生因闖入美船企圖祕航而遭到驅逐，被幕府以魯莽之舉為由逮捕。當時，積極鼓吹吉田松陰的就是恩師佐久間象山。在培里第一次來航時，佐久間象山還是個大攘夷論[1]者；第二次來航時，他卻已變成開國論者。轉換思想跑道後的佐久間象山意志堅定，不像他人一樣搖擺不定，並鼓吹門下弟子吉田松陰說：「今後最好多去外國開開眼界」，因此被幕府盯上，就算沒有鼓吹吉田松陰這件事，他也因著作《海防八策》遭幕府視為「無稽之談」而被盯上，被迫回到故鄉信州松代蟄居，這位先覺者就此消失在幕末動亂的舞台上。後面還會再提到他，如果這個人沒有消失繼續活躍下去，說不定幕末局勢會變得更有意思。

我在上一次講座中也曾提到，佐久間象山的得意門生除了吉田松陰外，還有以「米百俵精神」聞名的長岡藩藩士小林虎三郎——這兩人被稱為「象門二虎」——也受到佐久間象山的啟發，向幕閣提出橫濱開港說，結果發生被遣返長岡的騷動。

長崎海軍傳習所的兩百人

下面將介紹另一名門生勝麟太郎的動向。我再重複一遍，勝先生向幕府提出建白書，主張「今後的日本需要海軍，為此必須要有軍艦，還得培育能操縱軍艦的士官。」受到幕府內的開明人士岩瀨忠震、大久保忠寬賞識而重用，安政二年一月，他從一介御家人被任命擔任這個名稱冗長的官職「異國應接掛手附蘭書（蘭學）翻譯御用」。勝先生是當時荷蘭語數一數二的佼佼者，因此命他將西洋書籍逐一翻譯向日本介紹。該說是江戶子生性耿直吧，結果勝先生幹勁十足，不但積極推動各個方面，並提出許多意見，因此也受到幕府的重視受到任用。

其中，勝先生不斷熱心地提倡「培育海軍士官相當重要，請在長崎興建海軍傳習所」，加上當時的筆頭老中是思想開明、能聽取他人意見的阿部正弘，因此該案獲准通過。到了七月二十九日，勝先生被任命為「重立取扱」一職，在長崎興建以荷蘭人為教師、專門培育海軍士官的傳習所。九月一日從江戶出發，十月二十日抵達長崎。順帶一提，據說勝先生在船停靠下關的十月十一日，才得知江戶於十月二日發生安政大地震[*1]的消息。

無論如何，為培育海軍人才的長崎傳習所就此開課。同時，還獲贈荷蘭船Soembing號（排水量雖為四〇〇噸，其實規模並不大），改名為「觀光丸」後作為練習艦。這裡就是日本海軍的起點。

傳習所的講師由六名荷蘭軍人擔任。學生人數共計約兩百人，包括從幕府選拔出的七十名、薩摩及長州等諸藩各自選拔派遣藩士，由藩負擔學費者約一百三十名（加上「約」是因為有些人中途辭退，或被各藩招回），就此展開訓練。地位相當於校長的總取締一職由永井尚志先生擔任，他與岩瀨先生一樣都是思想開明之士。岩瀨忠震、大久保忠寬以及永井尚志等人，都是屬於對德川慶喜充滿期待的一橋派。而受到他們重用的勝麟太郎，也被列入一橋派。剛剛提到的這幾位人物在後面會頻繁出現，請各位務必熟記。

這時，阿部先生如是諭告勝先生：接受外國人的訓練「此事並不容易」，也就是這件事對幕府而言是件相當大膽的重大工作。既然聚集這麼多人數，切勿「各自爭一時之功，爭相建立一己之譽」，亦即眾人千萬不可爭一時功名，只顧自身的名譽，希望眾人能一心為國，為日本國而努力。

勝先生也是出自這個打算，跳脫為幕府、為某某藩的思考框架，進而為我日本國建立海軍辛勤奮鬥。從結論來說，簡單講，就是從這時候起，勝先生跳脫幕臣的意識，轉而站在日本這個國家的立場來思考。

到此為止是上次講座的補充說明，下面將進入這次講座的正題。

哈里斯的名演講

話說回來……這次要跟各位講的內容在幕末歷史當中，不但說起來麻煩，寫起來也很麻煩，換句話說一點趣味也沒有。原因在於這段歷史相當錯綜複雜，事情發展相當曲折迂迴。屢屢出現「表面上是這樣，其實背後還有隱情」這類事件，一直到安政大獄後，井伊直弼在櫻田門外遭到刺殺為止這幾年的歷史，對講述者與聽眾都是一種折磨，在此事先提醒各位。

方才已經提到，安政二年十月二日發生了安政大地震，震垮了江戶。據推測死者達一萬人，一萬四千三百六十四戶家屋毀壞。當時，阿部正弘因與培里交涉等事持續操勞，再加上遭逢地震等大災，讓他疲勞困憊不堪，無法繼續擔任筆頭老中；十月九日，在獲得德川將軍的許可後，便將筆頭老中之座讓給佐倉藩十一萬石的堀田正篤（正睦）。堀田先生在當時可是比阿部正弘更勝一籌的「崇洋份子」（在當時稱為「蘭癖家」）。他也喜歡荷蘭語，認為驅逐外國人的攘夷論實在太荒謬。對此最為光火的就是頑固不化的攘夷論者德川齊昭。儘管德川齊昭基於過世的前任將軍遺命，受阿部正弘所託再度登場，他卻與堀田先生水火不容。堀田先生也討厭他，因此兩人在江戶城內總是怒目相對。

不僅如此，德川齊昭一直暗地懷著一個遠大的構想，那就是讓自己繼承一橋家的兒子慶喜就任下一任將軍。為實現這個構想，只要自己留在城內與筆頭老中阿部先生好好商量，成真的可能性就會提高。但沒想到阿部先生辭職後，卻換了一個意想不到的人物上台，想必會大失所望吧。就連大力仰賴的左右手，大學者藤田東湖也不幸在安政大地震時被房屋磚瓦壓死在底下。儘管這些事讓他感到灰心喪志，仍心想：「那個蘭癖家實在太危險，只會淪為蠻夷的餌食」，亦即在堀田正篤的帶領下日本將前途未卜，只會淪為外國人的餌食，因而開始與堀田正篤正面衝突。

就在雙方起衝突時，翌年安政三年七月二十一日，美國總領事哈里斯按照和親條約的約定，以外交官身份來到下田。並在玉泉寺高掛星條旗，作為總領事館。這大概是在日本國內高掛外國國旗的首例。順帶一提，當時星條旗上的星星數量共三十一顆，因為這時的美利堅合眾國只有三十一州。

美國透過通譯休斯肯正式與日本方面進行交涉。在哈里斯的著作《日本停留記》中描述如下：

「日本人的風采儀表令人佩服。日本乃（南非的）好望角以東之國，我深信日本人是最優秀的國民。」

文中對日本讚譽有加。可以想像日本方面伺候哈里斯有多周到。或許是翌年發生了所謂「唐人阿吉」（伊豆下田的藝妓阿吉是一介船匠之女，她以看護婦的身份被送到哈里斯身邊）事件，他才會對日本人的民族性讚不絕口。而在《嘉永明治年間錄》當中則記載如下：

「……一名名叫坂下町吉的藝妓，以一年工資一百二十兩，現金二十五兩的價格僱用，阿吉在柿崎村休息，每晚前往玉泉寺。」

看完這段描述後，就明白阿吉是哈里斯的情婦。

話雖如此，身為外交官的哈里斯不但百折不撓，交涉手腕也相當高明。他以「下田實在太遠了，希望能在江戶設置公使館，這樣談話比較方便」為由，硬是向幕府提出要求，但幕府方面卻堅決不受理。雙方態度毫不屈撓，交涉長達一年以上。由於當時幕府方面始終不肯讓步，最後沒有達成在江戶設置公使館的目標。

隔年安政四年六月十七日，阿部正弘因病去世。大概是操勞已達極限，享年三十九歲。一位年輕優秀的官僚就此撒手人寰。想必水戶的德川齊昭受到不小的打擊。就在這時候，蘭癖家堀田先生再度開除了喪失後盾的德川齊昭。這跟小泉純一郎將中曾根康弘剔除在眾議院議員公認名單外，將他開除是一樣的。這種時候，筆頭老中，亦即首相的權力是非常強大的。堀田正篤對德川齊昭下達「爾後免除海防及軍制改革參與資格」的命令，要他離開江戶城。讓德川齊昭感到萬分悔恨。他在抱著絕不放過堀田正篤，「總有一天要將堀田踢下台」的強烈恨意下，離開了江戶城。

另一方面，這時，堀田先生滿腦子都是哈里斯無論如何想見將軍一面的事。儘管他想答應哈里斯的要求，但因為有德川齊昭在根本辦不到。於是他想了一個策略：總之先將德川齊昭先趕出城外，再傳喚哈里斯到江戶與將軍會面，只要讓他見將軍一面應該就會心滿意足了吧。想不到此舉在日後將引發事與願違的後果，無論如何，哈里斯就是透過這種形式從下田前往江戶。

哈里斯第一次進入江戶是在十月十四日，身穿高調華麗金蔥刺繡的大禮服，一行人浩浩蕩蕩地前往江戶。從品川到位於九段下作為下榻宿舍的蕃書調所[2]，不知走的是哪條路，不過根據哈里斯的日記記載，傍觀的民眾「距離為七英里長，一人為兩英呎寬，共排成五列」。這樣計算下來，旁觀民眾將近九萬兩千人，看到眾多前來迎接的人潮，似乎讓哈里斯大為滿足。

接著，哈里斯於十月二十一日與將軍會面，二十六日則在堀田府邸，滔滔不絕地進行長達兩小時以上的大篇演講。內容主旨如下：「自安政三年以來，中國境內爆發與英法聯軍的戰爭（中國方面以形跡可疑為由逮捕了搭乘英船亞羅號的中國籍船員，同時還用腳踢英國國旗聯合旗〔Union Jack〕，對英國造成嚴重侮辱，因此英國相當激動，倒不如說，這對靜待佳機的英國而言正是絕佳良機，以此作為藉口趁機宣戰；而趁機參一腳的法國，則是以與中國之間發生的小摩擦為契機與英國聯手，以龐大的軍勢掀開戰端），結果清國連戰連敗（事實上，英國與法國也是因此無法前來日本，所以哈里斯才能悠哉地與日本持續進行交涉）。總之，假使清國投降了就會被迫以苛刻的條件簽訂通商條約（實際上，後來簽訂了天津條約）。這麼一來，接下來英國及法國也會前來日本喲。」……哈里斯先以演講不斷地施以威脅。下面繼續介紹部分演講內容：

「日本正處於危機之中。英、法、俄諸國都想跟日本通商。其中，英國將率領五十艘大艦隊駛入江戶灣，其要求之一就是讓使臣（外交官或軍人）常駐在江戶。假使日本拒絕要求，那就唯有一戰，亦即英國將怒氣沖沖地發動戰爭。這一點，美國相當清楚。英國之所以還沒赴日，是因為與清國的第二次鴉片戰爭還沒打完，等打完後一定會前來。法國也是一樣。不過，若是日本與我國先締結通商同盟，我將會幫日本向英法兩軍的提督（海軍司令長官）說，我國政府早已與日本簽訂條約，諸國也應比照辦理。亦即各國待遇也應跟美國相同。這麼一來，英國及法國就絕對不會攻擊日本國。因此，貴國最好早日跟美國簽訂通商條約為佳。」

這的確是場精彩的演講，幕閣被他的氣勢所懾，根本不是對手，於是在十二月十一日，由下田奉行井上清直、目付岩瀨忠震兩人全權代表，與哈里斯簽訂通商條約，亦即開始進行關於輸入輸出等貿易條約的交涉。總之必須得讓更多港口開放，還得決定條約的細節部分。接下來日美交涉開始進行，歷經約十三次的交涉，終於在翌年安政五年（一八五八）一月十二日擬妥雙方認可的條約內容。全部共十四條，主要內容如下：

「除了（和親條約中的）下田、箱館外，另外開放神奈川（橫濱）、長崎、新瀉、兵庫（神戶）六港，並於江戶及大坂開市（貿易中心地）。」

「雙方派遣外交代表駐紮在兩國首都，並派遣領事駐紮在開港場。」

也就是派遣公使駐紮在江戶、京都及華盛頓，在六個港口設置領事館。這麼一來，日本可說是完全開國了。順帶一提，橫濱等在二〇〇九年適逢開港一百五十年。

雖然不知道英國、法國、俄羅斯、荷蘭等國是否如哈里斯演講內容所述，前來日本要求通商，但之後幕府基於幾乎相同的條件與上述諸國簽訂通商條約。這麼一來，過去日本所堅守的國策，或者說是國家形式，就此完全改變。而且還是幕府根據獨斷的判斷所決定。因此鬧得天翻地覆。

這樣的結果顯然易見，因此有許多人開始反應，應該先向京都的朝廷詳細說明才是。尤其是德川齊昭的外甥尾張藩主及仙台藩主伊達先生等大藩都持這種看法。幕府無暇與朝廷商討對策，於是擅自開國；但若就此置之不管，國家將會陷入危機；因此日本國應該上下一心，即使事後也得取得朝廷的認可──當時社會瀰漫著這樣的氣氛。

當時，京都的公家人數約七十～八十人，全都窮得苦哈哈，非常缺錢。原因在於，幕府給朝廷的俸祿僅十萬石。再將這些俸祿從宮家撥給堂上諸卿，從諸大夫再撥給三石侍[3]，即使官位再高，依然一年到頭苦哈哈，兩袖清風。我在後面會提到，東久世通禧是與三條實美一起逃到長州，即所謂「七卿落難」的七卿之一，俸祿僅三十石三人扶持[4]而已。不僅如此，公家也沒有發言權，正當眾人感到慪氣之時，得知各藩覺得幕府擅自決定重大事項之舉實在太不像話，開始對幕府窮追猛打的消息。這群貧窮公家的態度突然堅決起來，「這是個好機會，輪到我們出場了！」就這樣，在說完江戶的局勢後，騷動的舞台即將轉移到京都去。

舞台從江戶移到京都

在此，德川齊昭又將再次登場。正當德川齊昭被堀田先生逐出江戶城，心中感到鬱憤不平時，幕府卻捅下（名為簽訂通商條約的）天大的婁子，讓他忍無可忍，「到底想將這個國家搞成什麼樣？」便開始策劃徹底攘夷。而他鼓吹的對象就是朝廷之首，前關白鷹司政通。話雖這麼說，這個人的妻子是德川齊昭的姊姊，兩人之間有親戚關係。鷹司政通也趁機參一腳，發出堅決反對幕府開國政策的意見，使得京都的「堅決阻止軟弱幕府簽訂條約」運動一口氣盛行起來。當時，日本國內僅有少數人支持開國論，而各藩內支持大多數派攘夷論的人紛紛集中到京都來。

幕府也目睹了此一危險的動向，這下子事態糟糕了，必須認真以對才行。因此，堀田正篤決定親自前往京都說服朝廷。當然不只靠辯才，還帶著金錢。他盤算著，只要向朝廷大額捐款（或是賄賂），那群見錢眼開的公卿一定會立刻改變心意。並請哈里斯多等待一些時日再簽訂條約。

「我必須徵得可說是日本的精神支柱——京都的天皇許可，因此請再延後兩個月，等到三月七日為止。」

就這樣，堀田先生攜帶近六萬兩金前往京都。

然而，事情發展並非只有單向進行。事實上，將軍德川家定也是一大問題。這位將軍大人的腦袋似乎有些魯鈍。儘管看法因人而異，有些人認為沒這回事，不過根據紀錄所載似乎屬實。將軍大人膝下無子。就連電視劇中大有人氣的篤姬，遠從鹿兒島抵達江戶後也遲遲不肯出嫁。後來好不容易終於成為第三任御台所，卻有說法指出兩人之間似乎無夫妻之實。但也有說法認為有……，哎，這種事怎樣都無所謂，總之在這種狀態下，借用一位名叫橋本左內的學者——素有福井藩藩主松平慶永（春嶽）左右手之稱——的話來說，德川家定似乎是個「老是發呆，片刻也閒不下來，口齒不清晰（就像我一樣），遇到難以理解的事就會立刻大哭，無法獨當一面」的人。再加上篤姬的個性不讓鬚眉，又是在許多男人的包圍下長大……。因此，在整個日本國陷入危機之時，位居一國之尊的將軍不能是這副德性，必須想辦法擁立英明的君主，使日本全國上下一心，以面臨不斷施壓的西歐列強——這是大多數有心人士的想法。

於是眾人開始議論誰才是適合人選。由於此一爭論與開國、攘夷的問題結合在一塊，使問題變得更錯綜複雜。人與議論全都參雜在一塊。總之，誰才是適合人選，眾人一致看好自年幼時起「英明有膽識」的德川齊昭之子——一橋慶喜。他年僅二十二歲，不但迎娶京都公家之女為妻，也受到朝廷的賞識。特別是有福井的松平慶永、薩摩的島津齊彬、土佐的山內豐信（容堂）、宇和島的伊達宗城、德島的蜂須賀齊裕等大藩大名在背後支持。除此之外，岩瀨忠震、川路聖謨、永井尚志等開明派幕臣也推舉一橋慶喜。若能就此順利地敲定一橋慶喜為下任將軍，事情就好解決了，然而世事豈能盡如人意。原因出在一橋慶喜的老爸德川齊昭為眾人所排斥。眾人在暗地裡都想著：「要是兒子坐上將軍寶座，那個老頭定會為所欲為，唯獨這點絕不能如他所願，得想辦法將那個老頭排除在外才行。」德川齊昭自身既有實力，其子的風評也不錯，這些都毋庸置疑。可是「就是無法忍受那個老頭位居眾人之上」。

既然如此，還有其他合適人選嗎？這時浮現的人選，就是紀州藩藩主德川慶福。這是因為，他既是第十一代將軍德川家齊的直孫，也是德川家定的堂弟，因此血統純正。況且，原本御三家當中從未有將軍出自水戶藩的先例，而是由紀州及尾張出身者就任將軍，而德川慶福的身上流有將軍輩出的紀州血統，因此推舉德川慶福者也逐漸增加。然而，德川慶福這時年僅十三歲，也有人提出在國家危急之際，推舉年幼的小鬼為將軍是否妥當的意見。不，血統是無可取代的……，有道是有錢能使鬼推磨。亦即賄賂之舉到處可見，「推舉慶喜」、「不，推舉慶福」那些收下賄賂者立刻跳槽到另一派。在國家處在莫名其妙的狀態下，開國論、攘夷論靠攏過來，使得這個時代變得更莫名其妙。

也就是說，儘管推舉一橋慶喜的人大多屬於開明派，但不是每個人都是開國論者；而推舉德川慶福的人也未必全都是攘夷論者。由於推舉一橋慶喜還是德川慶福，支持開國還是攘夷，這四個要素參雜在一塊，暫時讓政局陷入一片混亂，理不清頭緒。各派系爭執不下的背後有金錢操作，而野心勃勃的公家則趁機參一腳。從這時候起，這些大把金錢進口袋的公家開始插嘴政事，百般挑剔。

話說回來，開國還是攘夷原屬於日本國策的問題，也就是牽涉公共、國家整體的問題，為何會與該推舉誰繼任將軍這樣的德川家私事錯綜複雜地扯上關係呢？這一點，松平慶永做出明快的說明，在他寫給堀田先生的信中，對此有相當簡潔易懂的解釋，譯文如下：

「有鑑於現下的世界情勢，已沒有拘泥於鎖國的理由了。我們應以清國在鴉片戰爭的慘敗為後世之戒，必須主動與諸外國進行貿易，使國家富足。富國是強兵的基礎，貿易則是富國之道。因此必須進行政治改革，同時也必須進行內政改革。換言之，即擁立英明的繼嗣、登用天下之人才、改革兵制為不可或缺之策。」

簡單講，若不先改革國內政治的體制，就無法好好地面對國難。因此，必須①擁立英明的君主，②登用各方人才，③改革軍隊體制——這三點缺一不可，所以上述兩個問題才會錯綜複雜地扯上關係。日本政界也是一樣，這類構造改革路線必定會引發反對論。隨著推進派、守舊派攪和進來，局勢也變得更為混亂。

橋本左內的新國家構想

接下來，又有各種要素摻進這個將軍繼嗣問題與開國、攘夷問題的發展，根本無法斷然地解決問題。安政五年（一八五八）二月二日，堀田先生抵達京都。一抵達後，他隨即開始灑錢收買，著手進行說服活動。堀田先生雖是開國論者，但在將軍繼嗣問題上究竟是一橋派還是紀州派，實則不詳。另一方面，德川齊昭則幹勁十足地說服姊夫鷹司政通，只要這名朝廷的掌權者走在攘夷派的前端，底下的公家就會漸漸靠攏過來，同時一橋派也會居於優勢。不過這麼一來，反對派又會心生猜疑地想：「水戶又有動靜了」，然後躍躍欲試，開始撒錢收買，使得形勢更加動搖……。

這時出現了一位關鍵人物，就是當時在位的孝明天皇。據說這個人是個生理上極度厭惡外國人的極端攘夷論者。認為因遭到黑船威脅就開國，簡直是豈有此理。儘管堀田先生費盡心思說服那些公家，然而在關鍵時刻，孝明天皇卻跳出來拒絕。到頭來，朝廷給的回覆如下：

「簽訂條約乃國家大事，故應充分徵求御三家為首的諸大名意見後，再奏請敕裁。」

請再次慎重商討，將德川御三家——尾張、紀州、水戶以及諸大名全都找來，聽取眾人意見，總而言之，就是「重頭來過」的意思。不僅如此，關於將軍繼嗣該選定哪位的問題則回道：

「急務繁多時節，儲君治定，若能守護西丸，扶助政務者，多多益善……[5]」

實在不知道這句話想表達什麼，總之，大意是能協助將軍治理政事、好好守護將軍家、妥善處理政務者「多多益善」，結果到最後都沒有說明究竟是儲君「多多益善」，還是在「氣氛熱烈」下決定人選。無論如何，在堀田先生看來，朝廷的答覆讓他不知道自己千里迢迢到京都來究竟是為什麼。就在幕府無法捉摸朝廷的意向時，公家愈來愈自命不凡，充滿幹勁。只要一橋派與紀州派吵得愈激烈，他們就能從中賺飽荷包，遇事只要歪頭沉思說：「唔，我不太清楚」就能眉開眼笑地坐收金錢，使得事態愈來愈難收拾……換句話說，若要詳細說明這段發展就會耗掉不少時間。

除此之外，要舉還能舉出不少名字。諸如梅田雲濱、梁川星嚴、賴三樹三郎等人，說是學者，卻都是形跡可疑的浪人，據說梁川星嚴的妻子長得漂亮，因此若有事討論，眾人就會聚集在梁川家進行密談。這群人任意慫恿公家，唆使他們「支持一橋派」、「支持攘夷」。後來在安政大獄時遭到處刑，簡單來說，原因在於他們是一橋派。話雖如此，他們卻不是開國論者，而是支持攘夷論，這部分讓人一頭霧水。

總之，一旦幕府喪失統治力後就完了，政治不斷地被京都的公家瞎攪和。攘夷的聲浪也居高不下。而逢迎巴結這些公家的詭異份子也很多。

下面摘錄一段福地源一郎（櫻痴）的《幕府衰亡論》內容作為參考：

「無論京都或江戶，都正流行攘夷熱，苟不云攘夷，形如非武士之舉，故不論心事如何，諸大名亦建白幕府攘夷。」

不僅如此，這時也不斷出現有關可疑陰謀的風聲。像是德川齊昭企圖謀反，摧毀幕府、山內容堂大喊「打倒幕府」，提倡幕府滅亡論等，謠言四起。隨著賄賂、傳言此起彼落，民眾也跟著手足無措，在這種情況下，最為活躍的人物就是福井松平慶永的家臣，時年二十五歲的橋本左內。由這名年輕的小夥子四處奔走活動。他不但幫了堀田正篤一個大忙，說服並拉攏前述那群慫恿公卿的學者加入一橋派，解決糾紛，同時也為了使全國上下一心，致力於擬定政策。

橋本左內的構想內容，是以一橋慶喜為將軍，由松平慶永、德川齊昭擔任首相位階，其下的大臣位階為島津齊彬、伊達宗城、山內容堂、佐賀的鍋島齊正（閑叟）等有力大名，並提拔川路先生、岩瀨先生等優秀官僚位於大臣之下，先整頓好內政才能處理外交。這種稱作「內閣形成」的構想為眾人所接受，而大名們也開始出現大幅動作。

然而，這個構想又泡湯了。正當風向總算一致傾向一橋派時，那些收了賄賂的公家卻又再度翻盤，結果前功盡棄。舉個有名的軼事為例，有一位公家大人向堀田老中詢問道：「話說，『天主教徒伴天連[6]』這個國家在哪裡啊？」話一說完，就連堀田先生也面露驚色地回道：「咦？你怎麼會認為那是一個國家啊！？」在背地裡操弄政治的人就只有這點知識水平。這些搞不清楚狀況的人可能是為了金錢或某些利益，以一股巨大的力量操弄政治，若政治風向一致時就破壞它；當政治風向朝某一方向移動時，就立刻讓政治風向轉向反常的方向。堀田先生散盡了六萬兩卻一無所獲，不得已只得在四月五日離開京都。（若繼續詳細介紹後續發展，也只是重複類似的話題）

井伊大老的強行突破作戰

安政五年四月二十日，堀田先生精疲力盡地回到江戶；二十二日，晉見將軍德川家定並進言。這時，堀田正篤向將軍建議，為了統籌幕政，必須設置大老職作為幕政核心，而松平慶永則是最適當的人選，同時也建議應採用松平慶永的得力助手橋本左內的構想，以統一國內人心。不知是誰對將軍灌輸些什麼，沒想到德川家定等待許久後立刻推翻該案，突然任命紀州派的泰斗井伊直弼擔任大老一職。究竟是誰唆使德川家定（是厭惡水戶的大奧嗎？）並不清楚，總之，這時出現了井伊直弼的名字。

二十三日，很快地井伊直弼就任大老。在這之前，即使是筆頭老中，在老中會議上也無權自行決定政策，必須採取協議。不過，大老的職責就是代替將軍總裁政務。也就是能夠獨裁。二十七日，井伊大老在閣老會議上主動提到將軍繼嗣問題：

「德川家之所以能延續兩百數十年的歷史，並不是因為有明君在，毋寧說是拜幕臣及諸侯遵從德川家血脈所賜。故應尊崇此一尊貴的血統，根本沒必要推舉明君。選賢與能乃外國的風俗。我皇國則素有推舉血脈相近者的美德。」

所謂血脈相近者，是指根據德川家的家世來看，紀州的血統（遠比一橋）更為純正，既是現任將軍的堂弟，也是第十一代將軍的直孫，因此尊崇血統乃我日本自古以來的美德。這一點，眾老中也無以反對。

到了五月六日，井伊大老一口氣將江戶城內的一橋派幕吏全部貶職，包括大目付土岐賴旨、戡定奉行川路聖謨，六月五日則將京都町奉行淺野長祚等人開除或貶官。

而在五月七日及十一日，井伊直弼曾二度單獨晉見——這是大老的權限——將軍德川家定，詢問將軍的意向，德川家定則回道：

「吾好紀州，厭惡一橋。」

這句話有留下紀錄，至於是否以這種語氣回答則不確定……，搞不好是井伊大老捏造的話也說不定。總而言之，井伊大老得知將軍意向後，於六月一日召集御三家為首的諸大名，向眾人宣告將軍所說的話：「此乃台命（將軍的命令）」，並宣佈決定立紀伊的德川慶福為將軍繼嗣。同時，他也聲明將派遣使者前往京都奏請敕裁。

這麼一來，這場糾紛將一口氣得到解決，不過在一橋派來看情勢急轉直下，在不知究竟發生什麼事的混亂當中，又將引發一場騷動。到了六月二十四日，大發雷霆的松平慶永不請自來，登江戶城與大老會面，氣沖沖地指責井伊大老。聽完後，井伊直弼沒有明確地回答，只回道：「所言極是，所言極是」正要起身之時，松平慶永隨即抓住他的袴說：「等等」，不讓他走。井伊直弼則在甩開他的手後離去，而袴似乎被扯破了。

就在同一天內，德川齊昭與水戶藩主德川慶篤父子尾隨前來，與袴被扯破的井伊大老會面。然而，儘管這對父子也怒氣沖沖地指責井伊大老，他依然只回答：「所言極是」而不給任何明確的答覆，並說：「那麼我先告辭了」。在這之後，一橋慶喜也前來拜會。即使井伊大老一直遭到責備，他卻從頭到尾只回答這句：「所言極是。那麼我先告辭了」。就這樣，一橋派的主要人物全都前來拜會井伊大老，打算當面責難他，但他卻完全不為所動，堅持到底。

在另一方面，六月十九日，井伊大老全權委派井上清直與岩瀨忠震到停泊在神奈川沖的波哈坦號（USS Pawhatan）上，之前推遲的日美友好通商條約（約十四條，還有一份內含貿易章程七則的條約書）終於要簽訂了。日後該條約的不平等成了一大問題。當然這是奉井伊大老的命令，一概沒有得到京都朝廷的許可，完全是出自井伊大老的獨斷。之後，才派人寄送通知「宿繼奉書」，相當於現代的快遞，而且是以「拿去吧！總之一定要送到！」的態度通知朝廷，而非鄭重報告。此舉當然也讓朝廷大為光火，可是井伊大老卻不當一回事。另一方面，美國欣喜萬分，根據紀錄所記載，甚至從波哈坦號射出十六發禮炮。

為何井伊直弼的態度如此強硬？甚至可說是剛愎自用。也可以說大老的權限就是這麼大。不過更重要的是，井伊直弼的心中一直遵守著幕府與朝廷之間於一六一五年時所制定的公武法制應勅十八箇條[7]的第二條「政道不必奏聞」。全文是：「親王攝家為首，公家及諸侯悉由幕府支配，政道不必奏聞。」亦即在元和初年，幕府與朝廷之間有過協定，即以天皇家為首，包括公家甚至諸大名均由幕府所統治，「關於政治之事，無須一一請示聖上」諸政事無須得到朝廷的許可——這一點正是井伊直弼的強烈理念。為重新挽回幕府權威，就必須向朝廷展現幕府的強大，前述的「宿繼奉書」也就是——快遞郵件一事，落實了他的理念。換句話說，井伊大老認為，幕府權威如同當今情勢般處於朝廷之下是不對的，因而打算向全天下人昭示應由幕府掌管政治。據說當時岩瀨忠震如此述懷道：「諸侯起反彈就不用說，一橋派會勃然大怒當然也在預料之內。有釀成天下大亂的危險。」

就在六月二十二日，井伊大老命下令全體登城，公告已簽訂日美友好通商條約。二十三日，一橋派的堀田正睦[8]、松平忠固（從忠優改名）兩名老中遭到開除，新上任的老中全是反一橋派，亦即全體老中清一色為紀伊派。從這一瞬間起，就不僅只是岩瀨忠震的述懷而已，一橋派氣得怒髮沖天，開始出現了「斬殺井伊」的意見。而這股熱潮也激發起攘夷論者「絕不允許開國」、「絕不允許簽訂條約」的反對聲浪，紛紛奮起行動。

六月二十五日，井伊大老又再度下令全體登城，鄭重宣佈由紀伊的德川慶福成為將軍繼嗣。至此勝負已分，一切宣告結束。就這樣，井伊大老的天下、將軍繼承人也已塵埃落定，而開國還是攘夷的爭論也宣告結束……。

安政大獄的眾死者

正當這時，七月六日，將軍德川家定去世。享年三十五歲。依照預定，紀伊的德川慶福成為下一任將軍，更名為家茂。擁立一名年僅十三歲的少年就任將軍，真的有辦法治理國家嗎？井伊大老對此究竟有何看法並不清楚。總之，情緒激動的一橋派不知有何企圖，不過井伊大老壓根不放在眼裡。反而變得更加強勢，攘夷論者被逼得不得不地下化。

話說井伊大老在將軍德川家定去世的前五天，隨即展開了行動。首先，那些不請自來、擅自登城抱怨者實在不成體統，必須依法處罰，於是下令德川齊昭被處幽閉、其子德川慶篤及一橋慶喜暫時禁止登城、尾張藩主德川慶勝（從慶恕改名）、福井的松平慶永則遭到隱居幽閉。他對於這些親藩[9]及大藩的藩主下手絲毫不留情，並在沙汰書（命令書）中寫道：「根據將軍旨意」，亦即奉將軍之命，你們不得登城；而當時的將軍在不久後便去世了。

這時，據說井伊大老所任命的反一橋派老中太田資始曾說道：「湮滅罪證，幽閉有為之親藩，將後患無窮。」在周遭一片膽顫心驚當中，唯獨井伊直弼一人意氣軒昂。他的行動俐落歸俐落，但手段卻相當粗暴。

少數未遭到處分的其中一人是一橋派的唯一希望——島津齊彬。但沒想到，眾所期待的島津齊彬竟在七月十六日去世。所謂歷史，就是關鍵人物總會在關鍵時刻死去，只能說是不可思議。無須多言，他是當時頭腦最聰明睿智的人，不僅積極採用兵學等西洋學問，而且還建造日本第一間紡織工廠及大型船隻（日本丸），使日之丸的旗幟懸掛在船上，可說是在各方面都走在時代尖端的藩主。可惜他去世了。現在的局勢可說是井伊直弼的個人舞台，一切全都任他掌控。

附帶一提，勝海舟在日後的隨筆集《牆茨記》中記述如下：

「受到井伊大老所重用者大抵為見風轉舵的小人之輩，不知放眼世界之大勢，縱使如何精通文武之道，也不過形同虛飾，不適合實地應用，使得賄賂之風日益興盛。因此只要尋求門路，得其門而入者，隨即受到錄用。」

還真是貶得一文不值啊，島津齊彬死在這樣的時代，令人倍感遺憾。

話說隨著政局已轉變為井伊大老獨裁，其餘眾人自然也就不再大喊支持一橋派、支持〇〇派了。話雖如此，若是就此袖手旁觀，局勢將會更加惡化，必須有所行動才行。在此情況下，照例有各種傳聞滿天飛。但在另一方面，這些傳聞當中也包含真實情報。

然而哪些傳聞是真，哪些傳聞是假，一旦到了後世全都變得混淆不清。「密勅」問題就是其中之一。

一般稱之為「戊午密勅」，簡單講，即以欲擊潰井伊體制的德川齊昭為中心，他收到京都的朝廷派其姊夫家所在的公家為使者所捎來的一封密勅，內容是幕政改革，亦即將井伊大老拉下台。這時，奔走得最勤快的就是前述的梅田雲濱、賴三樹三郎以及梁川星嚴。這三人費盡唇舌努力地勸說眾公家（關白九條尚忠、左大臣近衛忠熙、右大臣鷹司輔熙），被說服的公家則策動天皇，於八月八日向水戶藩下達密勅。同時還將抄本送給諸藩，包括長州藩與薩摩藩在內。正本則在水戶藩手中。有些人以天皇直接向水戶藩下達密勅為前所未見的異例，主張密勅為偽書，但也有人認為密勅為真，實際情況如何並不詳，無論如何，這件事傳入井伊大老的耳中，讓他暴跳如雷。

不，井伊大老根本沒那個閒工夫發火，他立刻對朝廷提出強烈的抗議：這可是叛亂，光憑一封無憑無據的密勅就想逼幕府改革簡直是豈有此理，並要求水戶交回那封密勅。幕府對朝廷的壓制非同小可。因此，開始出現了傳聞——為守護朝廷，島津侯立刻率領三千軍隊上京，而響應此舉的松平慶永（春嶽）也率領越前千人軍隊前往京都——而且迅速地傳開。無論如何，在分不清是真是假的情況下，被傳開的流言震撼了幕府。幕府認為必須得想辦法壓制才行，這時所引發的就是「安政大獄」。

這件事對井伊直弼而言非同小可。不過他為人剛毅，因此他展現出堅決的態度：既然對方連軍隊都出動了，就代表有倒幕的跡象，絕不寬恕。七月中，幕府與荷蘭、俄羅斯、英國之間也簽訂了與美國同樣的通商條約；到了九月，亦與法國簽訂條約。這一切朝廷壓根不知情，完全不被當一回事，而幕府則一副所向披靡的態度。

總之，井伊直弼無法饒恕這場騷動，開始以京都為中心進行鎮壓活動。簡單講，就是捕捉所有擁立一橋慶喜的人，包括將在密勅問題中暗中牽線的梅田雲濱等人一網打盡，帶回江戶審理。安政大獄的帷幕就此掀開。當時最為活躍的人物為井伊直弼的得力心腹長野主膳（國學者）、九條家的島田左近、目明[10]猿之文吉等人。

自安政五年九月起至隔年，陸陸續續逮捕了不少人，並於安政六年八月到九月進行嚴重的處分。

被逮捕者被按上各種罪狀，包括切腹一（水戶藩家老安島帶刀）、死罪六（水戶藩士茅根伊予之介、水戶藩士鵜飼吉左衛門、橋本左內、賴三樹三郎、原三條家家臣飯泉喜內、吉田松陰）、獄門一（水戶藩士鵜飼幸吉）、流放遠島、放逐、逐出住所、監禁、扣手銬等，實則超過七十名以上的涉案者遭到處刑。梅田雲濱在拘禁期間病死了。另外，前關白鷹司政通、左大臣近衛忠熙、右大臣鷹司輔熙、前內大臣三條實萬則剃髮引退，並且順藤摸瓜地逮捕了鷹司、近衛、三條等公家的家臣，將京都六角的牢房塞得滿滿的。而橋本左內被認為是擁立一橋慶喜的幕後主導人，在江戶逮捕後遭到處死。吉田松陰於安政五年年底遭到逮捕，被關進野山獄。之後送到江戶受審，遭到處死。

橋本左內於安政六年十月七日遭到處死，臨終時留下最後一句話：「人間自有適用處，天下何無可為時」。享年二十六歲。

吉田松陰於同年十月二十七日遭到處死，辭世詩為「縱然身朽武藏野，此處仍留大和魂」。享年三十歲。

八月二十七日，井伊直弼最大的死對頭德川齊昭遭判永久蟄居，同時也加重對其子一橋慶喜的刑罰，判隱居幽閉。果真是大規模鎮壓活動。

關於吉田松陰，我向各位稍做補充說明，來談談他為何會遭到逮捕。罪狀有二，其一是，梅田雲濱曾特地造訪長州與吉田松陰會談，被認為有協定密約之嫌；其二是，在御所內發現一封掉落的文件，內容有關倒幕種種，根據梅田雲濱的招供，該文件的筆跡出自吉田松陰之手。吉田松陰在被護送到江戶的路上，語氣堅決地否定說：「梅田雲濱確實曾造訪長州，我只見過他一次面，得知他以木材商的身份來大賺一筆。我根本不曉得有那封掉落的文件，這不是我的字。」由此可知他的說詞頗有道理。幕府官員也很傷腦筋，就在「罪狀不明」、即將判處無罪之際，官員問吉田松陰說：「說起來水戶及薩摩那群人計畫暗殺井伊大老，你是不是也加入他們的行列？」就在這時，該說吉田松陰為人正直還是膽大包天，竟蠻不在乎地回答道：「我沒有加入這項計畫，他們若想暗殺井伊，那我就去暗殺老中間部詮勝。我就是為此才在松下村塾招攬門下弟子，準備啟程。」幕府的官員被他這番從未聽說的話給嚇了一跳，認為他簡直太不像話，結果還是將他處以死刑。換句話說，吉田松陰就因為這項芝麻般大的罪狀被帶到江戶，儘管他順利否決罪狀，最終卻因說了多餘的話而遭到處死。

就某種意義來說，橋本左內與吉田松陰兩人慘死於安政大獄，結果影響了日後的勤皇運動，以及對井伊直弼的強烈反彈，自此幕末歷史開始有了極大的變動。

櫻田門外之變狂句

安政大獄於安政六年十月告一段落，翌年元號變更為萬延，即萬延元年（一八六〇）。這一年的三月三日，陽曆是三月二十四日，這個時期江戶仍然雪花紛飛，就在五時半（上午九點）時爆發了一起襲擊事件。也就是櫻田門外之變。井伊大老一行人包括家臣二十六名、足輕以及轎夫，全都立刻逃之夭夭。前來突襲的包括十七名水戶藩士以及一名前薩摩藩士。如同審問吉田松陰的官員所知，幕府應該從很久以前就得知這起暗殺計畫，卻仍然遭到暗算。井伊大老享年四十六歲。

進行襲擊時必須遵守規約。部份內容如下：「縱使已確實殺死大老，必須取其首級。負傷者自殺，或是到閣老府邸自首。其餘的全都暗中前往京都。」由此可知，他們的目的是取井伊直弼的首級。

很快地，江戶町民開始詠唱狂句。由於井伊（Ii）大老又稱為「掃部頭（kamon-no-kami）」，因而稱他為「井伊掃部（Ii-kamo）」。

井伊掃部被寒雪掐死[11]

井伊掃部撒網捉不到，得用轎子捕捉

三月三十日，井伊直弼死了將近一個月後才被免除大老一職。又過了一個月後，於閏三月三十日才終於將他的死訊對外公開。因此，井伊直弼在遭到暗殺後仍讓他繼續活了兩個月。

這麼一來，遭到井伊直弼壓迫的德川齊昭與一橋慶喜、松平春嶽等人應該就能立刻釋放吧，然而事情卻非如此。幕府為了保住自身的威信，直到九月四日才釋放他們。不過在這之前，關鍵的德川齊昭不幸於八月十五日因心臟破裂而去世。享年六十一歲，那些讓歷史舞台變得精彩熱鬧的人物一個接一個地死去。由於德川齊昭死得太突然，因此有謠傳他其實是遭到井伊直弼出身地彥根藩的復仇而被暗殺。

由於井伊大老之死，使得攘夷論益加沸騰，幕末政局也開始大幅變動。

順帶說一則有意思的軼事。

「春空月色朦朧，白魚篝火漸黯淡，微醺冷風心情好，恍惚遊客僅一人，孤身歸巢經河邊……[12]」

這段是河竹默阿彌[13]所寫的歌舞伎劇本《三人吉三》（《三人吉三廓初買》）當中的經典台詞。這齣戲初次在淺草的市村座上演是在安政七年（一八六〇）一月十四日。這年的三月十八日起改年號，是為萬延元年，這時井伊大老仍活著呢。正當劇場外掀起一場大規模混戰之時，在戲劇的世界裡卻是「今夜是節分啊……看來春天將會有好預兆咧。」——這對白還真是觸霉頭呢。

1 大攘夷論，相對於憑個人之力行使攘夷或是以海岸的大砲攻打在附近航行的外國船等小攘夷之舉，津和野藩的國學者大國隆正提倡「大攘夷論」，即以國家統一為優先，透過與外國交易達到富國強兵，儲備足以與諸外國抗衡的力量。

2 蕃書調所，安政三年（一八五六）所創設江戶幕府直轄的洋學研究教育機關。

3 三石侍，侍奉公家的低級武士。

4 三人扶持，一人扶持相當於足夠養一位家僕米量的俸祿。三人扶持則相當於三名家僕的俸祿。

5 原文是「急務多端の時節、養君治定、西丸御守護、政務御扶助に相成候者、御にぎやかにてよろしいとおぼしめし……」，「養君」即儲君之意，「西丸」是指江戶城的西之丸，為將軍世子的居處。「御にぎやかに」可作「多多益善」或「氣氛熱鬧」解。

6 「伴天連」是葡萄牙語「Padre」的日語漢字翻譯，意為神父或傳教士。

7 公武法制應勅十八箇條，元和元年（一六一五）八月，德川家康奉後水尾天皇之命所制定，公佈於御所的紫宸殿的十八條法規。然而以今日法制史的角度來看，此乃「偽法令」。一般認為，這是為了展現江戶幕府對朝廷的優越地位所創作的偽文書。

8 安政三年（一八五六），老中堀田正篤為避諱嫁給第十三代將軍德川家定為妻的篤姬之名諱，改名為正睦。

9 親藩，是指江戶時代與德川家有近親關係的藩，包括御三家（尾張、紀伊、水戶）、越前家等被列入御家門（御三家及御三卿以外的德川將軍家一族，例如越前松平氏、會津松平氏等）的諸藩。

10 目明，即岡引，為江戶時代町奉行所及火付盜賊改方等警察機構的非公認密探。各地對「岡引」的稱呼方式不同，例如江戶稱作「御用聞」，關八州稱作「目明」，關西稱作「手先」或口問。

11 這兩首狂句的原文分別如下：「井伊掃部と雪の寒さに首をしめ」、「井伊掃部と網で捕らずに駕籠でとり」。都是取「井伊掃部」與「肥鴨子（いいカモ）」諧音，將井伊大老比喻為肥鴨來諷刺。

12 原文如下：「月も朧に白魚の　篝もかすむ　春の空　冷てえ風にほろ酔いの　心持ちよくうかうかと　浮かれ烏のただ一羽　ねぐらへ帰る川端で……」。這段大意是：初春漸破曉之際，喝得微醺的小姐吉三被冷風吹得好不舒服，略帶恍惚，正他獨自走在回家的路上時，在隅田川邊……。

13 河竹默阿彌，活躍在幕末到明治年間的歌舞伎狂言劇本作家。

＊1　十月二日發生了安政大地震　震源在江戶川河口。為地震規模六・九的「江戶地震」。安政年間（一八五四～一八六〇）發生了大小約二十次場地震。

＊2　藤田東湖　儒學者。也是水戶藩士，輔佐德川齊昭。是個激進的尊攘論者。

＊3　密勅　祕密勅令。暗中下達天皇的旨意。

第三章　和宮下嫁與公武合體論

咸臨丸航向太平洋

我在上一回跟各位談到推行高壓政策的井伊直弼在櫻田門外遭到暗殺。約莫與此同時，勝麟太郎以咸臨丸準艦長的身分前往美國。由於這兩件事時期重疊，在這次講座就先來談談咸臨丸。

時間回溯至安政二年（一八五五）十月，長崎海軍傳習所成立後，不光只有幕府的武士，各藩也派遣有為的人才讓他們自費學習海軍知識。不過遺憾的是，傳習所於安政六年二月關閉了。原因是，由於幕府發動安政大獄，這個時期攘夷論正沸騰，還有人反映以荷蘭人為師學習根本於理不合。其次，美國及法國對於只有荷蘭與日本交好一事也出現不少批判的意見，因此荷蘭相當識趣，停止派遣教師團來日。不過最主要的原因，仍在於幕府財政困難。手頭沒有餘裕足以支付荷蘭籍教師的額外開銷，也就不得不關閉傳習所了。

勝麟太郎語氣平淡地寫道：

「關於當地傳習所一事，由於出現不少阻礙，因此才讓傳習生回歸故里，而諸位講師也正準備回國……」

只是，儘管長崎海軍傳習所成立不滿四年，但聚集在這裡的所有傳習生的確一起學習如何發動船、發射大砲等實務。這群傳習生在日後成了明治維新後日本海軍的中心，除了駕駛船之外，在造船與機關方面也相當活躍。因此，短短不到四年的歲月的確對日本的將來助益良多。在幕臣與各藩的年輕人一起切磋琢磨的這段期間，不僅在現實面、利益面上，在精神問題上也帶來重大影響，其意義大致有三：

第一，對各藩青年而言，這段期間給他們脫離藩的意識，在腦中描繪日本國是一個整體國家（Nation＝國民國家）的機會。在他們心中，第一次浮現了「世界中的日本」

的模樣，儘管還很模糊，卻已有所自覺。

第二，認識西洋合理主義思考的重要性，也就是了解若想操縱軍艦以及發射大砲，就得具備數學及物理學的基礎知識才行。因此，除了既有的和算及算盤外，還得學習更具科學性、合理性的學問。

最後是第三，聚集在此的成員包括下級及上級武士，藉由不分上下、站在同一起跑線上彼此切磋琢磨，明確展現出重實力、不重過去那套封建身份制，也就是錄用各種人才的趨勢。這一點，可以認為是深受教頭勝麟太郎的想法影響所致。在這裡，封建身份制——家老的兒子可繼承家老一職，另一方面，不管再怎麼優秀的人才，只要父母的身份不同就無法成為家老，永無出人頭地之日——一下子就被扔到一旁。他們不得不思考與過去截然不同的日本這個概念，就這層意義上，這短短不到四年的歲月確實意義重大。

總之，由於幕府資金不足造成傳習所關閉，成員各奔東西，回到自己的家鄉。不過勝麟太郎等人還得收拾善後，暫時留在長崎。

當時，以井伊直弼為中心，簽訂了日美友好通商條約。根據國際規約，條約必須通過批准才能正式生效，因此日本不得不派遣使節團前往華盛頓正式簽約。於是，幕府任命欣見豐前守正興擔任使節團團長，就在這時，使節團要搭乘美國軍艦波哈坦號前往華盛頓的消息傳到了長崎。人在長崎的勝麟太郎心想：「何必搭美國船去，當然是搭日本船啊！」隨即緊急返回江戶與幕閣會面，並極力主張「派遣使節請務必搭乘日本船，而非外國船」。幕府當場駁回，說道：「荒唐，不過只學了四年，怎麼可能橫跨太平洋的驚濤駭浪抵達美國？」「既然如此」勝先生立即轉換方針說道：「萬一美船觸礁了，就無法抵達目的地。因此有必要準備一艘日本船前往美國，作為備用。」岩瀨忠震與軍艦奉行水野忠德也贊同勝先生的意見。將日本船作為備用船前往美國的提案，就這麼順利通過了。而勝先生則擔任準艦長，持續推行計畫。

起初原本預定派遣觀光丸，「這艘船絕對無法橫跨太平洋」但聽完荷蘭籍講師的意見後，剛向荷蘭購買的咸臨丸便突然成為備案浮出水面。咸臨丸於一八五七年竣工，也就是在兩年前完成，並在同年從荷蘭送往日本，於八月抵達長崎，是幕府花了十萬美元所購買的船艦。據說，「咸臨」是取自《易經》中「咸臨貞吉」一詞。意思是「君臣互親，普遍之情」，我也不清楚為何會取這個名字。命名者是永井尚志，不，也有說法認為是勝先生，無論如何，最後決定搭這艘三根桅杆塗黑，全長不到五〇公尺的汽帆兩用船「咸臨丸」前往美國。

可是，勝先生並沒有因此立刻出人頭地。雖然擔任準艦長，他在幕府的身份為兩御番上席，不過是一名非常低階的官員。但卻從一介無法登上江戶城的御家人，歷經傳習所教頭其後成為咸臨丸準艦長，首度肩挑一個像樣的職位。然而話說回來，這個職務只是個小角色。

勝海舟因暈船無用武之地？

就這樣，簽訂條約的正式使節團搭乘美船出發，咸臨丸則作為不時之需時的備用船航向美國。這時，幕府拜託使節團讓幾名準備回國的美國人也跟著一塊上船。結果勝先生堅決反對。我懂他的心情。日本人首度憑藉己力開船前往美國將是名留青史的一次航海。假使讓美國人搭船，事情一定會變成「什麼嘛，原來是靠美國人幫忙啊！」這就是歷史的可怕之處。我認為，勝先生已有「歷史」意識，想要在歷史上留下日本人憑藉己力前往美國的事實。可是，幕府對勝海舟等人仍心有存疑，於是藉口有美國人在比較放心，不顧勝先生的強烈反對而讓幾名美國人上船。

這時，福澤諭吉也在船上，他後來在書中如此寫道：「勝艦長暈船，毫無用武之地」。勝先生在傳習所時代曾搭過好幾次船，也曾在船即將觸礁之際，連忙讓船進入天草港，應該不可能因暈船而無用武之地才是。附帶一提，我的一位同學曾是帆船海王號的前船長，我向他請教有關暈船的問題，據他所說，暈船只要經過一個星期後就會習慣而治好。因此，勝海舟的暈船說八成是福澤先生的挖苦話。說不定他因「日本人好不容易能去美國，沒有什麼比得借助美國人之力更讓人掃興的事」而一反常態，在最初的一星期負氣而睡也不一定。他可是在日後被稱為「日本海軍之父」的勝海舟。會暈船的海軍之父聽起來不是很奇怪嗎？

在進入萬延元年（一八六〇）的前夕，即安政七年一月十三日，咸臨丸終於從品川出港了。在這不久後的三月十八日，改元為萬延。因此「咸臨丸於萬延元年從日本出發」這句話是不對的，正確是於安政七年出港。一月十九日，咸臨丸南下浦賀水道，前往太平洋。自寬永年間的一六三五年發布鎖國令以來，實則睽違兩百二十五年之久的航海。

軍艦奉行是木村攝津守喜毅。號芥舟，麻煩的是日文唸法與勝先生一樣，他是個相當了不起的人物，據說為完成此次出航壯舉，甚至拿出自己所有的財產作為航海的資金。當然，他並不具備海軍知識，因此實際上是由勝先生負責指揮，他則是以司令官身份擔任大將。

船上九十六名船員清一色是日本人。方才已經提過會有幾名美國人上船，但姑且算得上是由日本人操縱軍艦前往目的地舊金山。航程往返一萬海里，日數約一個多月。說得誇張一點，說這一刻是近代日本的大門頓時開啟的瞬間也不為過。姑且不論日本國內正捲起一陣攘夷論潮，總之，嶄新的日本大門正向外敞開。

二月二十六日，抵達舊金山；閏三月十八日又再度出港。短短不到兩個月的滯美時間，收穫卻相當豐碩。當時，勝海舟曾說：「人是會改變的。」這番話的確沒錯。這是因為，在這之前他還是一介普通的劍客，這次的出國經驗卻讓他思想變得相當開明而且國際化。

之後於四月三日抵達檀香山，晉見卡美哈梅哈一世；五月六日又再度返回品川。回程船上清一色都是日本人。這段期間，爆發了櫻田門外之變。也就是說，他們是在井伊直弼死後才回到日本。附帶一提，正式的遣美使節順利搭乘波哈坦號抵達美國西海岸，並轉搭火車前往華盛頓，完成簽約。等再度回到日本時已是九月。關於這段，有留下勝先生在現在的濱離宮前來迎接的紀錄。

無論如何，勝先生總算完成了重大使命，自此總算平步青雲了吧？那倒也沒有。由於幕府的封建身份制仍然根深蒂固，總之他被任命為蕃書調所頭取助，亦即擔任輔佐專門處理外國文件的官廳頭取的職務，換成現在的說法相當於副教授。此外在十二月時，獲賜終身七口米——也就是終身可領這些米——以資鼓勵的論功行賞到此結束。結果根本沒得到像樣的獎賞。不過借用勝先生的話，我想他的心情應該是：我所作的一切不是為了幕府，而是為了日本國，這就夠了。

「尊皇攘夷」的時光

接下來，我們回到這次的正題。

井伊直弼這般位高權重的重要人物遭到殺害後，幕府體制一口氣變得搖搖欲墜。放眼望去，少了井伊直弼之後的幕府根本找不到一個足以支撐幕閣的大人物。外樣大名並不能擔任老中[1]。老中幾乎都是由俸祿低於十萬石以下，約七、八萬石的譜代大名所擔任，束手無策下，只好以現任老中安藤信正以及再度就任老中的久世廣周為中心，負責掌管幕政。

然而，「尊皇攘夷運動」在民間卻造成一股熱潮。要解釋「尊皇攘夷運動」為何會如此普及並不容易，單用一句「畏懼外國高壓態度的幕府被迫簽訂條約，實為國恥」不足以解釋這個問題；背後還潛藏著長久以來在幕府「民可使由之，不可使知之」、恣意而為的統治下，民眾累積已久的不滿。同時，幕府財政也陷入困境，導致經濟不景氣，物價高漲，民眾也因此愈來愈反感：「都是幕府開國的錯」、「都是與外國進行貿易的錯」連帶促成攘夷運動的擴大普及。換言之，重點在於經濟問題才是這股熱潮的背景。

日本正式與外國進行貿易始於安政六年夏季。當時，日本重視銀更甚於金，因此外國商人不斷地買進金貨，還購買了生絲、茶以及海產。除此之外，稻米、小麥的輸出也相當盛行，使得米價立刻翻漲。拜此所賜，單純的日本經濟在轉眼間千瘡百孔，而幕府對於社會大眾的不安卻無能為力。受害的民眾開始打從心底渴望社會改造。因此不光是對幕政的不滿，再加上幕府在實際生活問題方面採取錯誤措施，從此攘夷運動開始擴散開來。

那麼，為何會加上「尊皇」二字呢？說日本人自古以來就對天皇家充滿尊崇之念，那倒也不是。當時的日本人尊稱將軍為「公方大人」，認為將軍是唯一的統治者；至於天皇則尊稱「聖上（ミカド）」，稱呼朝廷為「內裏」或「禁裏」，是與自己無關且遙遠的存在。他們認為聖上的確存在，但公方大人更為重要。不過在幕末前夕，以水戶藩為中心的尊皇思想以及吉田松陰在長州的松下村塾一再講授的尊皇精神，的確已開始萌芽滋生。然而決定性的原因，則是孝明天皇不僅非常厭惡外國人，同時也是「攘夷的化身」一事開始流傳開來。我很懷疑，假使孝明天皇是個思想開明的人，那麼尊皇精神在日本還會如此風靡嗎？很顯然地，朝廷就是攘夷的牙城。這麼一來，對反對幕府政策者而言，朝廷就形同反幕府運動的先鋒。於是乎攘夷與天皇家尊崇思想開始結合在一塊，曾幾何時就變成尊皇攘夷運動了——這樣想或許比較好懂。之後，尊皇精神逐漸傳開來，目前暫且先談到這裡。

而擅長到處鼓吹煽動這類思想的人也一個接一個地現身。舉例來說，在這群為身份制度所囿、憤怒無處可洩的下級武士當中，出現不少想脫藩大顯身手的人，這些人順應潮流，成為尊皇攘夷運動的核心。另外，諸如神官、僧侶等肚子裡有點墨水的知識份子開始提倡尊皇精神，到處煽動攘夷。因此，這個時期所出現的人名大多都是出身下級武士、神官、和尚等。像是越後鄉士本間精一郎、庄內鄉士清河八郎——這個人在提到他與新選組之間的關係時會再出現一次——、福岡的平野國臣、在京都守護公家的下級武士田中河內介、久留米的神官真木和泉……這群人動作勤快，行走各地，在他們巧妙的口才下，使得尊皇攘夷論逐漸向外傳開。後來這群人紛紛遭到殺害，回顧他們過去的作為，不是半威脅地賺取金錢、就是靠花言巧語募集軍資，走遍日本的每個角落，可說是以驚人的氣勢傳播尊皇攘夷思想。尊皇攘夷運動在京都造成軒然大波，而在另一方面，在幕府勢力根深蒂固的江戶，主張開國的人尚能苟延殘喘。

無論如何，有煽動者，還有許多被說動的不滿分子，這些人與京都的朝廷（貧窮公家）連成一氣，在乍看彷彿開啟新世界般的幻想下，權力奪取的運動正逐漸擴大——我認為這可說是這個時代的一大特色。

迎娶和宮作為將軍的御台所

萬延元年九月四日，之前未經許可擅自登江戶城遭到井伊直弼責難受罰的德川慶勝

（慶恕）、松平春嶽、山內容堂、一橋慶喜等人，終於解除禁閉。但是有附加條件：不得干涉政治、不得彼此互通書信、對外交際要節制。之所以沒有提到德川齊昭，是因為前面已經提過他在八月十五日因心臟破裂去世的緣故。縱觀幕末歷史，不論是德川齊昭、島津齊彬或是井伊直弼，這些在歷史上發光發熱的一線「明星」全都一口氣登場，然後一個接一個地死去，剩下的都是些二線明星。

我們姑且不談這些，為何會在這時發布特赦令呢？其實，井伊直弼一直在水面下張羅從天皇家迎娶將軍（德川家茂）夫人，讓幕府與朝廷結為一家的作戰。井伊直弼認為，若江戶與京都一直處於敵對關係，對國家將來只會有害無益，倒不如雙方建立協力合作體制，因此三番兩次地催促天皇家，打聽「有沒有合適的新娘人選」。起初，天皇家根本視若無睹。因為打探得太頻繁，天皇家倒是曾提出一名年僅三歲的人選，但因年紀太小而作罷。這時，孝明天皇的妹妹和宮的名字突然浮出水面。就在雙方暗中洽談之時，井伊直弼遭到暗殺，這樁婚事也一度告吹。不過接位的安藤老中持續進行交涉，儘管雙方爭執不下，總算是談妥婚約。真是可喜可賀！於是才會發布特赦令。

起爭執的最主要原因，在於和宮對此感到排斥。這是因為，她自幼已許配給有栖川宮熾仁親王，兩個年輕人彼此也有成親之意。後來，有栖川宮熾仁親王在戊辰戰爭中擔任幕府征討軍，亦即西軍的總大將，甚至有傳聞他興許是為了報未婚妻被搶之仇而戰。

由於朝廷打算說服有栖川宮家讓和宮嫁到將軍家，因此和宮百般不願地說道：

「我不要嫁給東方的代官[2]！」

「我寧可削髮為尼，也不願到關東！」

這讓皇兄孝明天皇傷透腦筋。就在和宮百般拒絕，孝明天皇也只好放棄這樁婚事之時，側近岩倉具視在此登場。這個人從一出場一直到後頭都相當活躍，他拜關白鷹司政通為師學習和歌，獻殷勤，之後於安政元年成為侍從，由此可知他有先見之明，在散漫沒出息者居多的公家當中，他既有膽識，而且善謀略，具有政治頭腦。岩倉具視對孝明天皇說出惡魔的低語：「這可是大好機會」。他繼續說：既然幕府如此懇求，那就應他們的要求，賣他們一個大人情，相對地我們只要不斷提出條件就好。條件如下：取消井伊直弼所簽訂的安政假約（日美友好通商條約）、政策重新轉換為攘夷方針，另外政治委任幕府營運，不過幕府的所作所為均須請示朝廷。這麼一來，政治實權就能重回朝廷手中。

而孝明天皇似乎也覺得，為了讓幕府重新採取攘夷政策，最好採用這個意見。雖然在公家當中也有人反對將和宮嫁到關東，不過岩倉具視卻用盡各種權謀手段鞏固眾議，像是直接跟這些反對者逐一談判，有時甚至以降官位要脅。最後，終於連有栖川熾仁親王也妥協了，孤立無援的和宮在無可奈何下，只好答應這樁婚事。

另一方面，對於朝廷強行提出的條件中「取消與外國簽訂的條約」，這點幕府根本辦不到。在抱頭苦思、絞盡腦汁之下，只好請朝廷寬限時間，總之在十年內會盡可能想出對策，同時也答應會向諸外國申請延後七年開放新潟及兵庫港。在大後年的文久二年（一八六二），日本派遣的遣歐使節花費將近一年的時間環繞整個歐洲（福澤諭吉也有參加），就是為了與各國交涉延後五年開港事宜。幕府想盡辦法想與京都搞好關係，因此對於朝廷所提出的條件幾乎全盤接收，終於得以迎娶和宮。這在一躍成為幕府談判高手的岩倉具視看來，「一切盡在掌握中」。對行事冷酷無情素有「壁虎」之稱的岩倉具視來說，和宮的心思他才管不著。

就這樣，孝明天皇正式下達許可，讓幕府喜上眉梢。至於水面下究竟暗藏著什麼樣的謀略、甚至連岩倉具視的存在也全然不知，只要江戶與京都維持良好關係就讓他們高興不已。結果還是京都技高一籌，少了腦袋精明閣老的江戶完全被京都玩弄在掌心裡。

然而，說起和宮下嫁後朝幕雙方感情是否融洽，從結果來看，關係反倒日益惡化。在朝廷內，這樁婚事既有岩倉具視的謀略，也得到孝明天皇的認可，周遭公家則是在威脅利誘下不得不同意；然而，這樁婚事對位在朝廷外側的尊皇攘夷派而言卻非同小可。認為朝廷根本沒必要向幕府獻媚，反而導致攘夷運動的氣勢一發不可收拾。在京都，攘夷派的浪人、脫藩者與忿憤不平的公家有志結成一氣，開始進行種種運動。京都的街道上正開始吹起一陣粗暴的攘夷暴風雨。

這時在遙遠的江戶，於萬延元年十二月五日，發生了攘夷派薩摩藩浪士暗殺美國公使館通譯官休斯肯的事件。這群浪士並不是闖進公使館，而是埋伏在芝赤羽橋附近，趁休斯肯外出路上行刺。當時，美國公使館於文久元年（一八六一）十一月十三日，向幕府索賠一萬美元賠款。這是因為，儘管犯人是薩摩藩浪士，交涉的對象卻是幕府之故。

這裡順便介紹幕末時期金錢的換算，據說幕末的一兩折合約現在的六萬日圓。一分等於四分之一兩，折合為一萬五千日圓，一銖等於十六分之一兩，折合為三千七百五十日圓，一文則折合為九日圓。

總之，當時幕府所支付的賠款金額相當龐大。無論如何，這起休斯肯暗殺事件可說是尊皇攘夷運動出現流血事件的濫觴。和宮與德川家茂的親事非但沒有讓社會平定下來，反倒成為江戶的一大事件，在此契機下，攘夷派頓時氣勢高漲，「我們的時代終於來臨了！」

和宮東下與大赦令

萬延元年不滿一年便結束了，翌年改元，是為文久元年。

改元後不久的五月二十八日，又再度發生外國人遭襲事件。十四名水戶浪士襲擊位於高輪東禪寺的英國公使館，而正好人在現場的駐長崎領事莫里森也負傷。攘夷暴風雨的風勢愈演愈烈。在這樣的情勢下，和宮於四月十九日受封內親王，十月二十日早晨從京都啟程。以下是當時寫的和歌：

若為君與民　身命不足惜　願化做白露　消逝武藏野[3]

歌詞中的「君」應該是指皇兄孝明天皇，充分流露出和宮含淚出嫁的心情。

和宮出嫁隊伍包括中山權大納言忠能、岩倉具視等眾多公卿、女官、負責警護的十二藩武士等，共計八千人，馬匹三百頭，出嫁隊伍的聲勢相當浩大。走的是中山道而非東海道，這是因為東海道上有個名叫由比的地方（靜岡縣），那裡有個薩埵（さった＝去った）峠，唸法同「離去（去る）」觸霉頭，所以才不走東海道。

據說出嫁隊伍一天所走的距離為五里。在東京的中心「日本橋」設有里程碑，上面寫著：從這裡到橫濱為二十九公里，到名古屋為三七〇公里，到京都是五〇三公里，到大阪是五五〇公里，到下關是一〇七六公里，到鹿兒島則是一四六九公里。因此和宮從京都出發約五〇〇公里，假設一天前進五里，大概得花二十五～二十六日，總之行進速度相當緩慢。

在各宿場都貼有幕府的命令：「二里四方禁煙」，即禁止點火燃燒，因此民眾也不能燒水。在板橋有個名叫「緣切榎」的朴樹，這也是個觸霉頭的地方，因此下令砍掉。由於自古以來就有這棵朴樹，不能砍掉，最後只好刻意迂迴繞路，據說還在這棵朴樹的頭上蓋上破草蓆遮住，以免看到。在島崎藤村的小說《黎明前》中，描述了和宮出嫁的大陣仗在通過馬籠宿時有多困難，情況有多混亂，和宮就是帶著排場如此誇張的陣仗浩浩蕩蕩地抵達江戶。她還留給皇兄孝明天皇這封信：

「為了天下太平，儘管心中百般不願，無奈只得從命。」

大意是，在無可奈何下，只得前往厭惡至極的關東。就這樣，這對同為十七歲新人的婚禮便在翌年文久二年（一八六二）二月十一日舉行。不過從結果來說，和宮與德川家茂實則處得相當不錯。夫妻琴瑟和鳴，感情相當融洽。

順便談一下之後的後續，在德川家茂早逝後，大奧內分成和宮與將軍養母天璋院篤姬兩派勢力，彼此激發出看不見的火花。據說當然是天璋院派的勢力比較強。

前面提到過，出嫁隊伍中也包括打敗六名競爭者、晉升為右近衛權少將的岩倉具視。除了守護和宮外，更肩負對幕府如實傳達朝廷方面要求，逼幕府實行的重責大任。朝廷方面的要求以天皇的宸翰（天子親筆文書）的形式向幕府提出。內容如下：

一、徹底攘夷，公武一和，重大事項應全部請示朝廷裁決（讓幕府徹底執行攘夷，京都表面上與江戶維持友好關係，實際上則是讓朝廷能好好地操控幕府）。

二、實施戊午大赦（大赦安政大獄所有的罪人，使之前解除禁閉者完全恢復自由，同時得以干涉政事）。

幕府接受上述條件，四月二十五日，一橋慶喜、松平春嶽、山內容堂、伊達宗城等人獲得完全的自由。在這之前，這群解除禁閉卻無法插手政治、被晾在一旁的「名演員」，這時才又再度回到歷史舞台上。

截至目前為止所談的內容都很錯綜複雜、相當棘手。幕府為了讓京都與江戶維持良好關係，使出各種措施，結果成功的只有和宮與德川家茂的婚事，然而朝幕雙方感情愈是融洽，反而招致尊皇攘夷派的反感，以岩倉具視為首致力於為和宮親事牽線的四名公家以及金城重子、堀河紀子二位女官，被稱作「四奸二嬪」，成為「天誅」的對象。堀河紀子是岩倉具視的妹妹。總之，事情變得更加詭異，這時，「名演員」們想要重回歷史舞台上。

而在稍早以前的文久元年五月，相較之下顯得額外安靜的長州藩，則提出相當穩健的良案。

有位頭腦優秀、家祿一百五十石的長州藩士長井雅樂，在觀看社會情勢後認為必須想辦法平息國內的騷動，因此構思出名為「航海遠略策」的政策。他向長州藩藩主毛利大人提出此一政策後，受到了肯定，於是乎他向朝廷提出此案，企圖讓朝廷與幕府聯袂合作來收拾混亂的局面。不知怎地連討厭外國的孝明天皇也相當欽佩，而公家們似乎也認為此案可行。得到朝廷支持的長井雅樂，這回則前往江戶向幕閣提出此案。結果連幕閣也深表贊同，決定大力採用，好不容易因迎娶和宮使得朝幕之間氣氛融洽，長井雅樂認為這是個好機會，便進一步推展此案，想不到事情進展得很順利。他接著又向正好回歸歷史舞台的「名演員」們推進此案，看樣子事情似乎進展得相當圓滿。「航海遠略策」

的內容如下：

〈毀約攘夷只是兒戲。毋寧積極地接納條約，朝廷與幕府，亦即公武一心，充實我國的軍備即可。為此得先派遣海外視察團，採納外國的長處，改變我國人心，之後再慢慢思考諸事。採用航海遠航才是上上策。〉

無視條約進行攘夷、驅趕外國人等，簡直跟小孩的舉動沒兩樣，根本辦不到。這時倒不如應該接納條約，朝廷與幕府也應同心協力，一同致力於充實我國的軍備。因此今後得必須不斷地派遣視察團前往海外，吸收外國所有的優點，增強國力，改善不景氣，安定人心，之後再慢慢地思考應該建立什麼樣的國家。這就是航海遠略政策——的提案內容。所謂「航海遠略」，也就是欲速則不達。

此案獲得長州藩最有權威的大人物周布政之助的許可，藩論也一致通過。周布政之助與高杉晉作交情相當好，而長井先生與高杉晉作的父親情同親戚，因此有了周布先生做後盾，確保長州藩全體的支持，使得該案進行得相當順利。與薩摩不同，在這之前名字鮮少出現檯面上的長州藩藉著以此案作為藩論，向幕府獻策，終於踏入政治的中心。

就長州而言，是否想利用此機會設法介入幕府與朝廷之間從中斡旋，這點不得而知，總之其後長州總算是登上歷史舞台了。

「航海遠略策」進行得很順利，將軍與和宮的婚事也有圓滿的收場，說不定連尊皇攘夷運動也已經平息了。不論是朝廷還是幕府，雙方高層人士都瀰漫著一股趁此機會停止衝突、和睦相處的氣氛。可是對尊皇攘夷派而言，當然無法認同此案。這時，前面介紹過名字的清河八郎、本間精一郎之輩，或是長州的久坂玄瑞、薩摩的西鄉隆盛（總算出現大人物了）等人彼此互通有無，開始策劃讓攘夷運動氣勢更高漲的活動。這時，攘夷派的公家當然也參上一腳。因此上層的人想要平息衝突，而在另一方面，底下的人非但沒有平息紛爭，反倒陷入一片混亂。

話雖如此，縱使底下的人再怎麼亂成一團，只要上層下令鎮壓，說不定還有可能平息。截至現階段，在朝廷、幕閣雙方的同意下，總算能平息這場紛爭，因此目前國家還沒糟到根本動搖的狀態。

當恐怖行動變成正義之時

然而在進入文久二年（一八六二）不久後的一月十五日，老中安藤信正在坂下門外遭到六名水戶、宇都宮兩藩相關攘夷志士的襲擊。有鑑於櫻田門外之變的教訓，這時有加強防備，安藤老中僅受到皮肉傷便擊退刺客。前來襲擊的六名刺客全都遭到斬殺，這起事件也暫告一段落。但隨著安藤老中因受傷而退出幕閣核心，不知為何長井雅樂的斡旋工作也立刻暫停。該說是他運氣差吧，好不容易有進展的航海遠略策就因這起暗殺事件頓時停擺。

隔沒多久，原本藩論一致的長州藩開始起糾紛。原本藩內一致贊成以公武合體營運國家，而長州也參與其中，想不到藩內的攘夷派竟舉旗造反，勢力反倒增強，使得長州藩開始動搖。此外，周布先生也翻臉不認帳，一改意見，與攘夷派的領導者久板玄瑞連成一氣。同時，長州藩藩主也突然改口說：長井雅樂的提案不大妙，應該重新思考長州藩的政策。

另外，長州藩也不斷登用人才，開始任用伊藤俊輔（博文）、山縣小輔（友朋）等在松下村塾聽講的下級武士。山縣有朋等人出身於在足輕當中地位最為卑微者。有首童謠的歌詞這麼唱道：「金紋先箱齊排列，蓄鬍武僕在轎旁[4]」，指的就是手持金紋先箱，負責走在隊伍前頭大喊「退下！，退下！」的足輕。而伊藤博文原本也是出身農家，其父花錢買職位才成了足輕，無論如何，這兩人都是足輕出身。就這樣，這些出身卑微卻在松下村塾學習的尊皇攘夷王牌級人物全都受到錄用，不過在另一方面，長井雅樂的穩健政策卻以不值一提為由，原本敲定公武合體路線的藩論就此翻盤。

長州藩為何突然急遽改變？我想應該是各種想法錯綜交雜的結果，對寫小說的人而言這裡是最有趣的部分，在不少作品中都有描述。總之，長井先生好不容易構思的政策不但化作泡影，反倒因多此一舉遭到追究責任，後來於文久三年二月六日切腹。享年四十五歲，還這麼年輕。為國家著想、有先見之明者反被當成眼中釘，被迫自我了結性命，實在是太不走運了。

在長州藩一口氣大翻盤下，原先有具體進展的公武合體動向也跟著前功盡棄。這時，薩摩出場了。在薩摩，當島津齊彬去世之際，曾留下遺言：若將藩主之位讓給弟弟島津久光將會出大事，因此讓給島津久光之子島津忠義。可是，此舉卻造成反效果。到頭來，由於島津久光是藩主的父親，跟當上藩主沒兩樣。島津久光承襲島津齊彬的思想，想法相當開明，擁有能洞察時勢的卓越眼光。在攘夷稱道的當今時局，就算提出開明的意見也不會受到接納，因此他表面上支持攘夷，實際上卻是主張公武合體。不僅如此，他還是個十足的野心家，想要居人之上。當長井雅樂的穩健政策泡湯之時，島津久光竟率領千名藩兵、攜帶大砲，一口氣進入京都。在這之前，長井先生及其他人處事均力求平穩，這個人卻突然率領軍隊前來壓制京都。在「速速鎮壓有不當企圖的浪人」的敕旨下，他逮捕了那群蠢蠢欲動的攘夷派分子，將他們關進薩摩藩邸及旅館內，徹底取締。想必是想鞏固自己的立場，企圖向朝廷提出要求吧。

而看在島津久光的眼裡，西鄉隆盛也像是在煽動暴徒，因此以擅自上京的罪名將他流放到德之島。西鄉隆盛因欲加之罪被當作罪人一事感到相當憤怒，據說還寫信向友人表示不願再盡愚忠。既然提到西鄉隆盛，就順便來談談島津久光的智囊大久保一藏（利通）。這個人冷靜且忠實地遵照島津久光的命令，毫不猶豫地為藩盡忠。從這裡就能看出西鄉隆盛與大久保一藏之間的不同之處。

然而，在薩摩人當中有一群人一直當島津久光是攘夷派之首，卻不知道他骨子底想的是什麼。由於島津久光率軍進入京都，讓這群人士氣大振：「現在正是最佳良機。趁現在擁立久光公為大將，在京都市町挑起事端起義，驅逐幕府勢力，由我薩摩藩取得天下。」甚至還計畫好必要時固天皇固守比叡山，與幕府交戰。然而當島津久光一抵達京都，便立刻壓制這些家臣的動向。

這究竟是怎麼一回事？三十多名尊皇攘夷派份子為了商討今後的對策，遂在文久二年四月二十三日於伏見的船屋寺田屋集合。在島津久光一句「不可原諒」下，隨即派遣九名追捕者前去追剿。不過，田中河內介等煽動者也參加這次集會。因此島津久光下達指示：「不要對那群人出手。只要鎖定我藩藩士即可。」薩摩藩尊皇攘夷派的王牌級人物就這樣一口氣遭到撲滅。這就是寺田屋事件——薩摩藩藩士的交鋒。尊皇攘夷派中死亡者為有馬新七、田中謙助等八人，進攻的追捕者方面有三名重傷，一名當場死亡，追捕者大將奈良喜八郎輕傷。島津久光藉由斬殺自藩藩士一事，讓京都的公家們嚇得直打哆嗦。當時的文章記載如下：

「不僅公卿們在得知這場騷動後，聞風喪膽，就連所司代（幕府方面的京都監察官）也大吃一驚，做好各種防備（深怕他們會進攻京都），公（久光）急忙派人前去告知眾公卿與所司代其結果後，眾人才放寬心。」（伊地知貞馨[5]《紹述編年》）

由此可知這起事件在京都造成極大的震撼。這時，人在寺田屋的田中河內介與真木和泉似乎渾身發抖地待在二樓，怔怔地看著一樓的廝殺場面，可見煽動者真的很沒用。厲害的只有一張嘴，非常時刻卻發揮不了作用就是最佳證明。島津久光將這群人全數待補，並逐出京都。

島津久光這個人究竟在想些什麼，既然是開明派，那就光明正大地主張不就成了？話可不是這麼說。表面上露出一臉尊皇攘夷派的嘴臉，不但將自藩的尊皇攘夷派家臣全都殺光，甚至還逮捕並驅逐他藩浪人。據說他還派人讓田中河內介父子搭船到薩摩去，結果在半路上卻將之斬殺，將屍體扔到瀨戶內海。總之，雖然完全摸不清島津久光腦中的想法，不同於長州半途失敗的穩健派公武合體政策，或許他有自己的一套公武合體政策。只要向嚇得發抖的朝廷提出該方案，朝廷必定會感激地伏地跪拜並同意。這一點當然又遭到另有想法的長州強烈反抗，總之薩摩擁有引起寺田屋事件這場大騷動的實力，使得京都頓時成了薩摩的勢力範圍，由島津久光掌控治安。

島津久光向朝廷提出的方案如下：有必要再次派遣天皇勅使前往江戶，徹底告知幕府朝廷的想法，接著向幕府提出自己設想的條件，然後再度與江戶進行交涉，並由島津久光負責主導。朝廷接受這個提案，決定派大原重德[6]前往江戶。為了保護大原重德，島津久光又再度率領一千藩兵陪同大原重德下江戶。幕府與以島津家兵力為背景的朝廷之間的衝突，即將在江戶展開。

不過在另一方面，在島津久光不在的京都，潛藏在水面下的長州及薩摩等尊皇攘夷派的殘黨趁閻王不在期間，才正要展開某種大規模的恐怖行動。

接下來的故事舞台將移到京都，在政治策略上幕府將銷聲匿跡，薩摩與長州變成了主角，故事應該會變得清楚易懂些。

1 關於德川幕府的幕職，原則上僅限任用譜代大名，外樣、家門、親藩則嚴禁參政。但其實也有例外。這是因為，德川幕府的大名格式並非固定不變，藉由與將軍家聯姻等就能改變大名格式。播磨國龍野藩脇坂家就是最好的例子。脇坂家原是外樣大名，第三代當家脇坂安政的生父是譜代大名佐倉藩初代藩主堀田正盛，之後安政轉封龍野，成為播磨國龍野藩脇坂家初代藩主。天和三年（一六八三），安政以其親弟弟堀田正俊擔任大老為契機，便以自己出身譜代大名堀田家為由，向幕府提出「待遇等同譜代」的請求而獲准，成為願譜代，升格為帝鑑間席。到了第八代安董時，脇坂家才正式成為譜代大名。由於脇坂安董對幕政貢獻良多，天保六年（一八三五）因裁決「仙石之亂」有功，因此於翌年二月升任為西丸老中格；九月，家格從願譜代升格為譜代。天保八年（一八三七）七月九日，安董就任幕府老中。

2 東方的代官，指將軍。

3 原文是「惜しまじな君と民とのためならば　身は武蔵野の露と消ゆとも」。關於這首歌的寫成時期，有一說是和宮於文久元年（一八六一）十月下江戶前先參內，向皇兄孝明天皇告別時寫成；另有一說是文久三年（一八六三）春季，和宮於將軍德川家茂上京時，因思念夫君而寫成。

4 原文如下：「金紋先箱供ぞろい　お駕籠のそばにはひげやっこ」。這句歌詞出自西條八十作詞，中山晉平作曲的童謠「鞠と殿樣」，內容描述參勤交代的大名行列。「金紋先箱」是指位於隊伍前頭的足輕肩上所持的箱子，裡面裝有藩主的更換衣物，表面則印有家紋。「ひげやっこ」是指江戶時代臉頰上蓄鬍的武家奴僕。

5 伊地知貞馨，明治時代的官僚，薩摩藩士。曾在江戶的昌平黌學習，與西鄉隆盛等人一起進行尊攘運動，其後協助島津久光推動公武合體運動。著作有《沖繩志》。

6 大原重德，江戶後期～明治時代的公家。文久二年，以勅使身份下江戶。

＊1 《易經》　儒教當中倍受尊崇的五大經典之一。又名《周易》。

＊2 譜代　代代繼承該家的家系，或是系譜。譜代大名是指關原之戰（一六〇〇）以前從屬於德川家的家臣。

＊3 琴瑟相合　瑟是張有二十五條弦的大琴。由於琴與大琴一起合奏時音色相當協調，故引申為夫婦感情融洽。

第四章　遭恐怖行動震撼的京城市町

幹勁十足的島津久光

文久二年（一八六二），在島津久光的催促下，朝廷為了督促幕府奮起攘夷，派遣公家大原重德下江戶。島津久光以護衛為名，率領薩摩藩千人軍隊，拖著大砲前進東海道。六月七日，大原勅使抵達江戶，約莫晚個一兩天島津久光也到達江戶，進入江戶城。大原勅使所帶來的條件如下：

一、為了商議攘夷問題，要將軍德川家茂上京，與朝廷一同針對攘夷問題進行商談——很久以前自從德川家光上京以來，將軍就再也沒有上京晉見天皇過。亦即要將軍上京。島津久光早就料到幕閣一定會反對這項要求，因此以大砲做後盾。

二、設置五大老（島津、毛利、山內、前田＝金澤、伊達＝宇和島）——幕閣早已無能為力，因此將原本只有一人擔任的大老職改由這五人擔任，關於政治的一切最好交由五大老會議全權處理。

三、改革幕政，執行攘夷。不過不能交由幕閣執行，因此任命你們最討厭的一橋慶喜為將軍後見職，松平春嶽為政事總裁職。

有關上述三項條件，大原勅使在江戶城內外到處奔走交涉，不過幕閣方面卻強烈反對任命一橋慶喜為將軍後見職。如前所述，幾乎全體幕閣（尤其是大奧）都很討厭其父德川齊昭，自然也就反對由兒子一橋慶喜掌管政事了。儘管如此，有薩摩大砲為後盾的大原勅使卻絲毫不讓步，終於在六月二十九日第四次登上江戶城時說道：「這是我第四次登城。今天將定生死」，假使幕府不願接受這些條件，他便已做好在城內切腹的覺悟。隨行的島津久光也氣沖沖地指責，最後幕閣終於投降，值得一提的是他們決定採納任命一橋慶喜為將軍後見職的方案。也因此，一橋慶喜終於出現在政治舞台上。

七月六日，一橋慶喜就任將軍後見職；七月九日，松平春嶽就任政事總裁職。松平春嶽之所以晚了三天才就任，是因為他有些不大情願。政事總裁職的地位相當於大老、內閣總理大臣，必須站在政治前線。以前嚴禁家門大名擔任這類職位[1]。然而，這時日本正遭遇危機，因此他才晚幾天答應，一橋慶喜．松平春嶽的組合就此成立。

最高興的就是島津久光。一切正如願進行。想必他這麼告訴自己：我所構思的公武合體政策進行得很順利，只要在此取得領導權，就能解決國難。

就這樣在萬事談妥後，島津久光意氣風發地回國。八月二十一日於歸途中，在江戶郊外的生麥村有數名英國人穿過島津久光一行隊伍，島津隊伍的人遂以「無理之徒」為由斬殺英國人，引發一大事件。一位名叫理查德的英國人遭到殺害，還有其他英國人受傷。此即所謂的生麥事件。島津久光旗下的武士們大概也跟他一樣春風得意。就這樣隊伍一路往京都方向前進，不過等到該起事件發展成外交問題後便沒完沒了。也就是要求賠款。英國態度強硬地向幕府索賠十萬英鎊，換算成日本錢約為二十七萬兩。這讓幕府傷透腦筋。

就這樣，在時勢正如島津久光所預料的一樣時，最為焦慮、憤怒的就是長州藩。長州與薩摩一樣，長年來靠走私貿易賺了不少錢，累積不少資金。長州也善用這筆豐厚的資金，嘗試恢復權力。以前曾一度被藩論採納，後來遭到排斥的長井雅樂版公武合體論主張幕府為主，朝廷為輔，與薩摩版相反，這也是兩者的不同之處。在推翻長井雅樂提出的方案後，如今長州藩早已轉換方針，轉為順應朝廷支持堅決攘夷。亦即不斷重用激進的攘夷論者，企圖全盤撤回與諸外國簽訂的條約，回歸鎖國體制，態度也愈來愈激進以重回爭奪政治主導權之首。

八月初，正當島津久光前往江戶不在京都時，長州藩推舉藩主毛利慶親，即後來的毛利敬親，氣勢突然變得相當高漲。接著向朝廷提倡激進的攘夷論，並主張「我們會成為朝廷的後盾」。原本傾向攘夷的朝廷在聽完後，又再度倒向攘夷論。這麼一來，那群暫時被島津久光逐出，或者說表面上看似肅清撲滅，實則隱藏起來的攘夷派下級武士及浪人都聚集在京都，「來了一位好主公」，並與長州武士結成一氣。就這樣，包括町人在內，京都頓時因尊皇攘夷論而變得一片沸騰。

攘夷論前多了「尊皇」二字，既然如此，那麼這些浪人及町人是否從以前起就相當尊重天皇家？我個人倒是不太相信。總之，雖然以尊皇攘夷論為名義炒熱氣氛，然而尊皇並非重點。町人們只要有的賺、景氣好就好，他們不斷流轉各地。只要吸引一群人吃吃喝喝，有說有笑，就能夠大撈一筆。

接著，島津久光於閏八月七日回到京都。沒想到以長州為中心的攘夷論者竟迅速蔓延，甚至受到民眾的支持。原本在掌控之下的市町情況為之一變，看了令人目瞪口呆。島津久光認為要再度鎮壓此一亂象相當困難，既然已經在江戶讓幕府接受我方開出的條件，過不久情勢會再轉向我方，總之姑且讓京都維持現況，於是在閏八月二十三日離開京都，回到薩摩。

換句話說，一個月前的京都還是以薩摩為中心的公武合體論為主流，想不到在轉眼間情勢逆轉，以長州為中心的攘夷論在京都鬧得沸沸揚揚。

慶喜與春嶽組合的政績

而在這時的江戶，幕府遵照島津久光的要求任命一橋慶喜與松平春嶽組合執政，他們正在進行新的政治改革。起初，幕閣那群人一點也不看好這對組合，或許是這兩人合作愉快，改革進行得相當順利——「改革」一詞聽起來總是令人很愉快。

首先，不再按照老規矩稱呼和宮為「將軍御台所」，改稱「和宮大人」。亦即跟老規矩說再見。此外，過去京都御所的九門警備一直都是由幕府任命，現在則順從朝廷的意願，亦即不需幕府許可即可任命薩摩、長州及會津擔任警備工作。這一點在之後會發揮作用，引發蛤御門之變。除此之外，長久以來一直置之不管、任其荒廢的京都及奈良的皇室御陵，將由幕府出資修築。而說好的將軍上京日期則訂於隔年二月。另外，由於隔年舉辦的參勤交代需花費一筆費用，造成諸位大名的困擾，因此改成三年舉辦一次。在這期間，原本作為人質待在江戶藩邸的妻小也可以回國，取消強制待在江戶的規定。而幕府為了宣示權威、刻意制定的各種繁文縟節也紛紛取消——的確進行了快刀斬亂麻的改革。在江戶，不僅廢除許多麻煩的規矩，一橋慶喜與松平春嶽的改革也受到好評：「不虧是他們兩位，辦事效率果然很高。」

然而，有一項措施卻引發歧論。各大名在登江戶城時，往往會擺出陣仗、排場誇張地大喊「退下！退下！」徒增一筆多餘的費用，故下令簡化登城隊伍。可是，大名隊伍並非純由各藩的人所組成，前後排也雇了不少打工的江戶民眾。一旦取消後，打工的人都會失業，江戶人也因少了伙食費而引發騷動，這項措施受到極差的評價。

話雖如此，一橋慶喜與松平春嶽組合所推動的改革已經步上正軌，逐一推動。同時也積極錄用人才，只要是優秀人才全都予以提拔。比方說大膽地提拔大久保忠寬（一翁）與勝麟太郎，前者是由於論文相當出色，因此被提拔為隨侍將軍身旁的御側御用取次[2]；後者則被任命為軍艦奉行並（海軍次官）。這兩位都是令老中跌破眼鏡的人物，因為他們是知名的開國論者。換句話說，儘管朝廷強烈要求，幕府依然展現出對抗攘夷的態度。

不僅如此，他們還不顧老中的堅決反對，「遵從叡慮」全面赦免國事犯，也就是政治犯。諸如襲擊井伊直弼及安藤老中的犯人、安政大獄時與密勅有關遭到逮捕者等，均獲得赦免，對於已經死去者則「以禮送殯」，還活著的人則一一送回原處。這點也讓幕府大為吃驚。等於承認自井伊大老上任後，幕府的作為是不對的。

此一消息一傳到京都，這下子換攘夷派這伙人高興了。心想：今後不管做什麼事都會獲得赦免，總有一天，幕府會承認我們的行動才是正確的。而站在攘夷論立場的自己，之所以收拾反對國家政策的開國論者全是為了國家著想——誕生了所謂「天誅」的想法。

就這樣，一橋慶喜．松平春嶽組合所實施的改革的確進展得相當順利。但過沒多久便爆發了一場不可預期的衝突。京都方面表示，幕府願意推動改革非常好，不過朝廷為了能與幕府針對攘夷一事更充分進行討論，將再度派遣勅使。這場衝突圍繞著攘夷這個難題。

九月三十日，幕府召集了改革後的幕府幹部舉辦一場大型會議，商討該如何應付這個難題。簽訂條約後，總之包括長崎在內，橫濱及箱館等先開港，與外國之間的貿易也早已開始進行。通商以極快的速度展開，外國人相當喜歡生絲、綢緞等日本的特產，輸出貿易熱絡到快要趕不上輸出的速度。事到如今根本不可能廢棄條約。話雖這麼說，對於朝廷再三囑咐要驅趕外國人的要求也無法忽視，幕府究竟該如何做出最終結論？這一點讓幕府傷透腦筋。這時，松平春嶽如是說道：

「日本現在正陷入國家一分為二的國難。不管我們做出什麼決定，只要未經朝廷允許，任何政策都將無法推行（簡直就像日本現今的政治。只要較勁國會[3]在的一天，當其中一方說「NO」，就什麼也決定不了）。因此，為了與朝廷再度進行詳談，最好採取攘夷的方針。」

想不到竟是強硬攘夷論。依照松平春嶽的說法，若是幕府不先敲定開國的方針，朝廷就不會收斂，攘夷論者也會鬧個沒完，同時也將面臨薩摩與外樣雄藩——特別是長州——起身引發內亂的危機，因此為了爭取平息朝廷及攘夷論者的時間不得不主張攘夷論。這就是松平春嶽打的算盤。

對此，町奉行小栗忠順堅決反對，主張開國；接著換會津的松平容保提倡激進的攘夷論，老中板倉勝靜卻緊接著說：「攘夷根本不可行，我們早已跟五個國家簽訂通商條約，不可能攘夷」眾人意見分歧。

這時，一橋慶喜將會如何出招成為會議上的焦點。一橋慶喜終於開口，他的意見是「堅決反對攘夷」。然而實際上，他與松平春嶽在事前討論時似乎已達成共識，同意姑且採取攘夷論。松平春嶽原本也是這麼想，因此聽到一橋慶喜堅決反對攘夷論時感到一陣愕然。一橋慶喜如是說道：

「重點不是幕府會如何等的小事。這是國家整體的問題。我早已當幕府不存在，完全是為了日本全國而考量。因此才決定開國。」

松平春嶽想必是目瞪口呆地聽完這番話吧。由此可知松平春嶽是不想引發騷動的鴿派，一橋慶喜則是態度強勢的鷹派。不過一橋慶喜原本就是開國論者，也可說他只是回歸初衷。因此他才會無視事前討論——為了爭取時間，總之先支持攘夷，等弄清楚朝廷敕使的說詞後再思考對策——展現出「朝廷沒什麼了不起」的氣勢。

結果在一橋慶喜的努力下，幕府決定不管朝廷說什麼都要堅持開國。然而，一橋慶喜在兩三天後又推翻先前的說詞：「還是應該攘夷，開國根本不可行。」這樣的態度，別說是松平春嶽，就連板倉老中、小栗忠順、大久保忠寬，甚至勝先生都瞠目結舌，「那個少爺腦袋裡究竟在想什麼？」可是，當初和宮大人嫁過來時幕府與朝廷有過約定，總之先迎接勅使，至於實行攘夷與否之後再慢慢考慮。延後處理可是日本人的看家本領。

到頭來，幕府好不容易組成了優秀的執政組合，但在攘夷或開國上意見卻朝令夕改，讓人無可奈何，處境令人同情。

大久保與勝的獻策

在這過程中，有一、兩件相當有意思的插曲。這時，大久保忠寬提出自己的意見，即大政奉還。眾所皆知，大政奉還在日後受到熱烈談論，不過根據記載，大久保忠寬在這個時間點早已和同是開國論者的盟友勝麟太郎商談並發表。內容如下：

「攘夷根本不可行，對日本國也沒有好處。既然禁裏（天皇家）不願採納意見，幕府倒不如趁此機會將政權歸還朝廷，德川家退為駿河、遠江、三河的一介大名就好。而在攘夷實行之際，只須奉旨鞏固一方的警備。薩摩與長州也同樣奉旨鞏固一方的防備，聽從朝廷指揮才是上上策。大家同是日本人，不論由誰取代德川家擔任總大將治理國政都不是問題。總比被異國人統治來的強。最好趕緊將幕政這間發霉的老店拱手讓人，就不會有人繼續受苦，也能夠繼續推動國政。這才是仁智之舉。」

勝麟太郎當然舉雙手贊成。

另外，勝先生被任命為軍艦奉行並的三天後（閏八月二十日），在商討如何擬定軍制的會議上，有人提出下列方案：「備妥軍艦三百數十艘，由幕臣操縱，以加強東西南北四海守備。」老中水野忠精立刻指著遠在下座的勝麟太郎詢問他的意見。大久保忠寬立刻居中催促勝麟太郎答覆，「是！」勝先生立刻起身回答。一般在這種情況下，當上司說：「靠近點」時，就是要屬下匍匐膝行，一邊回答「是」，一邊以膝蓋稍微向前移動。雖說是繁文縟節，卻是幕府的常規，勝先生起身後向前走了二、三步，周遭的幕臣卻發出噓聲阻止他。他毫不在意那些噓聲，繼續向前走了幾步後侃侃而談。

「備妥軍艦三百艘等實在太荒唐，得再等五百年才行。比起造船，首要之務應為培育操縱船艦的人才。照現在的情況看根本辦不到。」

勝麟太郎口氣乾脆地否絕該方案。使得高官們都大失所望。可見這股讓大久保忠寬與勝麟太郎暢所欲言的氣氛已經在幕閣當中萌芽生根了。

然而時代進步得沒那麼快。不久，大久保忠寬遭到貶職。只剩勝先生還在幕府苟延殘喘，大概是聽了大久保忠寬的忠告，告訴他暢所欲言可是很危險的吧。

附帶一提，勝先生曾說「軍艦三百數十艘」得再等五百年才辦得到，不過在昭和十六年（一九四一）十二月八日大日本帝國對英美開戰時，分布在太平洋全域進行佈陣的軍隊數量為戰艦、航空母艦以下兩百二十艘，再加上小艇後共計三百九十一艘，日本動員了上述所有戰力進入太平洋戰爭。所費時間不到勝先生所說的五百年。但相對地也耗費一筆金額龐大的金錢。這正是傾全日本國民所有以滿足軍方要求所得的結果。

此外，司馬遼太郎先生在小說《龍馬來了》[*3]當中曾寫道，坂本龍馬稱大政奉還的手段是「靈機一動」。我邊讀邊想：「一派胡言」，不過司馬先生非常擅長虛構故事，他先是這樣寫，隔了十頁左右後，文中有人問坂本龍馬，「這是哪位的高見？」他回答道：「名字為「大」開頭以及「勝」開頭的人」。原來他將此案是大久保一翁與勝海舟所構思一事不著痕跡地寫進小說中。後來大政奉還雖是由山內容堂聽取坂本龍馬的意見後正式提出，但其實有留下大久保一翁與勝海舟先提案的紀錄。

將軍稱「臣」

到了十一月二十七日，朝廷派遣二名公家——二十六歲的三條實美及二十四歲的姉小路公知作為督促幕府攘夷的特使前往江戶城。在幕末這個時代，年輕人常露出裝模作樣的表情突然現身。由土佐的山內容堂擔任護衛同行，率領一千名藩兵在背後加強防守。各雄藩的主公以接下來的政治主導權為目標，一個接一個地來到江戶，上一次是島津久光，這次則是山內容堂。當時，幕府鄭重地讓二位敕使居上段，將軍大人則態度恭敬地居於下段迎接。這是自從幕府開府以來從未有過的情況。幕府如此謙恭地給朝廷面子，是出自一橋慶喜與松平春嶽組合的計策。

這次朝廷提出的要求如下：

一、盡速擬定攘夷之策昭告天下，並上奏攘夷期限（何時攘夷、何時向外國發射槍砲）。

二、下令諸藩挑選身強體健且忠勇的男丁組成京都的親兵（過去朝廷並無軍隊。不過今後朝廷也需要軍隊。請下令各藩召集優秀男丁，組成天皇專屬軍隊），親兵之武器、糧食等應隨石高不同向諸藩賦課（由各藩出錢設置近衛兵）。

老實說，上述都是幕府能接受的條件。不用幕府全額出資而是由諸藩分攤，現在也不是對掌控不了的朝廷說三道四的時候，因此幕府也很乾脆地同意接受。另外關於攘夷期限，幕府表示之後會盡快決定，回覆的內容如下：

「攘夷一事遵命。實行案將博盡眾議，於上京（這個時代的「上京」是指前往京都）時稟告聖上。親兵一事將由身負征夷（攘夷）之任，官拜右大將的家茂負責守衛。

此事亦將於上京之際詳細稟告。」

當時將軍寫給朝廷的奉答書至今仍保留下來。

「已拜讀敕書。謹遵詔書旨意（聖上命令）。策略等事，有關大政委任條目，將博盡眾議，待上京後再詳細稟告。誠惶謹言。

文久二年壬戌年十二月五日　　臣家茂　　花押」

將軍對天皇家自稱「臣」，這可說是頭一遭。自幕府開府以來，這種事可說是前所未見。想必幕府為顧全大局，只能強忍淚水稱臣吧。

恐怖行動風暴來襲

就這樣，一種微妙的政治戰略正在江戶進行，這時京都的情況又是如何？文久二年（一八六二），自從長州的毛利大人進入京都以來，連日來開始爆發了大規模恐怖行動。說到恐怖行動，以薩摩的田中新兵衛、中村半次郎、土佐的岡田以藏、肥後的河上彥齋等恐怖份子，或者說刺客劍客最為有名，這群人在當時盡情地殺無赦，斬立決。

七月二十日，九條家的島田左近遭到斬殺，首級被晾在四條河原。下手者據說是田中新兵衛。這起事件成為恐怖行動的濫觴。這群恐怖份子以公武合體派及開國派為目標，下手毫不留情。八月二十七日，井伊直弼的心腹長野主膳奉藩命遭到斬首，彥根藩在經過一番反省後轉換方針為攘夷。昨天還提倡佐幕，今天就突然大喊勤皇。閏八月二十日，曾幾何時越後的攘夷論者本間精一郎竟做出利用公家湊錢的背叛之舉，慘遭殺害。據說田中新兵衛及岡田以藏闖入後將他一刀斃命。另外在閏八月二十二日，九條家的諸大夫宇鄉玄藩頭（重國）遭到斬殺。

閏八月二十九日，在安政大獄時曾抓了不少攘夷論者的目明猿之文吉也遭到絞殺。這個人似乎被眾人恨之入骨，據說刺客是由眾多志願者中抽籤決定，結果由岡田以藏及其他兩名抽中了。閏八月二十三日，同樣在安政大獄中素有「惡鬼」之稱的京都町奉行所與力及同心等四人一併遭到殺害。之後在十月九日，就連平野屋壽三郎、煎餅屋半兵衛等商人也以貿易時貪圖不當暴利為由遭到公開示眾。對町人也絕不手軟。甚至連長野主膳的情婦村山多加也於十一月十五日，被帶到三條大橋公開示眾。同日，公武合體派的村山多加之子多田帶刀遭到殺害；十二月十八日，穩健派的知恩院宮家的家臣深尾式部遭到斬殺。這件事嚇得穩健派公家直打哆嗦。京都正陷入「恐怖行動才是正義」的水深火熱當中。

而從文久二年夏季一直到隔年夏季，在幕後指揮恐怖行動的就是土佐的武市半平太（瑞山）。本身既是劍術高手，也是政治運動教主。他率領土佐勤王黨（尊皇攘夷派）旗下近百名下士前往京都。知名舞台等戲劇作品《月形半平太》的主角月形半平太就是以武市半平太為原型，他有一句帥氣的經典台詞：「是春雨啊，那就淋雨吧。」但實際上，武市半平太卻率領成千上百名恐怖份子，據說連岡田以藏等人都是遵照他的指示殺無赦。

晚年時，勝海舟寫了一首歌表達對恐怖行動的厭惡：

若思及同是故土人　討伐者也好　被討伐者也罷都無所謂

幕閣希望能夠早日收拾在京都開始掀起的腥風血雨，因此以一橋慶喜、松平春嶽組合為中心，決定在閏八月一日「光靠京都所司代之力並不夠。故新設京都守護職，請松平容保擔此重責大任，平息騷動。」因此在十二月二十四日，松平先生率領一千名會津藩兵上京，於黑谷金戒光明寺設置本營。為了達成守護朝廷的目標，挺身對抗恐怖份子。話雖如此，光靠一千兵力根本不夠，不久就輪到新選組登場。

說起來，這群打著「攘夷」口號的下級武士及浪人究竟是基於何種理論結構提倡攘夷，自然就成了一大問題。不過老實說，幾乎沒有人是基於扎實的理論基礎提倡攘夷，盡是一群被狂熱的氣氛以及熱情拉著跑的人。也就是時事所趨。最可怕的是，若有一套條理分明的思想讓眾人學習、信仰，進而化作具體行動，這倒可以理解；問題是根本沒有，而是被充滿變動的時代氣氛拉著跑，這股狂熱將人變成了殺人狂，從結果來看，這場恐怖行動硬是創造了一個新時代。權術策士藉由恐怖活動的恐怖為手段進行策劃，逼使良知及理性沉默不語。毋寧說事後才套上思想理論。不論處在哪個時代，這都是最危險的情況。

我常說日本人從戰爭中學到最重要的一點就是「千萬不能過度狂熱」，指的就是這個意思。昭和時代開始走向戰爭之路時，同樣也是先出現一陣狂熱，之後再套上日本人對戰爭抱持的「使命感」，創造出「大東亞共榮圈」等宛如空中樓閣般的神話。總之，腦中冒出的念頭就是「打倒英美」。

同理可證，幕末的攘夷論並沒有建立一套具體的理論基礎。唯一有的，就是文久二年閏八月二十九日恐怖主義開始在京都展開時，長州的久坂玄瑞於關禁閉時所寫的文章《解腕痴言》當中記載著一段話，被認為是攘夷論的根本理念。簡單介紹如下：

一、自黑船來航以來已將近十載，日本國在防備、軍艦及武器上毫無建樹。為此我軍士氣完全未受到振奮。甚至想問，武士的面目何在？因此，現在武士們應該立刻站起來，同心協力實施攘夷。

二、態度再這樣優柔姑息，動搖不定，只會讓我國步上中國及東南亞的後塵，成為歐美列強的殖民地。

三、現在，外國並非同心協力，而是為獲得自身權益彼此對立。尤其是俄羅斯與法國等相互敵視，戰爭一觸即發，現在對我國正是絕佳良機。

四、「自開港以來，我國因向外輸出茶、絲、銅、鐵、煤炭、燕麥等日常用品，造成國力日漸衰竭」，然而街道上卻充斥著無用的外國製品。再加上「說國內經濟繁盛，無異於稱中蛇毒造成的肢體浮腫為肥滿，甚至引以為傲（其實是名為外國製品的蛇毒進入體內而引起浮腫，但卻誤認自己最近發福，甚至沾沾自喜）」、「我國國力有限，外夷的要求卻無窮無盡。有限的國力並不能滿足無窮無盡的欲望，一旦國家滅亡還能夠期待什麼？因此應盡快驅逐夷狄，此乃第四條。」

五、適逢島津久光上京，國家大勢正起了巨大的變化。不同以往，上下正趨一心，春嶽・慶喜組合也有不錯的表現，加上京都正掀起一場攘夷風暴，現在正是攘夷的絕佳良機。

六、孝明天皇希望能貫徹攘夷。如此良機，愈是延遲一天，危險就會延長一天。

以上六點為攘夷的理論基礎。並非每個人都讀過並贊同上述理論，但至少長州人都有讀過。因此，一般認為這群聚集在京都、以長州為中心的其他各國浪人就是在這樣的背景下，基於上述理論，以攘夷論為後盾而步上恐怖行動之路。

燒毀英國公使館

其他方面，下面稍微談一下文久二年所發生的事件。

八月十五日，薩道義以英國公使館通譯官身份抵達日本。

十二月十二日，位在品川御殿山四座興建中的公使館群當中，英國公使館遭到縱火。縱火者是高杉晉作、伊藤俊輔（博文）、志道（井上）聞多（馨）、品川彌二郎等十二名。其目的似乎是為了展現攘夷實績，一舉打響長州的名聲。

關於這起事件留下幾件相當有趣的軼事。到了即將實行縱火的時候，這群人聚集在當時品川最繁華昌盛的花街「土藏相模」。每個人都幹勁十足，但卻有些飄飄然且手法笨拙。他們將狀似煤球的火藥球忘在井上聞多的藏身之處——他的情婦阿里的房間裡，就直接出動了。儘管縱火行動進行得很順利，事後井上聞多與伊藤俊輔卻非常在意火藥球。當他們兩個偷偷地返回阿里的房間時，阿里正要將那顆狀似煤球的東西放到炭火盆內燃燒。這兩人當場嚇得全身癱軟。阿里笑盈盈地說道：「那顆煤球在破曉前就已經扔到海裡去了。」、「明明在從事性命攸關的工作，最重要的道具卻忘了帶，真擔心你們的將來。」聽完後，他們連一句話也無法反駁。

還有一則，有個蠢蛋將收到的情書遺落在縱火現場。我想大概是伊藤俊輔，寄信人是土藏相模的阿花，據說儘管她被幕府官員叫出來徹底盤問，卻也沒有透漏收信人名字半個字。比起長州志士，這些姑娘反倒更有膽識。一旦遇到非常狀況時，女性往往比男性更為強韌，這一點從古至今也都沒改變。還有很多諸如上述的軼事遺聞，一旦打開話匣子後就會說個沒完，暫且先談到這裡。

十二月十五日，一橋慶喜從江戶出發前往京都。將軍已決定於隔年二月上京，因此一橋慶喜早一步上京觀看情勢做準備。以下是當時擔任京都町奉行的永井尚志所寫的信：

「關東的勢力逐日退縮，朝幕（朝廷與幕府）之間隔絕漸甚，意思幾近不通，相反地薩長等外樣諸藩擁立朝廷，其勢力即將一手遮天。以一橋殿下為首的諸位重臣若不盡速上京，向朝廷表達尊崇之意，將無挽回之時。」

大意是：朝廷已遭到薩長架空。若不趕緊上京的話，在恐怖主義盛行的京都將沒有幕府出場的餘地。

十二月二十九日，脫離土佐藩的坂本龍馬及千葉重太郎（千葉周作[4]之甥）到勝海舟家打算斬殺他，沒想到反倒被站在地球儀前的勝海舟滔滔不絕地說服了：「你們在說什麼傻話？開國才是最重要的！」原是攘夷志士的坂本龍馬因此搖身變成了開國論者，是段相當有名的軼事。

同樣在十二月二十九日，幽禁中的松代藩士佐久間象山在睽違九年後終於獲得赦免。又有一名開國論者重回歷史舞台上。就這樣，在許多劃時代的軼事縱橫交錯下，結束了文久二年。

「招待不周，此乃攘夷血祭」

進入文久三年（一八六三），京都依然盛行恐怖主義。其中最驚人莫過於一月二十八日，公武合體派公家千種有文的家臣賀川肇遭到殺害。手段殘酷至極，不但當著其妻兒的面前斬殺剛返家的賀川肇，數日後，還將其中一隻斷手丟到千種邸，另一隻斷手則扔到岩倉具視邸。原因是他從中斡旋和宮大人下嫁將軍家，藉此促成公武合體實在是太無恥，即使剛強如岩倉先生對此也感到恐懼，故隱身京都郊外到處避風頭。不僅如此，他們還將賀川肇的首級以奉書紙[5]包起來，丟到提前上京的一橋慶喜所投宿的東本願寺。據說奉書紙上寫著：

「招待不周，此乃攘夷血祭，僅獻上此首級聊表祝賀之意，請獻給一橋殿下過目。」

除此之外，二月七日，山內容堂位於河原町的宅邸前有高瀨川流過，他們又在橋上擺上一顆以包袱布包裹之來路不明的首級。紙上所寫的內容與寄給一橋慶喜的信完全相同，個性剛強的山內容堂立刻寫信給松平春嶽：

「今晨我在門下看到有人獻上首級一顆。根本不能當作下酒菜，只不過是令人惋惜的無謂殺生。」

附帶一提，這一年一月在長崎興建了克雷巴（Thomas Blake Glover）邸。這在後面會提到，先在此稍微提一下。

勝海舟在明治三十年（一八九七）所寫的著作《雞肋》當中，有篇回憶當時恐怖主義在京都有多盛行的文章。

「自井伊大老、安藤閣老遭難後，對國內士大夫充滿情緒激昂、切齒扼腕者，或是姑且不論各藩侯伯，主動脫藩成為浮浪之士，或是暗殺自國大夫後逃脫潛伏者，抑或憤慨之士、劍客及浮浪之輩等，趁此時機，在京都及江戶徘徊者人數不下四、五千人。而幕臣亦以此風為正，嘗試攘夷暗殺者約五、六百名，（中略）此徒黨私下約定，賢愚不論，凡殺害一名外國人者即可位居該私會之上座，受眾士尊敬。（略）壯士氣燄如斯。」

內容大意是：浪人成為浮浪，斬殺本國人後脫逃。在京都與江戶徘徊的攘夷浪人共計四、五千人，其中欲嘗試恐怖行動者約五、六百人。這群人不分賢愚，只要斬殺一名外國人就會受人稱讚，位居集團的上座，其氣燄之盛已無法阻擋了。

京都仍舊吹著恐怖主義風暴，二月十三日從江戶城動身出發的將軍德川家茂即將進入京都了。將軍上京陣仗是由水野忠精及板倉勝靜兩名老中所率領的三千人大隊伍，自然得耗費不少金錢。粗略估算一下，一橋慶喜上京時所花費用為八萬兩，加上隨將軍上京的京都警護相關費用十三萬兩，所有費用總額據說超過百萬兩。花費實在高得不像樣。

這時，勝海舟以上京「既耗費金錢又耗費日數，還有許多無謂的花費，倒不如搭船前往會更好」，主張搭軍艦走海路，結果遭到大奧強烈反對。以將軍從未搭船出航過、萬一沉船了怎麼辦等為由，最終還是決定走陸路，才會組成「退下！退下！」陣仗浩大的隊伍出發。三月四日，將軍德川家茂入京，此乃自第三代將軍德川家光以來睽違兩百二十九年的將軍上京。

由於將軍上京引起一陣大騷動，因此京都町奉行向京都市民發布下列町觸[6]：「一切照常，無須蓋上窗蓋」。此外當將軍入京後，還發給京都市民家家戶戶銀兩，共計五千貫銀兩。換成金幣約六萬三千兩多，據說每戶可分到一兩一分。哎呀，這可說是財政窘困的幕府最後的大手筆呢。

然而，當上京隊伍抵達沼津附近時，有九艘英國軍艦、上百門大砲聚集在橫濱沖，正式且強烈要求幕府支付生麥事件賠款（十萬磅＝約二十七萬兩），說道：「幕府對於殺害我國國民的責任問題有何考量？雖然犯人是薩摩，責任卻在幕府身上」。這時，以代理人身份坐鎮江戶城的尾張藩藩主卻驚慌失措，只是一味地逃避。雖然立刻派遣使者去追德川家茂的隊伍，不過隊伍卻無法回頭。之後，英國軍艦仍繼續停留在橫濱沖，不但半鐘[7]響個不停，還發行瓦版[8]，町民心想：「這次是真的大事不妙了」紛紛收拾行囊，在江戶造成一大騷動。

攘夷實行期限在五月十日

在京都，朝廷已遭到架空，由長州執牛耳。薩摩及土佐的藩主也不在京都。當將軍一抵達京都後，受到長州煽動的孝明天皇便立刻提出到上賀茂、下鴨等兩賀茂神社舉行攘夷祈福。而將軍也不敢說不，只得跟隨天皇。當天，孝明天皇與將軍帶著華麗的隊伍一同參拜。在眾多旁觀者當中，突然聽見一句嘲弄聲：「幹的好，征夷大將軍！」很明顯是高杉晉作的聲音。

像這樣，長州總是在背地裡搞小動作，既然是天皇的聖意（叡慮），誰也不敢反對，只能悉聽遵命。山內容堂、伊達宗城、鍋島直正等公武合體派大名以「再也撐不下去」為由，紛紛離開京都。最後，連松平春嶽也辭去政事總裁職一職回到福井去了。

四月十一日，這次孝明天皇到男山的石清水八幡宮行幸，根據「叡慮」將軍也得同行。到底是一橋慶喜，不可能就此乖乖聽命行事，於是自願提出：「將軍身體微恙，由我代替將軍前往參拜」，伴隨天皇參拜。然而一到山麓時他卻以突然腹痛、怎樣都爬不上去為由而中途罷工。一橋慶喜真是幹的好。按照預定計畫原會在山上舉辦儀式，由天皇將贈給旗下武將的節刀（皇軍出陣時，天皇所賜的刀）莊嚴地授予將軍，最後儀式卻泡湯了。

攘夷派氣得大發雷霆，四月十七日時便在三條大橋上豎立彈劾將軍德川家茂以及後見職一橋慶喜的高札，上面寫著：「假託虛病（裝病）」，侮辱朝廷也該有個限度，「須一一加以誅滅」，將軍年紀尚輕，一切都是這些奸臣賊子的謀略，總之姑且放過將軍。不過「應盡速彈劾奸徒之罪狀，處以嚴刑。若有延遲，不出十日全員將處以天誅」。也就是說，他們不但點名將軍，甚至還公然宣言要實行天誅。由此可見，長州攘夷激進派的勢力達到空前全勝期。

之後，天皇家派勅使前來再三催逼幕府：「何時才要發布攘夷號令？」將軍年紀尚輕，未滿二十歲，因此全由一橋慶喜負責回應。松平春嶽辭職了，其他藩主也各自回國去了。京都只剩下攘夷派的瘋狂份子，盟友卻一個也不剩。當朝廷派特使前來一再催逼時，一橋慶喜只能應和屈服。這樣的情況一再持續後，他的自尊心終於無法忍受繼續低頭屈服。他表現出一副「欺負將軍也該適可而止」、「不，我再也不管了」的態度，於四月二十日以將軍的名義敲定「攘夷期限為五月十日」；四月二十二日，向在京都的諸大名發布這項消息。由於這個決定來的太突然，別說是板倉老中等幕閣，就連攘夷派之首三條實美等公家也大為吃驚。

當時，被長州暗箱操作的朝廷所發布的敕命似乎不時地變更。坂本龍馬在寫給長州桂小五郎的信中就曾提到：「朝令夕改乃皇國習性」，早晨才發布朝命，到了傍晚又發出別的命令，這似乎是日本國慣有的習性。一橋慶喜會發火也是情有可原。不過擅自決定攘夷期限也是一大問題。從宣佈到實行只隔二十天，也難怪有傳言說「一橋公瘋了」。

當時，一橋慶喜在宣佈完後立刻準備打道回江戶，一副「我不管了，剩下的就隨你們愛怎麼做就怎麼做」的態度。當他離開京都後，便悠閒緩慢地回江戶，直到五月八日才抵達一橋邸。

江戶城內則發生大騷動。然而一橋慶喜卻不發一語，也沒有登城。年輕將軍被放置在京都，總大將代理人一橋慶喜卻不見蹤影，叫人不知該如何是好。要是這時英國軍艦又到橫濱沖的話，等到五月十日攘夷實行當天就會大事不妙，然而該說是幸運嗎，老中格[9]小笠原長行未經許可便擅自支付英國生麥事件賠款十萬磅。金額相當於二十六萬九千兩多，換算為現在的幣值則是一百六十億日圓，由此可知這筆賠款金額有多龐大。之後英國艦隊便乾脆地撤退，總之沒有發生大事。

就這樣，在被拿走一筆金額龐大的賠款後，幕府的財政幾乎要見底了。拜此所賜，各種物價也直線上升。從下面這首在當時江戶相當流行的歌當中，可以看出百姓生活有多貧困。

哎喲喲什麼都沒有　時事潮流喲莫可奈何

物價及年貢居高不下　白米也貴得不像話

煮了兩合米卻吃不到　美味的配菜也吃不起

這種時節要求不能高　沒想到連鹽巴也吃不到

漬物也貴得醃不得　不能像飯館般添大碗

秤重計價沒得送　到哪喝也醉不了

買什麼都不便宜　只得忍耐沒得挑

當時創作了不少這種如同阿呆陀羅經般的歌曲。由此可知江戶百姓生活困苦，幕府卻沒有採取任何措施。這也是薩長人氣高漲的原因之一。他們提出減稅、甚至取消稅金，使百姓認為幕府不願照顧他們，可是薩長願意。這樣的背景也影響到日後的倒幕。

就這樣，攘夷實行的期限五月十日過了，十一日也過了，但卻沒有人實行攘夷，時間就此虛度過去。到了五月十三日，一橋慶喜總算登城了。他召集了留在江戶的幕閣要員，這會卻說：「我決定辭去將軍後見職」。他寫給朝廷的辭職狀內容如下：

「……綸言（天皇的話）如汗，遂抱著戰死之覺悟隨同關東諸官員東歸（回到江戶），然而閣老暨大小官員卻無一人同意攘夷，反倒猜疑慶喜之心事。甚至臆測慶喜欲趁攘夷實行之混亂奪天下，終歸無法貫徹敕旨……」

大意是：原本打算實行攘夷而回到江戶，然而周遭非但毫無攘夷的意願，眾人反倒懷疑我是何居心。看來怎樣也無法遵照天皇的旨意實行攘夷了。因此，我無法繼續擔任將軍後見職此一重要職位，就此辭職。一橋慶喜將這封辭職信寄到京都，想當然爾，朝廷自然不肯接受。

而長州藩早在五月十日就展開對外國的攻擊。

終於要實行攘夷

五月十日，該說是遵照命令嗎，長州藩向行經馬關海峽（關門海峽）的美國商船彭布羅克號（Pembroke）進行砲擊。突然遭到攻擊的美國商船立刻慌忙地往豐後水路方向逃走。接著在二十三日及二十六日，長州藩也分別向法國軍艦 Kien-Chang 號以及荷蘭軍艦梅杜莎號進行砲擊。這兩艘船艦都受到驚嚇而全速逃跑。若是應戰就會發展成戰爭，不過他們並不清楚日本國內的情況，總之先逃再說。長州藩兵因此士氣大漲。當時，有個名叫宮城彥助的人寫了一首相當流行的歌：「擦亮劍上光，似冰雪下關[10]」。其中下關是雙關語，與日文的「霜」諧音。大意是：拔出的刀閃著刀光，似雪如冰若霜般地耀眼。歌詞相當無聊，不過似乎人人琅琅上口。

在京都，五月二十日，姉小路公知以倒戈為由在猿辻遭到殺害。據說，姉小路公知在以前與勝海舟一起搭船時，勝海舟曾向他遊說開國論。這位公家大人聽著聽著逐漸被說服，明白攘夷是錯誤的選擇，因此被認為有倒戈之嫌。當時，案發現場留下一把不知是刀還是刀鞘，開始著手調查失主，結果根據土佐的那須信吾與吉村寅太郎的證言，證實是「薩摩的田中新兵衛之物」。「沒想到竟是薩摩藩的人斬殺那位出色的公家大人，這對朝廷來說毋寧是造反之舉」於是田中新兵衛遭到逮捕，就在看到刀的那瞬間，他立刻搶過刀切腹自盡。連一句話也沒說。關於這點看法眾多，有人認為，田中新兵衛是恐怖份子中的恐怖份子、素有最強男子之稱，卻被扣上如此愚蠢的罪嫌，他無法忍受這種恥辱才切腹自盡；也有人認為他可能是中了圈套，無法忍受拷問；甚至還有看法認為他其實是被姉小路公知所殺害……。

無論如何，薩摩藩因為這起事件被當作朝廷的叛徒，原本朝廷乾門的警備工作是由留在京都的數名薩摩藩士擔任，不久也遭到撤換。在島津久光回國後，薩摩藩只能躲在氣勢正旺的長州藩背後若隱若現，就此完全喪失朝廷的信賴，徹底失勢。關於兇刀，出面作證的兩名攘夷志士都是土佐的脫藩者，在金錢等方面都受到長州久坂玄瑞不少照顧。也就是說，可以推測這兩人可能是按照久坂玄瑞的策略故意陷害薩摩。無論如何，京都的朝廷完全在長州藩的掌控中。而接下來，想要掌權的藩當然也開始展開反擊。

1 前面的譯注提到過，越前松平家是家門大名，屬於親藩。原本大原勅使所提出的條件中，要求任命松平春嶽為大老，而大老、老中等幕職幾乎都是由譜代大名所擔任。結果因家格問題使得松平春嶽不願出任此職位，因此幕府才新設立「政事總裁職」一職。

2 御側御用取次，於江戶幕府的享保改革期時所新設最重要的將軍側近職。有時以將軍的信任為背景，權勢甚至會凌駕於老中、若年寄等幕閣。

3 較勁國會（ねじれ国会），日本政壇的政治用語。指執政黨在眾議院過半數，而在野黨卻在參議院過半數，形成國會參眾對峙的情況。

4 千葉周作，江戶時代後期武士，劍術家。北辰一刀流的創始者。

5 奉書紙，是以楮樹為原料所製成的厚質紙張。

6 町觸，是指江戶時代幕府、大名對領內町的住民所發布的法令。嚴密來說，町奉行以其權限所發布的法令稱作「町觸」，根據老中命令或向老中請示後所發布的法令稱作「惣觸」。

7 半鐘，江戶時代懸掛在望樓上的警鈴，一到火警、盜匪、洪水等非常時刻就會鈴響。

8 瓦版，江戶時代，將天災異變、火災、自殺等事件以速報的形式在街頭兜售的印刷刊物。

9 老中格，或稱「老中並」，在江戶幕府是相當於準老中的職位。隨時代變遷，工作內容及待遇也有不同。幕末時的老中格與之前的不同，與正規老中一樣被重用為幕政中樞。就任老中須滿最低家祿二萬五千石，未滿者則被任命為老中格。這種情況下，無城大名就能升格為城主格大名。

10 原文是：「磨き上げたる剣の光　雪か氷か下関」。歌詞中取「下關（しものせき）」與「霜（しも）」的諧音，形容劍光如霜般耀眼。

＊1 將軍後見職　在將軍還年幼時代替將軍執行政務的官職。元治元年（一八六四），該職位隨著一橋慶喜的辭職遭到廢除。

＊2 政事總裁職 為輔佐將軍處理幕府內外政事所設置的官職。相當於大老。這也在元治元年廢除。

＊3 《龍馬來了》 昭和三十七年六月～昭和四十一年五月連載於《產經新聞》晚刊的小說。目前的文春文庫版全八冊。

＊4 薩道義（Ernest Mason Satow）一八四三～一九二九。英國外交官、日本學家。進入英國外交部任職後，於文久二～明治十六年（一八六二～一八八三）滯日。操日文協助駐日公使巴夏禮建立對日政策。其後歷經駐紮泰國等，自明治二十八年（一八九五）起五年間，以大使的身分回到日本。留下不少日本文化研究的業績。著有回憶錄《一介外交官眼中的明治維新》。

第五章　猛烈的權力鬥爭

下關戰爭與薩英戰爭

文久三年（一八六三），一橋慶喜自暴自棄地將攘夷實行定在五月十日，並對所有大名下令，但幾乎沒有任何藩付諸實行。不過長州藩可就不同了。地理位置上，長州有馬關海峽（關門海峽），不只軍艦，包括商船在內的外國船常會在此進出，因此再怎麼不情願敵人也會出現在眼前。既然如此，九州諸藩也是一樣，只要他們想就一定辦得到，可是他們卻保持沉默，佯裝不知情。比方說小倉藩與長州藩交惡，自然不會像長州一樣實施攘夷，而是袖手旁觀。基於上述原因，只有長州藩立刻對美國與法國的船艦展開攻擊，而對方沒有做好戰鬥的準備只好落荒而逃。見此情況大幅助長了長州的士氣，彷彿在京都也能夠為所欲為似的，開始強行要求朝廷實施攘夷政策。

孝明天皇雖是個徹頭徹尾的攘夷論者，不過在意識形態上，他並非經過大腦仔細思考後才決定攘夷，簡單來說他只是單純討厭外國人而已。就跟討厭貓狗一樣是出自生理因素。當長州強迫朝廷在觀念上也要堅持攘夷時，朝廷內部也逐漸瀰漫著一股厭惡長州做法的氣氛。隨著長州下至懷柔公家，上至以天皇詔書名義接連下達各項命令，也接二連三地發生天皇毫無印象的偽詔事件。這使得孝明天皇開始對「下層發出的聖意」的舉動忍無可忍。

話雖如此，稍微提一下接下來的發展，等到長州被逐出朝廷，薩摩也暫時離開京都期間，只剩下一橋慶喜、會津的松平容保以及桑名藩藩主松平定敬（容保之弟）三人，稱為「一會桑政權」之時，這次換成由於會津討好朝廷，搞不好會津所發出的詔書全都是偽詔，結果又造成一股騷動。總之，儘管當中也有不少善用天皇名義所發出的詔書，偽詔事件仍對朝廷造成極大的困擾。

就在這時，六月一日，美國軍艦懷俄明號這回做好戰鬥準備，抵達下關沖後突然朝向長州藩的軍艦（其實只是囤積大砲的普通船隻）砲擊，擊沈了兩艘船。接著在六月五日，法國軍艦Semiramis號與Theodor號這兩艘船駛進下關，從遠方擊毀長州藩的砲台。隨後約兩百五十名法國陸戰隊士兵上陸佔領砲台，露出一副「活該」的嘴臉驅趕長州藩兵。長州憑藉自身持有的武器也無法驅逐法國陸戰隊士兵。這是因為長州敵不過對方所持有的近代化武器。

在吞敗後的隔天，六月六日，高杉晉作提倡組成奇兵隊。他說：這樣下去，長州藩將無法與外國抗戰，攘夷的長州會哭泣。因此不光是武士，不分町人還是農漁民全部錄用，根據近代化組織組成軍隊。當時出錢的是下關富商白石正一郎，這個人在後面還會出場。不久隨著軍備整頓完畢，奇兵隊組成後，伊藤俊輔（博文）所率領的力士隊以及游擊隊、八幡隊等諸多部隊也跟著響應成立，使得長州藩不斷地增強武裝。話雖如此，還稱不上是近代化的軍隊。不過，長州藩大概是第一個採用非武士者作為戰士的藩吧。就這樣，長州對攘夷的熱忱愈來愈高漲，連帶人在京都的長州人士也愈來愈倔強，不斷強行逼迫朝廷。

然而，以天皇為首的朝廷全體對長州激進的手段感到厭惡，不願對他們言聽計從的傾向也愈來愈明顯。這麼一來，薩摩認為現在正是奪回一度喪失的政權的大好機會，開始採取形式微妙的手段。這時，島津久光雖然還沒到京都，不過大久保一藏（利通）等薩摩藩的幹部已經上京，開始策劃奪回政權。薩摩擬定的政變計畫如下：趁一千名守護御所的會津藩士進行交接時與遠從會津抵達京都的一千名士兵會合，總計兩千人，再加上薩摩軍隊約八百人，總計將近三千人。薩摩與會津趁此機會結成同盟，攜手將得意忘形的長州逐出朝廷。

就在此時，長州的激進攘夷派份子與同為激進派的真木和泉商討事情，進行露骨的活動。亦即讓孝明天皇到大和行幸，參拜神武天皇陵（現在的橿原神宮）及春日神社（現在的春日大社）——武士的守護神——宣告攘夷。想必幕府一定不會接受，只要反抗就弄垮幕府，放逐將軍，擁立天皇成為倒幕戰及攘夷戰的中心——他們打算強行執行這個相當大膽的計畫。就連孝明天皇得知後也嚇得直打哆嗦，「豈有此理，朕雖支持攘夷，可是成為倒幕及攘夷的中心等未免也太荒唐，帶頭倒幕更是想都沒想過。」孝明天皇跟側近的公家吐露心聲後，該公家便告訴會津藩主，而會津藩主再告訴薩摩藩的幹部，既然如此，薩摩與會津所策劃的政變計畫遂一口氣具體化，並付諸實行。

另一方面，在薩摩，七月二日至三日有七艘英國艦隊強行進入鹿兒島灣。理由是要求薩摩藩「針對生麥事件道歉，還要付賠款」。儘管英國已收到幕府支付的大筆賠款，卻仍然向薩摩索賠。薩摩沒有付錢的打算，使得交涉陷入僵局，最後英國終於開始砲擊薩摩的砲台。由於國策規定五月十日起進行攘夷，因此薩摩也出面應戰。此即薩英戰爭，有人認為薩摩在這場戰爭中佔有極大的優勢。的確，英國方面的死傷者多達六十多人（死者十三人），由此可知薩摩也多次擊中英艦，薩摩的大砲雖是當時日本最新型的兵器，但砲彈射程頂多只有二〇〇〇公尺遠。這種射程似乎沒辦法射中英艦。再仔細一看，很遺憾薩摩的砲台幾乎全滅，鹿兒島市內有五百戶遭到燒毀。如此看來，很難說是薩摩獲勝。

之前提過的薩道義曾在書中記載道：

「我方為燒毀鹿兒島市町，亦發射火箭，實際上成效好得過火。由於狂風愈吹愈烈，想必讓企圖滅火的町民所作的各種努力完全泡湯。在尖銳的青白色火焰下所冒出的煙霧擴散到整個天空，既恐怖，又壯觀。」

不過英國艦隊僅在兩天內進行某種程度的砲擊後，便揚長而去。通常外國艦隊來襲時，例如培里總督前來浦賀沖的那一次，在我方答應他們的要求以前總是賴著不走。因此在偏袒薩摩者的眼中看來，這次英方是畏懼薩摩勇於應戰的態度才撤退的。況且，我們在戰前被還被薩長史觀灌輸「薩摩擊退英國」的概念。

不過事情並非如此。調查一下英方的情況後發現，似乎是因為即將彈盡糧絕、煤炭也快沒了才會中斷戰鬥。事實上，在數月後的十一月一日雙方再次進行交涉，薩摩接受英方的要求支付兩萬五千英鎊，相當於七萬兩的賠款後談和。但也因為當時的戰爭及這場談和會議，拉近了雙方的距離。英國相當信任薩摩，薩摩也了解英國是個具有紳士風度的強國，奠定了日後英國親近薩摩的構圖。

因此，可以說薩英戰爭未必是場徒勞無功的戰爭。同時，薩摩也從這次經驗中徹底學到一點，那就是攘夷根本不可行，因此藩論又再度回到原來的開國論，之後全面主張開國。但是實際上，薩摩當時的想法卻是「為了將來的攘夷，姑且先開國」。

八月十八日的政變

另一方面，京都完全不曉得薩摩國內的情況，正逐步擬定逐出長州的計畫。

以下是當時薩摩會津聯軍作戰計畫的部份內容：

「一、待宮大人（中川宮朝彥親王）進宮後，將公家門外全部鎖住，除非指名召喚純正的堂上方[1]，否則其餘人等禁止進宮。

二、有鑑於激進派堂上方（激進攘夷派公家）迄今曾強行下達偽勅等諸事，有違聖意，故處以退職或逼塞之刑[2]，嚴禁眾人面會，尤其是與各家勾結之藩士及浪人命其盡速離去。

三、自稱浪人無主，或無附屬者，則命其三日內離去。

四、應取締者如下：松村大成、宮部鼎藏、真木和泉、丹波出雲守、久坂義助

（玄瑞）、桂小五郎、佐佐木男也、楢崎彌八郎、萩野鹿助、轟木（武兵衛）、益田（右衛門介）、河上（彌一）、（後略）」

到了八月十八日，終於實行奪取政權的政變。按照兩藩徹底討論的計畫，由兩千會津兵加上薩摩兵固守御所所有的大門，待黎明破曉便同時關上大門，部屬陣地，並阻止天皇身邊與長州結成一氣的強硬派公家，尤其是三條實美等七人「千萬不能讓他們進宮」。同樣地，到了早晨，長州藩一到負責地區就遭到驅逐：「滾出京都」。可是，就這麼垂頭喪氣地離去未免也太沒面子，「既然我們遵照國策執行攘夷，當然要貫徹方針！」因此，長州一度將戰火點燃，無奈雙方軍勢差異過大。雖然遺憾，最後長州也只好做出先平安脫逃以圖再起的結論。

公家出身的中山忠能是明治天皇生母的父親，在日後有活躍的表現，其日記中對政變的實況描述如下：

「……寅尅（上午四點）之後騷動漸起。會（會津）士自西方來，砲卒約三十人進行誘導，發動攻勢。群聚在吾宅門外。往來人潮似乎停止走動。漸漸地開始出現諸藩士騷動，身穿小具足[3]、本具足的藩士正在奔走。詳細情況不明，似乎相當嚴重。天色破曉時，就聽到眾人蜂擁至鷹司家的傳聞。巳尅（上午十點）前，議奏傳令：因有要事，請盡早進宮，遂立即進宮面聖。正當聖上憂慮親征夷狄（外國人）一事至今仍無機會時，宸衷（天皇的心情）之聖旨卻遭到曲解，至於旅行（大和行幸）決定一事，聖上概不知情。（略）然在攘夷上聖意絲毫不變。行幸一事暫且延後。」

翌日下雨，我在小學的課堂上學過三條實美等人逃離京城的故事，當時稱為「雨中的七卿落難」，我依然記這段故事在戰前被當作充滿悲劇色彩的美談。不過仔細一想，這段故事根本稱不上美談，說穿了只是七卿被趕下權力寶座，在沒被殺害已是萬幸的情況下逃難的故事。說起來這原是薩摩聯合會津與長州大吵一架，從薩長史觀來看也令人感到匪夷所思，由於這件事牽扯到日後在明治政府地位相當於內閣總理大臣的三條實美，不能將他當作賊軍看待。附帶一提，七卿落難的原因是「勾結長州藩，屢次違反聖意下達聖旨，不忠至極」。七卿迫不得已下只能逃往長州。在激進攘夷派離開之後，京都又回歸平靜。亦即過火的恐怖活動終於告一段落。

這麼一來，京都的主要角色只剩下松平容保一人，因此朝廷立刻召喚島津久光回京，同時對一橋慶喜說：「之前的辭呈不予承認」（七月四日），又拜託他再度返回京都。一橋慶喜在接獲朝旨後，於十月二十六日從江戶出發，這次不走陸路而改搭軍艦蟠龍丸前往京都。接著在浦賀轉搭順動丸。艦長當然是勝麟太郎。

兩人在船上首度相遇，促膝長談。想必談了不少關於今後政局走向等話題吧。希望他們有談到大政奉還及之後的共和國建設。說不定一橋慶喜就是在這時開闊眼界。會強調「說不定」，是因為從之後一橋慶喜的行動來看確實可看到些許蛛絲馬跡，但也可能無關。十一月二十六日，抵達京都後的一橋慶喜前往的並非老地方東本願寺，而是以若狹藩酒井忠義的空屋，通稱若州屋敷作為本部，不久將在朝廷政治現身。而雄藩諸侯也陸陸續續聚集在京都。

沒錯。就連近藤勇、土方歲三等新選組隊員也在這年春天在京都守護職的監督下展開活動。我完全忘了提這件事。

六位賢人會議

翌年文久四（一八六四）年適逢天干地支的起點甲子年。因此朝廷也遵照中國逢甲子年必須改元的慣例，自二月起改元為元治元年。不過元治期僅一年多，不久就進入慶應年間。在慶應年間以前的局勢發展相當顯而易懂，但其實在長達一年多的元治期間發生了不少重要大事。

應朝廷召喚於前年十月三日入京的島津久光，這次帶著家老小松帶刀、大久保一藏（利通）等人上京（西鄉先生這時仍被流放到沖永良部島，不久便因特赦而赦免，應召喚入京）。薩摩與會津聯手驅逐長州藩，再度取回政權後正大光明地重返京都。島津久光原是公武合體論者，而且是個主張開國論的公武合體論者，因此並不具備攘夷思想。不僅如此，他所倡導的並非以幕府為主的公武合體政權，而是在薩摩藩的主導下建立與朝廷溝通良好的公武合體政府。再加上薩英戰爭促使藩論有了一百八十度的轉變，現已支持開國論。

不管怎麼看，薩摩都給人一種在權力鬥爭中獲勝的印象，似乎有眾多攘夷論者完全摸不清薩摩那群人的想法。更何況，一旦與堅守攘夷論的會津聯手後不管做什麼評價都會暴跌。然而，島津久光卻毫不在意地處之泰然。話雖如此，朝廷也不可能將政治全面交給薩摩，因此這次下達真正的勅令，全面將大政委任給幕府。也就是不將政權委任諸藩，而是重新任命幕府掌管政權。這麼一來，由於將軍大人才年僅十九歲，自然得由擔任後見職的一橋慶喜出面處理了。

以下是我的推測，這時一橋慶喜所提出的方案，應該是將勝海舟所教他的政策以自己的一套方式融會貫通後所想出的政策。亦即今後將由松平春嶽、伊達宗城（前伊予宇和島藩主）、山內容堂、島津久光、松平容保（會津藩主）以及自己等六人召開「後見邸會議（因在若州屋敷舉行，又稱「若州會議」）」，並以會議所得的結論作為國策方針。也就是採取合議政治機構（正式名稱是參預會議）。很明顯地，這種作法很接近歐洲的共和制，不禁讓人覺得這或許是勝麟太郎徹底教他的內容。雖然歷史沒有「若是」，但若是這個合議政治機構能順利運行，加上與會者都是相當優秀的藩主，由這六位藩主經充分討論得出某個結論，以此作為國策方針，後來或許就不會引發戊辰戰爭這種蠢事了。

無論如何，這六人一致達成共識：「這是個好主意，就這麼辦」。國家前途也開始出現一線曙光。然而遺憾的是，由於提案者一橋慶喜突然出現異狀，好不容易組成的若州會議就在轉眼間遭到推翻。歷史這種東西往往不會沿著直線前進。原因出在一橋慶喜的背後有一群囉唆的幕閣、年輕的將軍及圍繞在身旁的眾多老中。在元治元年春季時，以水野忠精、板倉勝靜為首，共有七名老中。再加上大奧非常厭惡一橋慶喜。他們完全不信任那個討厭得令人髮指的德川齊昭之子。這群人一有機會就會扯一橋慶喜的後腿。由於時常遭到陷害，使得一橋慶喜無法自由行動。既然如此，那就保持沉默好了；不過他可是自幼就被譽為聰明人，而他也充滿一股「捨我其誰」的使命感，才會積極發言。結果就如同待會提到的一樣，勝先生好不容易教給他的政治營運方法就這麼觸礁了。不過唯一能說的，就是這時候又出現一個大好機會。

而在此時，將軍家茂又將再度上京（一月十五日）。當時，將軍說服了大奧，搭乘軍艦翔鶴丸出發。在船上，想必勝先生以一句「恕臣斗膽」，向將軍提出「日本必須得發展海軍，請務必助我一臂之力，在某處興建軍艦操練場培育海軍」的請求吧，之後便在神戶興建了海軍操練所。就這樣，勝先生嘗試透過讓許多大人物搭船，順利地在船上陳述自己的意見與希望，進而實現願望。

接著，將軍大人入主二條城，同時允許參預會議的六名成員「不須請示可任意進入」城內。一橋慶喜的方案從一開始就進行得相當順利，既能自由進出朝廷，同時也能自由進出將軍大人的住處，看來公武合體進行得相當順利，讓一橋慶喜大為滿意。

然而如前所述，隨著參預會議的召開，促使島津久光與一橋慶喜突然起了正面衝突。薩摩的立場早已改成開國論，頭腦清晰的松平春嶽及伊達宗城等三人也表示贊同，主張以開國作為今後日本的方針。這時要是一橋慶喜也支持原本所主張的開國論，就能立即敲定國家的方針，事情就能順利發展。沒想到一橋慶喜的回答卻出乎眾人的預料，宣稱開國論實在太荒唐。最震驚的是松平春嶽。「這跟我們說好的完全是兩回事嘛！」島津久光也嚇得目瞪口呆，在多方進行討論期間，整個會議已瀰漫著一股根本不可能達成共識的氣氛。比方說在討論橫濱開港是否該維持現況的問題上，相對於島津久光提出肯定意見，一橋慶喜卻主張鎖港。

其實，這是因為那群扯後腿的老中在背後對一橋慶喜說：「昨天才贊成長州的攘夷論，今天卻支持薩摩的開國論，要幕府的臉該往哪裡擺？要是支持開國論，只會讓薩摩的聲勢看漲。我們這群幕閣卻毫無用處，只得全體辭職了。」然而，一橋慶喜並沒有拒絕老中的要求、逞匹夫之勇堅持己見的勇氣。他大概是這麼想：總之，先給幕閣面子，先打攘夷論牌，讓幕閣們覺得「我們的後見職表現真不錯」，事後再跟其他五人討論，讓他們理解就好，政治不就是這麼一回事嗎？

然而，松平春嶽、島津久光以及伊達宗城已經受不了朝三暮四的一橋慶喜。每次開會總會起衝突，在召開會議後過不到十天的二月十六日，一橋慶喜竟喝酒喝得醉醺醺的，劈頭就對松平春嶽、島津久光以及伊達宗城三人大罵：「你們幾個既是天下的大蠢蛋，也是天下的大奸人」。而且他動不動就想辭職——這種人在世上到處都有，而一橋慶喜尤為甚者，他說：「我已經辭掉將軍後見職了。接下來要擔任禁裏御守衛總督。」

換句話說，他接下來想當守護朝廷的總督，但目前根本不需要。因為京都已經有了京都守護職松平容保還有京都所司代在。儘管如此，一橋慶喜仍然向朝廷請求，於是被任命為守護朝廷的總大將。就連幕閣也相當震驚地說：「將軍後見職竟然投靠朝廷」，甚至還有人認為「一橋公正準備叛變」。據說世人稱呼一橋慶喜為心思令人難以捉摸的「二心殿」。後來在江戶開城時出現了這首川柳：「鮓魚子平安無事，卻累垮了鮓魚[4]」，鮓魚子和宮大人平安無事，三心二意的慶喜卻累垮了，藉此揶揄一橋慶喜。

像這樣，好不容易五位雄藩大名達成共識，「說不定這才是掌管日本國政治最好的方法」、「這麼一來國家就能順利運作了」，明明有這麼好的機會，接下來只需持續推動就好，結果山內容堂、伊達宗城以及島津久光在四月二十日前便紛紛撒手不幹回國，不久連松平春嶽也一臉愕然地離開京都。

進入五月，留在京都的只剩下一橋慶喜、京都守護職松平容保，以及京都所司代松平定敬。這就是之後會提到的「一會桑政權」。在各藩大名一個都不留的京都，剩下的三人只得夾在朝廷及幕府之間斡旋、推動政治才行。說不定撒手離去的島津久光與松平春嶽等人心想：「隨你們的便，反正到時又會碰壁，陷入進退維谷的局面吧。」

池田屋事件與蛤御門之變

無論如何，超激進攘夷派的長州藩已經被逐出，各藩藩主也已經回國，京都又恢復往日的平靜。不過這只是表面上的平靜。原因是，島津久光也不在、棘手的福井藩藩主也回國的現在正是奪回政權的大好機會，這一次，曾一度離去的攘夷志士又再度暗中集結於京都。儘管採定期輪替制的會津藩有一千兵力，但在薩摩藩離開後卻無法守護整個京都，這群攘夷分子便往守備薄弱處逐漸滲透，計畫收復失土展開各種行動。從五月到夏天，京都的市町看似平靜如常，背後卻已逐漸發展成一會桑政權也無法鎮壓的危險狀態。新選組就是在這時候登場。

新選組原是為了在京都守護將軍大人，由清河八郎所帶領的浪士組成員於解散後所組成的集團。繼長州之後薩摩也回國了，只剩下會津兵守護京都，這時，部份浪士組成員自稱新選組，在松平容保的麾下負責管理京都街坊的治安。這也引發了眾所皆知的大事件——池田屋事件。事情的導火線如下：群聚的攘夷派浪士為了奪回勢力，計畫在京都市街及御所放火，進宮將天皇身旁的中川宮幽禁起來，接著還計畫斬殺松平容保，這項極為激進的計畫傳入新選組的耳裡，才引發這起事件。新選組抓到假扮成商人的攘夷志士古高俊太郎，經過重重拷問，最後他終於坦白了一切。順帶一提，在司馬遼太郎的《燃燒吧！劍》[*1]當中，拷問這段描述當中並沒有提到土方歲三，但實際上這場拷問是土方先生所主導的。以釘子刺進腳指甲讓他痛苦不堪，不過司馬老師一概不寫這類令人討厭的事。

因此，新選組認為有必要進行徹底取締，遂在六月五日襲擊攘夷派聚集的池田屋。這在幕末史上是相當有名的事件，不過被害者人數卻相當曖昧。根據《幕末維新全殉難者名鑑》記載，戰死者十名，重傷後死亡者三名，被捕後遭到斬殺者九名。這大概是最正確的人數。無論如何，這場鎮壓行動相當驚人。

根據相關書籍記載，殺入池田屋的新選組員為近藤勇及其他七名，土方歲三以下數名則是往其他宿屋方向。光靠七人對付這麼多攘夷派志士卻毫髮無傷，怎麼想都覺得奇怪。無論如何，桑名藩及會津藩兵力包圍池田屋周圍，對方應該無路可逃。因此戰死者十人、重傷者三人、逮捕者九人……人類之間的廝殺差不多就是這樣。這麼一來，聚集在京都以長州藩為主體的攘夷派核心人物就此被一舉收拾了。

長州藩因為這起事件而默不作聲，不不不，依照長州藩的作風絕不可能默不作聲。當池田屋騷動的報告傳到長州藩內時，這群長州藩攘夷派姑且奉藩主命令暫時引退，卻時常心想——我們又沒做什麼天大的壞事，薩摩與會津勾結捏造虛假的罪狀，指責我們的藩主意圖不軌，但事情根本不是這樣，因此在得知同伴在池田屋（宮部鼎藏、吉田稔麿等人）遭到斬殺時怒不可遏。與其說長州藩因為夥伴老是被殺面子掛不住，才情緒激動地主張「用不著害怕中了薩摩與會津的奸計，我們應該再次前往京都」，倒不如說，他藩的脫藩者及無法待在京都而群聚於長州的激進派攘夷論者怒喊「不可原諒！」的怒氣連帶影響了長州藩士比較貼切。

於是在眾人坦率進行討論的結果，決定先澄清人在長州的三條實美等七卿以及長州藩主父子的清白。對此，長州藩的核心人物周布政之助、高杉晉作以及桂小五郎表示強烈反對。然而情勢卻已無法遏阻。

有這麼件軼事：高杉晉作與個性最血氣方剛的來島又兵衛進行議論時，來島曾如是說：「高杉，你的腳下黏著一百五十石的米粒。所以你才沒辦法從地面抬起腳來。」的確，高杉晉作與其他下級志士不同，是個領有一百五十石俸祿的武士。因此來島又兵衛才冷笑地說道：「像你這種人，根本不懂真正為了底下的百姓與國家而燃燒攘夷精神者的心情。」高杉晉作聽完後相當憤怒，「你說什麼？既然如此，我就一個人隻身前往京都闖入敵陣。」說完便隻身前往京都。然後與潛伏在京都的桂小五郎碰面，據說他邊與桂小五郎商量該如何阻止從長州來的攘夷派分子，每天在祇園大喝特喝，大肆揮霍藩的金錢。因此，當時長州人在祇園特別受歡迎。長州就在內部爆發大騷動的情況下重新站起。

七月十八日早晨，長州家老福原越後、益田右衛門介、國司信濃三人率兵上京，從三個方向朝御所前進。「長州來了」，對此，京都以會津藩為中心，由留下的薩摩及桑名藩兵守護御所，準備迎擊長州兵。在抵達御所以前戰況一直受到壓制，後來在來島又兵衛所率領的一隊強行突破蛤御門、軍隊蜂擁而至後，演變成激烈的戰況。不僅如此，戰況還擴大到前關白鷹司輔熙邸前，體認到毫無勝算的久坂玄瑞便是在此切腹自盡的。久坂玄瑞先抵達京都等待夥伴，在石清水八幡宮召開的最後軍議上反對開戰。他以「做出如此莽撞之舉將使長州被視為朝敵，再也無法站在陽光下」為由說服眾人，但在見識到攻擊軍的氣勢後明白多說無用，於是親自指揮激烈戰況，最後他體認到「戰況不利」而切腹自盡。享年二十五歲。

這場通稱蛤御門之變（禁門之變）的戰爭始於七月十九日上午六點，於上午十一點時結束，京都陷入一片火海。約兩萬八千戶燒毀，兩百五十三間寺社以及五十一棟武家屋敷燒毀。到了二十一日，火勢雖減弱，然而市民居無住所，白天遭到盤旋在屍體旁的蒼蠅所困，夜間則受蚊蟲所擾。

接著來談新選組。他們被分配負責追剿殘黨，並派出一百名隊員前往山崎的天王山。這裡也爆發激烈的戰爭，據說戰爭結束時僅六十人無事生還，故有四十名隊員死亡。前面曾出場好幾次的久留米神官真木和泉也在此切腹自盡。享年五十多歲。

附帶一提，蛤御門之變的死亡人數如下：長州方面兩百六十五人，負責迎擊的會津六十人，薩摩八人，越前十五人，彥根九人，桑名三人，淀兩人。撇開薩摩的軍力原本就不多不談，總之會津打得非常認真。無論如何，長州方面在這場戰役徹底失敗。

話說回來，常有人說池田屋事件使得明治維新延後了四、五年；我反倒認為池田屋事件促使明治維新提早了兩、三年。池田屋事件是引發蛤御門之變的導火線，若是沒有發生池田屋事件，或許就不會發生蛤御門之變了吧。如果池田屋事件沒發生的話，權力鬥爭或許會變得更加混亂複雜。長州藩在輸得一塌糊塗後，事情開始直線發展變得淺顯易懂。也因此明治維新才會比預期提前幾年發生吧。

勝海舟、西鄉與龍馬

接下來談的稍微偏離主題卻很重要，是有關同時期的勝海舟、西鄉隆盛及坂本龍馬三人之間的關係。西鄉隆盛受到特赦從沖永良部島回到薩摩後，隨即被島津久光找去擔任薩摩藩軍賦役（軍隊負責人），相當活躍。這是元治元年三月十九日的事。因此，他在蛤御門之變率領薩摩兵進行奮戰。戰爭結束後第四天，即七月二十三日，幕府打算趁此機會徹底教訓百般折騰人的長州藩，於是向朝廷請願，隔天得到准許後，下令發動長州征伐。究竟由誰擔任長州征伐的總大將？想當然爾，立刻有人提名一橋慶喜及松平春嶽分別擔任總大將與副大將，不過這兩人都堅決拒絕了。之後向紀州藩主探詢意願，也遭到拒絕；最後決定由德川慶勝（前尾張藩主）擔任總大將。不過在這之前，征長軍總參謀長則決定由西鄉隆盛擔任。而在擬定對策時，福井的兩、三名藩士向西鄉隆盛提議說道：幕府上層有個頭腦相當聰明的人物，名叫勝麟太郎，現正在神戶成立操練所，建立海軍，不妨請教他的意見。西鄉隆盛說：既然如此，我倒想會會他。他派遣使者前往神戶操練所申請會面，九月十一日（有一說是十五日，十一日可能比較正確），兩人在大坂的宿舍會面。當時，勝麟太郎對西鄉隆盛所提的問題回答如下：

一、幕府的根基已經腐爛不堪，無藥可救，也缺乏人才。因此，向幕府提出任何建議只會徒勞無功。不如自己想辦法比較實在。——這個男人真過份。居然說自己的公司沒什麼像樣的人才，也沒前途，最好別理會。西鄉隆盛聽完大吃一驚，對勝麟太郎的看法也整個改觀。

二、關於迫在眉睫的兵庫（神戶）開港問題。與外國簽署的條約中規定的開港日近在眼前。外國人完全瞧不起愚蠢幕府的官員。為做出對應，最好由貴藩的久光侯等四、五名雄藩賢侯實施共和政治，開會做出決定。如有萬一，只要在做好開戰覺悟後跟外國說：「我們會增加橫濱、長崎兩港的交易量，因此兵庫開港能否再多等一陣子？」相信對方也能諒解。以曖昧模糊的手段矇混過去是錯誤的。——共和制是勝麟太郎的主張。前面也曾提過，他曾灌輸一橋慶喜共和制的概念並付諸實行，但因囫圇吞棗而失敗。

三、由雄藩諸侯合議制所組成的聯合政權才是突破現況的上上之策。——不須考慮其他因素，採用土佐及薩摩等的藩主合議制來推動日本政治才是最好的政策。亦即議會民主政治。沒錯。當時勝先生對西鄉先生灌輸共和制（藩主議會）這件事值得注目。

西鄉先生覺得眼界大開，「這個人真厲害……」在九月十六日寫給大久保利通的信上提到：

「與勝氏初次面會，實為令人驚嘆之人物，起初本打算前去教訓他，卻完全甘拜下風。其智略之深，難以估計。總之是個英雄氣質之人，處事上遠勝過佐久間（象山）。論學問與見識，佐久間雖出類拔萃，實際面臨危機時唯有勝老師，令人傾倒。」

起初心想：「你這傢伙」打算對他當頭棒喝，讓他屈服，才會去見他一面，想不到根本無法駁倒他，令人甘拜下風。他不像佐久間象山會製造問題，是個相當出色的人物。佐久間象山在學問與見識上相當卓越，然而面臨實際政治危機時只能仰賴勝先生。……由此可見西鄉先生有多欣賞勝麟太郎。因為勝麟太郎說話直言不諱，讓西鄉隆盛大開眼界。

當時，擔任神戶操練所塾頭[5]的是坂本龍馬。勝先生大概是對坂本龍馬說：「我與西鄉先生見面了，他是個相當出色的人物。」勾起了他的興趣：既然如此，我也想與他見上一面，最好去會會他。於是勝先生幫他寫了封介紹信，詳細日期雖不清楚，不過坂本龍馬似乎是於九月中旬與西鄉隆盛見面。在勝麟太郎的《冰川清話》中記載了坂本龍馬回來後描述他對西鄉隆盛的印象，這段軼事相當有名：

「坂本說：原來如此，西鄉這個傢伙令人難以捉摸。敲小力一點只會發出小小聲響，敲得愈大力聲音愈響。他要是個傻瓜，就會是個天大的傻瓜；若是個聰明人，那一定是個絕頂聰明的人，坂本也頗有識人的眼光嘛。其膽識及誠意之大，是他所不及西鄉之處。」

龍馬說：總之西鄉這個人叫人難以捉摸，若是個聰明人，那一定是個絕頂聰明的人；要是個傻瓜，就會是個天大的傻瓜，龍馬的確頗有識人的眼光。不過，西鄉最過人之處在於寬廣的雅量以及憑藉真心誠意來處事這兩點——這就是勝麟太郎的西鄉論。

勝麟太郎究竟是在稱讚坂本龍馬的識人能力，或者是認為「疾如風」的坂本龍馬無法完全理解「不動如山」的西鄉先生呢？這句話看起來，也讓人覺得勝海舟是想告訴坂本龍馬：聽好了，膽量過人以及誠意十足就是西鄉的可取之處。

無論如何，這三位在此相識。遺憾的是，神戶操練所因「沒幾個正經人，攘夷派者又多。塾頭坂本也很可疑」等傳聞四散，成立不到一年就關閉了，勝麟太郎隨即奉命回江戶，回去時心想：「又是朝令夕改」，當時，勝麟太郎在窮極之下將留下的坂本龍馬等塾生託付給西鄉隆盛。到了十一月一日，勝先生以「培育逆賊」的名義被免除職務。說起這個人，才剛任職沒多久就遭到革職，儘管他做好奉命切腹的覺悟，但卻沒收到任何命令。總之，他被任命為寄合[6]，待在位於赤坂冰川下的自宅閉門不出，暫時消失在幕末動亂的鎂光燈下。

然而，推動往後幕末政局的三人就在此時相見，推心置腹地聊天，理解彼此的性情。我不時會想，看來歷史似乎具有一種「在重要時刻讓關鍵人物相遇」的「意志」。之後同樣的事還會再發生一次。說是偶然也沒錯，但要是晚一步，諸如方才談到的勝麟太郎被趕回江戶閉關家中，就再也見不到面了。為成就一番大事業所需的三位關鍵人物在此時此刻見面，可說是歷史的有趣之處吧，無論如何，這的確是一次精彩的相遇。

長州的慘澹情況

在蛤御門之變輸得一敗塗地的長州藩，又收到獲得朝廷敕許征討長州的幕府所下達「馬上投降」的通知。可謂禍不單行，幾乎與此同時，十七艘英法美荷四國聯合艦隊於八月五日出現在馬關海峽（關門海峽）。包括英艦九艘、法艦三艘、美艦一艘，以及荷艦四艘，在英國的率領下，要求長州為先前無預警發動砲擊賠罪。若長州拒絕，聯合艦隊將同時發動砲擊。據說十七艘船艦搭載的大砲數量共計兩百八十八門，兵隊人數為五千一十四人。就在長州的砲台被砲轟得面目全非之時，兩千名陸戰隊上陸。當時，四國聯合艦隊的損害為戰死者十二名。那麼長州做出多少反擊？據說長州藩參加兵力為四百四十多人，戰死者二十一名。

八日，長州投降已成定局。當時聯合艦隊所發行的〈別段新聞〉中如此寫道：

「八日隨著海岸舉起降旗，諸船紛紛停止發砲，整日無事。長門（長州）提出談話（議和）的請求。」

文中的「降旗」應該是指白旗吧？關於長州是否清楚白旗代表投降之意有些微妙，假使培里來航時也有舉白旗的話，長州應該會明白其含意。

關於該派誰出席議和，長州藩幾經思考，認為只有面對外國人照樣能言善道又有本事的高杉晉作才能勝任。然而，不能讓俸祿僅一百五十石的人成為藩的代表，只好想辦法將他偽裝成高官的兒子再送過去。不過遺憾的是，高杉的英文似乎不夠輪轉，因此加派於四、五天前得知長州藩的慘況後立刻回國的伊藤俊輔及井上聞多（馨）一同隨行。終於開始進行談判時，對方提出了各種條件，據說其中有一項要求是：能否以彥島（類似香港）作為租借地租借約一百年？如果回答「沒問題」的話事情就大條了，不過據說當時高杉先生口若懸河地從神話時代起開始講述日本歷史。不顧對方一臉愕然地阻止他，依然滔滔不絕地講述日本是由單一民族拼命建立的國家，因此連一公分見方的土地也絕不會轉讓給其他國家等緣由。對方大概也不是真心想要租借地，最後實在太累了，「算了」便撤回租借的要求，日後英國的通譯薩道義在書中如此描述高杉晉作：「明明輸了戰爭，卻宛若魔王般發怒逞威風」。

接著在幕府一聲令下，由三十五藩所組成的十五萬征長軍趁勢追擊，向長州進攻。此舉就連長州藩也嚇得發抖。要是征長軍進攻之前被四國聯合艦隊擊潰之處，那就根本不用打了。當時，長州藩內是由所謂的俗論派（佐幕保守的現實派），亦即主張「幕府很重要，藩也很重要」的人士掌握主導權。他們當著主張徹底攘夷的正義派（之後從攘夷派轉變為倒幕派）的面辱罵道：「向京都御所發射大砲是怎麼回事？拜你們所賜現在淪為朝敵，追根究柢，會陷入這種窘境全都是你們的錯」，並進行壓制。附帶一提，俗論派、正義派的稱呼大概是後來成為贏家的高杉晉作或別人所取的。就這樣長州藩分裂成兩派，正處於無法參戰的狀態。

然而，若真的引發戰爭的話將造成難以收拾的局面，這時便派出總參謀長西鄉先生。西鄉隆盛的談判態度有些微妙，這也是他偉大的地方，或許他是真的這麼認為——誠如勝麟太郎所說——幕府已經靠不住了，倒不如改由有錢的雄藩所組成的聯合政權來執政才是替國家的將來著想，無論如何，他認為在此刻發動戰爭徹底擊垮長州藩並不恰當。於是，西鄉隆盛採取他在十月八日寫給大久保一藏的信中提到的方策——「以長人

（長州人）處置長人」。最好讓長州人自行自我裁決而非發動戰爭擊垮長州，簡單講他很清楚長州藩內部正在起內鬨，便打算利用這一點。因此請岩國藩主吉川經幹居中斡旋——眾所皆知，在關原之戰正當毛利軍準備一口氣進攻之時，卻被當時的武將，在德川軍正上方佈陣的吉川廣家以一句「千萬別攻打德川軍」阻止了毛利軍，致力於延續毛利家。岩國藩不但懂得應對進退，同時地處京都通往長州的入口，因此西鄉隆盛採取讓岩國藩居間協調，讓長州喪失戰意的作戰方式——並透過吉川經幹向長州代表提示下列條件：

①藩主父子蟄居禁閉，②主導蛤御門之變的三名家老切腹，③附和三家老的四參謀處斬，④將藏匿在藩內的三條實美等五卿（七卿當中，一人脫逃，一人病死）移交九州太宰府，⑤將興建於山口的新城毀掉——

長州藩內得勢的俗論派接受該條件，長州投降。十二月二十七日，征長總督德川慶勝採納西鄉先生的賢策解散征長軍，據說原先也有大幅刪減長州藩的石高並遷移到東北某地的方案，不過遭到西鄉先生反對，就這樣接受長州藩的投降。

然而，一橋慶喜對此結果卻感到相當不滿。他在寫給肥後藩長岡良之助（細川護美）的信中發洩不滿情緒，寫道：「征長總督的英氣極為薄弱，甚至有人說他沉醉於芋頭燒酎更甚於酒，據說該芋頭燒酎的酒銘是大島（吉之助，亦即西鄉），是真的嗎？」他在信中諷刺幕府沉醉於酒銘為西鄉的芋頭燒酎。但其實在長州征伐的背後，一橋慶喜正面臨相當棘手的問題。以武田耕雲齋、藤田小四郎等人為中心的水戶天狗黨為了支援一橋慶喜而上京，但此舉卻讓一橋慶喜感到為難。認為他們現在的舉動只會讓事情變得更複雜，實在多此一舉，徒增困擾。因此，他連對自己人的態度也相當冷淡，從結果來看甚至還拋棄他們。沒料到一橋慶喜竟會對自己棄而不顧的武田耕雲齋等人無法入京，只得應戰，結果造成一百三十四人戰死，之後輾轉抵達北國[7]，向加賀藩投降。翌年二月遭到斷罪，又造成三百五十二名死者。換句話說，一橋慶喜與水戶勤皇黨完全斷絕關係。以上就是事情的來龍去脈。因此他明明沒有閒工夫擺架子大喊「擊垮長州」，卻還寫了一封口氣強硬的書信。

下面針對賠款做附帶說明。

長州與四國聯合艦隊開戰後，當然得「付賠款」。長州先前攻擊美、法、荷船艦時為一萬美元，薩摩與英國開戰（薩英戰爭）時為十萬美元，這時的賠款額則是三百萬美元，四國方面向幕府請求支付全額賠款。幕府不得已只好接受。託長州與薩摩的福，幕府接二連三地被索討金錢。三百萬美元分成六次償還，每次償還五十萬美元，幕府已償還三次、共計一百五十萬美元，但由於幕府已經不在了，據說明治新政府一直到明治七年（一八七四）才還清剩下的一百五十萬美元，讓人覺得好笑。無論如何，一旦有事發生，列強總是第一個找幕府討錢，每次都讓幕府金庫叫苦連天，逐漸變得空空如也。幕府不但支持率直線下降，聲望當然也日漸衰微。

1　堂上方，指獲准昇殿（入朝議政）的公卿、殿上人總稱。公家。

2　逼塞，江戶時代，專對武士及僧侶所科處的禁閉刑罰。將門窗關上，嚴禁在白天進出。

3　小具足，在日本的甲冑當中主要是指鎧甲、兜、袖以外的配件，具體而言為籠手及脛當等。

4　原文是「かずのこは無事でニシンがへたりたる」。這首川柳是取日文中「かずのこ（鯡魚子）」與和宮（かずのみや），「ニシン（鯡魚）」與「二心殿（にしんどの，慶喜）」的諧音來揶揄慶喜。

5　塾頭，是指神戶操練所的負責人。

6　寄合，在江戶時代，俸祿三千石以上的旗本且無官職者，則被列入若年寄的管理下，接受寄合肝煎（幕府官職，從屬於若年寄麾下，人數五人，負責分攤管理寄合組）的監督。勝麟太郎於元治元年十一月十日被解除軍艦奉行一職後，變成寄合。

7　北國，在古代日本，北國是指從畿內（京都）所看到的北國，即北陸道（北陸地方）。

＊1　《燃燒吧！劍》　描寫新選組副長土方歲三生涯的長篇小說。於昭和三十七年十一月～三十九年三月連載於《週刊文春》。目前的新潮文庫版有上下卷。

第六章　為皇國不惜粉身碎骨

高杉晉作「僅有一人的叛亂」

我們來複習一下上次談到的內容，幕府得到朝廷的敕許後，派遣第一次長州征伐軍隊前往長州。當時的總參謀長是薩摩的西鄉隆盛。西鄉隆盛認為不該發動愚蠢的戰爭，倒不如讓長州藩自行征討自藩才是上策，結果沒有引發戰爭。以下只是假說：西鄉先生會產生這種想法，背後可能與之前與勝海舟見面時被說服有關——勝海舟說，即使是外樣大名也好，今後的日本應該好好錄用雄藩的優秀人才，採行共和制，也就是現代所說的代議民主制，如今繼續仰賴幕閣的力量根本是種愚蠢之舉——西鄉先生完全接納其意見。或許他也認為，現在擊潰長州藩對日本國沒有任何好處。為了讓長州自行制裁自藩，當然他也提出不少條件，但並沒有將長州藩的俸祿一口氣減為五萬石，然後放逐到東北某地這類殘酷的處罰，就這樣結束了第一次長州征伐。

這在某種程度上已經很便宜長州藩了。後面會談到的薩長同盟的背後，與這時長州對西鄉先生產生些許信賴感的背景有關。無論如何，可以說對攘夷一頭熱的長州藩在這時已被消滅了。現在長州藩內由所謂保守派——儘管曾一度奪得政權，意氣風發地帶領時代，然而將大砲口朝朝廷開轟實在荒唐，主張最好回歸原狀——或稱守舊派（俗論派）得勢。所謂的明治維新史是贏家的歷史，站在贏家的立場從結果來看，那群守舊派分子就是「俗論派」。總之，現在由俗論派者取得天下。至於繼承松下村塾吉田松陰流派的攘夷派志士系統人士，則接二連三地被當作責難對象遭到處罰、下令切腹，甚至暗殺。

很早就察覺這種情況的高杉晉作逃到九州躲起來；桂小五郎要是回到藩內就會遭到殺害，故逃到藏身之處出石；伊藤俊輔（博文）則帶著愛妾，名叫阿梅的藝妓逃到別府溫泉。這些所謂王牌級的人才全都離開了長州。井上聞多是少數還留在藩內的人，正當他要逃走時卻遭到俗論派刺客襲擊，遭到亂刀砍傷，命在旦夕。記得在戰前的修身教科書中有提到，由於當時沒有醫療用針，故使用製作塌塌米用的小針一邊鼓勵他「撐下去」，一邊縫合傷口才救回一命，縫合時井上聞多痛苦不堪，甚至還說：「請幫我介錯」。

就這樣，長州藩完全被逐出歷史的外圍，回到以前的邊境雄藩狀態。就連過去引領時代的諸隊，包括高杉晉作所組織的奇兵隊、伊藤俊輔率領的力士隊、游擊隊等也被命令解散。以「沒有留在這裡的必要」為由將諸隊趕出萩城下，放逐到遠方。

這群人聚集在長府的功山寺商討今後該何去何從，卻想不出好主意。曾是諸隊中心的奇兵隊隊長赤根武人[1]則被招攬到俗論派，他到萩城下向俗論派道歉賠罪，想辦法留下奇兵隊。人在九州小倉的高杉晉作得知此事後，心想：這麼一來，過去我們所打下的事業將化為烏有。如果現在不起身行動，不知這個國家——對當時的人而言藩就是自己的國家，因此國家一詞意味著包括長州藩在內的日本國——將來會變得如何，於是暗中獨自返回長州。送走高杉晉作的是一位名叫野村望東尼的歌人，以後來在高杉晉作臨終前曾相互贈答詩歌而聞名。

高杉晉作在臨走前對野村望東尼說：「我抱著必死的決心回長州」，然後在眾人聚集的功山寺現身，他呼籲大家：現在我們必須要起身行動，在俗論派的統治下，長州藩就不是長州藩了。總之，他在眾多反對聲浪中一個人口若懸河地演講，如此精彩的舉動可說是高杉晉作的生涯代表作。十二月十五日深夜，儘管天氣飄著小雪相當寒冷，他仍汗流浹背地進行一場大型演講。由於內容相當長，簡單介紹如下。首先——「你們都被奇兵隊隊長赤根武人的協調策略給騙了。說到底，赤根原是大島郡的死老百姓罷了。」

聽到這裡，這句話在現在會被當作歧視言論。聽了高杉晉作的演講，前面曾提過出身於足輕的最底層，以身份制度來看最低下的山縣狂介（有朋）心想：「高杉豈不是將我們當作傻子嗎？誰要跟隨這種人？」於是頑固地不與搭理。此外也有不少人感到惱火，大眾沒這麼容易被打動。這時，高杉晉作終於要展開演說：

「就算只有我一個，我也要前往萩向毛利藩主直言勸諫。途中或許會被俗論派殺害也不一定。然而先不論生死。現在的情況只能走一里路盡一里路的忠，走兩里路盡兩里路的義。只要一日為尊皇的臣子，現在就不是安閒度日的時候。」

聽到「走一里路……」這段話的人無不動容，甚至還流傳至今成為名言。

另外還有一則，高杉晉作寫給友人大庭傳七的信仍保留下來。這封信的內容也很動人：若我死後，恕我冒昧，我將如同天滿宮般「願成為赤間關[2]鎮守神。……吾死後，請召集藝妓在墓前演奏三弦，作為供養」。若我死後，請在葬禮上讓三弦音韻繚繞——這種覺悟打動了人心。

深受高杉晉作僅有一人的叛亂演講感動得站起來的是伊藤俊輔，即日後的伊藤博文，他說：「好，我也要走一里路盡一里路的忠」。他所率領的力士隊不過才十六人，既然隊長都這麼說了，其他隊員也決定跟高杉晉作一起闖進萩城下。這麼一來，漸漸地產生共鳴者逐漸增加，連游擊隊也跟著加入。最後總計六十多人襲擊並佔領下關的代官所作為陣地，並確保三艘船以備在危急時逃難用，打算從這裡以在長州藩發動革命——雖然稱不上是革命——的氣勢起兵反叛。「六十多人」並非確切的數字，不過仔細一想，六十人真是個有趣的數字，古巴的革命家卡斯楚（Fidel Alejandro Castro Ruz）成功發動革命時，率領人數為六十一人。讓人不禁覺得，人類只要聚集六十人就能成就某種規模的事業。

由於赤根武人前往萩，不在期間由山縣狂介代管奇兵隊，眼看在寡不敵眾的情勢下眾人紛紛起身，他也做好覺悟，「那我們也加入吧」翌日十六日便率領奇兵隊大部隊與眾人合流。此外，佈署在瀨戶內海沿岸的諸隊也紛紛參加，所謂長州藩「革命」即將爆發。

革命發生在十二月末，不久即將進入元治二年（一八六五），這一年的四月起改元為慶應元年。歷史上一般將這一年的年初當作慶應元年，故以下改用慶應，敬請見諒。一月十日，大批反叛軍擊潰了俗論派的主力軍，接著連戰連勝，俗論黨的中心人物也全都切腹；一月二十八日，藩主答應實施藩政改革，長州又回到正義黨主導，亦即藩內回到激進攘夷派為中心、目標建立新國家者的天下。然而在這時，長州藩已經捨棄攘夷思想，改變藩內方針。高杉晉作率先大喊：「今後不再是攘夷的時代了，為了有朝一日能夠攘夷，現在必須要開國，還要不斷地吸收西洋文明，待國力增強後再行攘夷才是」。「為了有朝一日能夠攘夷而開國」這點與薩摩一樣。於是從這時候起，長州藩已完全排除攘夷思想。

同時，長州藩也高舉反幕的旗幟，懷抱將來必須與幕府軍交戰的決心。取得天下的正義黨成員在歷經與四國聯合艦隊交戰的慘痛體驗中體悟到今後不再是刀槍的時代，必須讓兵力近代化，便決定在關鍵時刻來臨前於水面下培養戰力。不久，便找來大村益次郎負責軍制改革，展開建立近代化軍隊的訓練。

幕府方面當然不可能忽視長州的動向。同時也得知長州藩又再度推翻藩論，並露骨地展現反幕以上、堪稱倒幕的敵對意志。「好，既然你們做得這麼絕，那就再來一次長州征伐，這次一定要擊垮你們。」於是在慶應元年春季，幕府開始著手編制第二次長州征伐軍。

中岡慎太郎與土方久元

到此為止是關於長州的局勢發展，接下來我們稍微換個話題。在上述談到國家整體動向當中，有兩位人物非常認真地思考日本的將來。那就是土佐藩脫藩浪士中岡慎太郎與土方久元。土方久元是三條實美的側近，經常與他共同行動，可以說大幅繼承了三條實美的思想。這兩位與勝麟太郎未曾謀面，不過他們在長期觀察時代動向當中開始討論，如果繼續讓這個國家處於現在的混亂中，非但無法抵抗西歐列強的侵略主義，不久甚至會有被殖民化的危險。不如趁此機會，讓兩大雄藩——薩摩與長州聯手建立新國家才是上上策。雖然不清楚這兩位何時產生這種想法，但至少在更早以前他們就已經開始根據此一方針進行活動。

這兩位都是激進的攘夷論者，也是倒幕論者。一般攘夷論者還不至於想倒幕，他們卻是打從一開始就主張倒幕。後來，中岡慎太郎與坂本龍馬雙雙在京都近江屋的二樓遭刺客斬殺而死。坂本龍馬在當時已經改變看法，認為沒必要倒幕，倒不如讓幕府加入，以共和制治理國家更會更好；不過中岡慎太郎卻仍然堅決支持倒幕。兩人在近江屋二樓進行談話時，坂本龍馬將佩刀置於稍遠的壁龕，中岡慎太郎則將長刀放在拉門的後側。這時刺客突然砍過來，他只得拔出小刀應戰。為何將佩刀放在那麼遠的地方呢？我的看法是，觀點不同的兩個人在進行議論時，可能會因一言不合就拔刀相向。大概是為避免發生這種事，才會將佩刀放在遠處吧。中岡慎太郎就是這麼激進的倒幕論者。

這點先姑且不論，在中岡慎太郎與土方久元看來，薩摩七十七萬石與長州三十六萬石（在第一次長州征伐時俸祿稍減）這兩大雄藩有幾點共通之處：①同屬關原之戰的西軍，一直對德川幕府抱有怨念。在薩摩，每當倒楣時嘴裡就會唸著「關原之戰、關原之戰」忍下來；而在長州有種習俗，每年正月家臣在藩主面前賀年時，一定會問：「時機到了嗎？」藩主就會回答：「還沒到」。意思是報關原之戰大仇時機未到之意。②由於成功地重建藩財政（有一半是靠走私貿易的營利），擁有富裕的國力。③均位在距離江戶遙遠的邊境，地勢條件有利。④這兩藩均抱有強烈的中央志向（亦即權力意識），⑤再者，兩藩皆熱心學問，人才濟濟——這兩位一致認為，若能讓擁有共通點的兩大雄藩攜手合作，說不定就能與幕府七百萬石相抗衡。特別是中岡慎太郎，如同他在著作《時勢論》當中寫道：「欲建立國體斷絕外夷輕侮，兩藩和解甚為要緊（要使日本成為一個獨立國家，斷絕外敵侮辱，首要條件在於兩藩和解）」他擁有一股使命感，將薩長同盟當作自己應盡的重責大任而展開行動。

在慶應元年春季，正值幕府宣布第二次長州征伐，主要下令西日本各藩出戰。對此，薩摩藩藉口這次出戰與上次不同，既沒有正當名義，也沒有明確非征討不可的理由，是場無謂的戰爭而拒絕出兵。中岡慎太郎與土方久元一致認為，薩摩反對第二次長州征伐的現在正是大好時機，便立刻付諸實行。他們盤算著，現在回到鹿兒島的西鄉隆盛不久將會前往京都，只要趁那時說服他，請他在途中順道經過下關，再從萩找來高杉晉作或是桂小五郎讓雙方會面，藉由雙方王牌的會談先化解彼此仇視的關係，進一步談締結同盟的話題。

中岡慎太郎立刻出發去鹿兒島找西鄉隆盛。另一方面，土方久元則前往萩，做好說服從藏身之處回國的桂小五郎的準備。其實，土方久元原是想說服高杉晉作，這又是歷史的有趣之處，恰巧在這前夕，高杉晉作帶著愛妾藝妓宇野逃到四國。也就是說，這個好不容易鼓吹奇兵隊揭竿起義、擊敗俗論派，使勢力重回正義黨手中的大功臣行事雖天衣無縫，卻也容易讓同伴產生誤解。因為他昨天以前還是個強硬的攘夷論者，今早起床就突然變成徹頭徹尾的開國論者。簡單說，高杉晉作堅持開國卻沒有說明是基於將來攘夷的前提下，才會遭到同伴追殺。由於在國內有遭到暗殺的危險，他決定逃到國外，為了逃到上海而向周圍籌措費用，結果因「侵佔鉅款」之嫌被追殺。最後他將籌措的款項分給山縣狂介與伊藤俊輔，自己則逃到素有四國的勤皇賭徒之稱的日柳燕石家中寄住。這是發生在四月下旬的事。

另一方面，桂小五郎從出石回國後擔任萩的政事堂用掛，相當於現在的外務大臣。這時他應土方先生的說服，向藩主請示能否與西鄉隆盛會面，結果毛利藩主大方地說：「為避免會談受到影響，看這個場合，不妨去太宰府吧。」三條實美現正在太宰府。

也就是說，這正是歷史的有趣之處。上次已經跟各位提過「歷史是有意志的」。只要歷史潮流中的一個意志開始運作，在適當的時機就會安排好最恰當的適任者。這時候，假如是由速戰速決的行動派高杉晉作出面的話，我倒很懷疑是否還能順利締結薩長同盟。從結果來看，由於薩摩的態度曖昧，不斷一拖再拖，換成高杉晉作有可能等到一半就放棄，「那傢伙在搞什麼？我不等了」。另一方面，桂小五郎個性相當沉穩，屬於外交官型人物，而且堅忍不拔、善於交涉。下面介紹一則有趣的軼事。中岡慎太郎對高杉晉作與桂小五郎的評價如下：

「有膽（膽量）有識（知識），思慮周密（思慮深而周詳），能忍廟堂之論（在談論有關政治上相當艱澀的議題時，能夠耐心聽完，不會拒絕）為桂小五郎。有識有略（戰略力相當優異），臨機應變而不惑（遇有變化時不會因困惑而拖拖拉拉），見機行事（看準機會立刻行動），以氣勝人者（以霸氣壓制人者）為高杉東行（高杉晉作的號）。」

誠如中岡慎太郎所說，高杉晉作作為一個戰略家的確很優秀，倒不如說以政略家來看，桂小五郎卻更勝於前者。高杉晉作是個行事天衣無縫，替藩著想的人，桂小五郎則結識不少他藩人士，交際範圍廣闊，是個能站在超乎自藩立場思考的人。無論如何，這兩人就如同參謀總長對外交官般，這時若派出參謀總長會如何？不如派出具外交官性格的桂小五郎會進行得更順利。歷史總會在絕佳的場合安排適合的人物出場。

奠定薩長聯合的基礎

就這樣，閏五月五日，土方久元帶著桂小五郎來到下關滯留在富商白石正一郎邸。白石先生是負責籌措奇兵隊糧食及武器的人，其後也一直全面期待高杉晉作，在他在世期間全力提供援助。說起下關，既是源平合戰的古戰場，也是甲午戰爭時李鴻章與伊藤博文進行談判簽屬條約的場所，總的來說以甲午戰爭相關史跡最豐富。至於戊辰戰爭、幕末相關方面，僅在日和山公園建有高杉晉作像、東行庵遺跡，以及長州砲台遺跡等。而白石邸遺跡也僅在竹崎町三丁目的中國電力下關營業所前立碑而已。總之，從幕末到維新的大轉換就是在這裡商談。

巧合的是，坂本龍馬也來到白石邸。說不定這又是「歷史的意志」。坂本龍馬對中岡慎太郎及土方久元的斡旋工作一概不知，卻非常贊同讓薩摩與長州忘掉仇恨，聯手推翻幕府的方案。他也是個喜歡嘗試新東西的男人。翌日六日，坂本龍馬與桂小五郎會面。有不少書籍提到這兩人是在江戶修行劍術時相識，其實我也曾受託在雜誌上撰寫相關主題的文章，不過根據最近調查的資料發現，這兩人並非同時期修行劍術，正確說來應該未曾謀面。至於桂先生滯留江戶的期間為何、當時坂本龍馬是否也在江戶，我就沒有仔細查證。不過為了增加戲劇性，將兩人描寫為熟人，一見面就說：「喔，好久不見」這樣劇情或許會更有意思。無論如何，坂本龍馬在此時才加入薩長同盟的計畫。

而土方先生花費三天時間持續說服桂小五郎。既然如此，要是坂本龍馬與桂小五郎相識事情就好辦多了，總之三天後桂小五郎總算答應了。然而，有鑑於以往薩摩的作法總是見機行事，一下子向東，一下子向右，實在信不過。何況在蛤御門之變時薩摩與長州互為仇敵。桂小五郎心想：薩摩似乎會閃爍其詞，真的能相信他們嗎？話雖如此，中岡慎太郎說不久會帶西鄉隆盛過來，請在這裡稍等一下，桂小五郎回道：「好吧，我再等等」於是留在下關。

然而到了閏五月二十一日，原以為會出現的西鄉隆盛還是沒來。只有中岡慎太郎現身於下關。一問之下，才得知原本在途中是一同前來的，沒想到大久保一藏（利通）從京都捎來通知：「請盡速上京」，似乎有重要急事非得西鄉隆盛上京不可。因此他才直接前往京都，沒有到下關來。土方久元與坂本龍馬逼問中岡慎太郎：「那麼，西鄉隆盛答應參加這項計畫嗎？」，「他當然答應參加。」，「既然如此他為何沒來？」結果眾人都感到相當沮喪，其中最沮喪的應該是桂小五郎吧。我想他大概很想大喊：「這究竟是怎麼回事？你們打算欺騙我嗎？」

這時，坂本龍馬幫忙打圓場說道：

「我明白諸君的憤慨，但西鄉也有西鄉的立場。亦即為了國家的將來。在國家面臨危機之時，現在除了薩長兩藩和解、攜手合作外，沒有比這更好的良策。這並不是結束，桂先生，今後請包在我們身上。」

被說服的桂小五郎便提出一個方案：薩摩必須展現對長州的誠意。換言之，由於現在長州與幕府敵對，無法和外國進行貿易的狀態。就算想買槍枝等武器，也逃不過長崎奉行的法眼。因此，為了準備與幕府一戰，能否以薩摩的名義購買我們所需的船艦、大砲、火繩槍等，再交給長州？當然不會讓薩摩做白工，只要答應了，長州就認同薩摩的誠意。坂本龍馬回答：「喔，小事一樁」便答應想辦法說服薩摩，然後與中岡慎太郎一同於閏五月二十九日前往京都。

兩人抵達京都後，與西鄉先生及小松帶刀（大河劇「篤姬」裡的肝付尚五郎。後來入贅到小松家，成為薩摩的重臣）見面後，想辦法拜託他們以薩摩名義替長州購買武器。經過一番長談後，儘管雙方的意見有出入，也有爭執，但最後兩人都異口同聲地答應請求，但相對地他們也提出交換條件，即長州必須以兵糧米作為交換出售給薩摩。坂本龍馬與中岡慎太郎隨即答應：「這沒問題，沒有任何意見」，這天是六月二十四日。兩藩都向對方提示實際利益，經確認後才答應請求。

附帶一提，當時的武器是向英國商人哥拉巴（Thomas Blake Glover）購買的，坂本龍馬為購買武器所組成的龜山社中，亦即後來的海援隊有著活躍的表現，這部份在坂本龍馬相關書籍中一定會提到。

開國成為日本國策那一天

如前所述，薩摩與長州順利進行交涉的背後全靠中岡慎太郎、坂本龍馬以及土方久元三人居中斡旋；另一方面，幕府也即將實施長州征伐，五月十六日，將軍德川家茂特地從江戶出發，於閏五月二十五日進入大坂城作為大本營。德川家茂年滿二十歲。他是否出自本意親自擔任總大將不得而知，總之應幕閣的要求前來大坂。

另一方面，這次絕不會投降的長州藩於六月六日表示，就算山野已化為焦土也要抗戰到底。既然長州話都說得這麼白了，九月二十日，一會桑政權的一橋慶喜、松平容保、松平定敬為了取得朝廷許可而進宮，奏請朝廷勅許長州征伐，看來終於要演變成無法逃脫的對決了。——仔細一瞧，幕府嘴上說要「開打」，但卻毫無動靜。由此可知，所謂大型組織不可能輕易地說開打就立刻有動作；相較之下，薩摩與長州的動作遠比幕府來得快。如同巨大戰艦對輕巡洋艦一般。

第二次長州征伐的勅許於翌日二十一日批准下來，一會桑政權向久留米藩、熊本藩、廣島藩等西國諸藩下達動員令。當然，也對薩摩藩下達命令。而大久保一藏等人隨即進宮，向關白二條齊敬大聲抗議，猛烈地進行活動阻止勅許。

「欲動兵須明大義，正名分。若大義名分曖昧不明，縱使是將軍之命令諸藩也不為所動。長州盡恭順之道，等待勅裁（等待如何處置藩主、刪減多少萬石俸祿、支付多少賠款等的命令）。如幕府現在征討長州，不成道理。願朝廷持勅命斷然停止幕府再征。」

薩摩反對開戰，以不出兵表示憤怒。一橋慶喜、松平容保、松平定敬等三人得知這項消息後，又再度進宮向朝廷進言：

「如不採納征長建言，我等只好請辭。」

如果朝廷不肯採納長州征伐的建言，我等只好從京都返國。朝廷為了這件事起了極大的衝突，到頭來，儘管幕府高呼發動第二次長州征伐，諸藩卻沒有任何動靜，完全沒做好開戰的準備。

這時又出現另一個大問題。以前與美國簽訂日美修好通商條約，之後也分別與荷蘭、俄羅斯、英國及法國簽訂修好通商條約，承諾會開放橫濱、下田、箱館、新瀉、長崎、兵庫（神戶）等港口。然而前面也已提過，由於諸多原因——朝廷不肯答應——只好向外國懇求新潟與兵庫開港再等五年。隨著五年將近，諸國希望幕府能依約開放兵庫港，九艘聯合艦隊遂於九月十六日停泊在兵庫沖，硬是要求待在大阪的幕閣開港。這九艘聯合艦隊組成如下：英艦五艘，上面載著英國公使巴夏禮、法艦三艘，上面載著法國公使羅淑亞（Léon Roches）、荷艦一艘，上面載著一位名叫波爾斯布魯克的外交官。美國看似沒有派人來，其實美國臨時代辦波特曼（Anton L. C. Portman）搭乘英艦。之所以沒派軍艦來，是因為從一八六一年（文久元）起一直到林肯總統遭到暗殺的一八六五年這段期間適逢南北戰爭開打，因此沒有閒工夫派遣軍艦前去日本。

兵庫開港問題必須想辦法解決才行。然而京都只剩下一會桑政權的三位大人，當然還有近十名無能的老中，雄藩藩主全都打道回府了。一會桑政權向朝廷稟報有九艘軍艦逼近的消息後，在朝廷間引發一陣騷動。我再重複一次，孝明天皇打從骨子裡非常厭惡外國人。壓根不希望外國人靠近京都附近的港口。話雖如此，他的態度也軟化不再堅持將外國船艦驅逐出境，周圍的公家同時提出能否想辦法再延後開港的意見。一會桑政權的三位則回答：現在已不能再度拖延，事已至此，根本不可能毀約。朝廷只得准許開港。如果朝廷仍然反對到底，我們就會撂手不管，隨你們自行跟外國軍艦交涉。這麼一來，外國人就會闖入京都御所喔。一橋慶喜語帶威脅地逼迫朝廷召開會議。

就這樣，公家們被說服後，於十月四日傍晚在小御所召開御前會議，孝明天皇也隔著御簾在座逐一聆聽會議內容。然而會議上卻沒有半個雄藩藩主。只有一會桑的三位大人在公家面前滔滔不絕以及各雄藩的御用掛出席聽講。這時，一橋慶喜發表了一場名留後世、情感熱烈的精彩言論。以下僅列出要點：

「此外，若耽於攘夷等的空想將會掀起戰端，甚至連外夷軍隊殺入京都也難以預測，屆時根本不可能因無法抗戰而談和等。日本全國將化成焦土，恐怕也無法保證皇位安泰。」

話都說得這麼徹底了，可是會議上依然沒達成共識。孝明天皇依然保持沉默。會議持續到夜晚，事情仍得不到解決，看來只得於明天再度召集在京諸藩國事相關人員三十五名徹底進行討論後再奏請聖裁。這時一橋慶喜大喊：

「你們怎麼做都行。不過在條約勅許獲得批准之前，我慶喜決不離開朝內！」

當晚在其他人離開之後，一橋慶喜似乎獨自在京都御所內過夜。由於他的頑強不屈，使得朝廷開始動搖。

翌日五日，這次改召開與會者眾的大型會議。孝明天皇依然隔著御簾在座旁聽。經過多方討論後，最後一橋慶喜站起來像是恐嚇公家似地大聲喊話。在他的信中如此寫道：

「事出無奈，吾只能當場切腹以對（德川）將軍負責。一命本不足惜。然而在吾切腹之後，眾（德川的）家臣與諸卿（你們這群公家）又會如何，已非吾所能知（一切與我無關，明白嗎）。若有此覺悟，無須聖上勅許也無妨。請放手而為。」

一橋慶喜語帶威脅地說完這番話後，正打算拂袖而去。但其實他不過是在演戲，假裝揚長而去罷了。然而公家卻立刻阻止一橋慶喜，說道：「事關重大」，事情的發展立刻急轉直下。當天夜晚，孝明天皇說道：

「一切照一橋中納言所願，予以批准。」

天皇無可奈何，只得正式勅許簽訂條約。因此，之前幕府擅自簽訂卻遭到朝廷反對的通商條約全都獲得天皇認可。也就是決定以開國為國策了。現在還保留著孝明天皇寫給關白二條齊敬描述當時心情的書簡。

「（御前會議上的討論朕已充分了解。總之現在的事態非同小可。維護代代相傳的皇統固然重要，朕卻不能只因自身厭惡外國讓皇統在此斷絕。只好做出對不起皇祖的決定。以下為原文）且萬民塗炭之苦患在眼前，朕不忍見聞，實為心痛。除了照一橋等人所提之案，實無法沉默以對，只得聽從。」

大意是：眼見民眾遭遇塗炭之苦，朕不願見到也不願聽到這種情況，感到相當心痛。除了遵照慶喜等人所提出的意見外別無他法，不能繼續沉默下去，最後只得服從。

連孝明天皇也不能憑自己的個人好惡堅持到底，必須以皇統為重。天皇家真的很有意思，先是以皇統為重為由，其次是以不忍見萬民受苦為由，最後就變成「無可奈何」。太平洋戰爭結束時的昭和天皇也是一樣。

附帶一提，據說薩道義在兵庫開港事件時曾在大坂的市町散步。在他的日記中也有記載。大坂民眾對他態度親切，似乎相當歡迎，由此可知當時的民眾已能坦然接受外國人了。

總之，自培里來航以來朝幕雙方爭執得僵持不下的大騷動，終於在朝廷批准後得到解決，開國變成了日本的國策。攘夷已不可行，幕府也不會再擅作主張引發荒唐的結果。因為幕府與外國簽訂的條約已全面獲得勅許了。由於日本的國策已達成共識，接下來只要眾人朝著開國的方向建立國家就行了。

我在《昭和史》（平凡社出版，繁體中文版由玉山社出版）一書中曾提出「四十年法則」。近代日本始於慶應元年（一八六五），到明治三十八年（一九〇五）日俄戰爭結束後日本躋身世界強國為止費時四十年；而大日本帝國的滅亡則是在四十年後的昭和二十年（一九四五）。再舉一個例子，經過六年半的美國佔領期後，戰後日本從昭和二十七年（一九五二）開始建立新國家，始於平成元年（一九八九）、翌年迎接全盛期的泡沫經濟則是在平成四年（一九九二）開始崩解，這段期間也費時四十年。換句話說，建立一個國家得花四十年，毀滅一個國家也要四十年。

簡單講，日本的國策在慶應元年時達成統一。因此本應在此時爆發以倒幕為名的國內戰爭並沒有開戰，而是全國上下朝同一個方向行動。然而為時已晚。現在才決定國策也已經無力回天。爭執了十幾年，幕府的權威與財力已消耗殆盡，早已喪失實力，不但靠不住反倒成為累贅，正當時勢也傾向不如推翻幕府重建全新的國家比較實際時，朝廷這才下達敕許。

歷史往往伴隨著諷刺，若是朝廷能提早兩、三年下達敕許，情勢或許會大為改觀；如今就算國策統一，還有誰會聽幕府的話行事呢？

無論如何，幕閣已向四國聯合艦隊告知條約已得到朝廷的敕許，今後將遵照條約實施開國，不過現在立刻開放兵庫港有點強人所難，請再寬待一些時日。而四國聯合艦隊在得知一直持反對意見的朝廷終於承認條約後也感到放心，這麼一來日本就變成完全開國，因此決定等待開港，隔天便拉起錨揚長而去。

薩長同盟成立

若事情發展到此結束就會輕鬆許多，但其實接下來才要進入幕末史的高潮部份。幕末進入尾聲，接下來將進入維新——雖然我實在不想用這個名詞——一連串朝著建立新國家方向的劇烈變動即將展開。亦即前面提到在坂本龍馬、中岡慎太郎、土方久元這三位年輕人的策劃下，原本關係惡劣的薩長急速拉近距離。從哥拉巴洋行所採購的武器不斷地輸送到長州，薩摩對幕府也裝作毫不知情，堅決反對第二次長州征伐。

十一月中旬，坂本龍馬與結為同志的薩摩藩士黑田了介（清隆）一同前往下關，隨同在當地等待的中岡慎太郎，與桂小五郎、誤會冰釋返國的高杉晉作、伊藤俊輔、井上聞多、山縣狂介等長州主要人士會面，再次說服眾人和薩摩達成和解——相信有些人聽了可能會大感驚訝，總之現在薩摩不但反對長州征伐，同時也遵照長州的希望代為採購並運送武器，為了建立新國家，現在必須停止爭吵、共同合作才是，縱使你們對薩摩恨之入骨，無論如何還請與薩摩和解——儘管長州方面依然不信任薩摩，還是姑且解開猜疑接受坂本龍馬等人的調解。

這時，桂小五郎於十二月二十八日隨同品川彌二郎、三好軍太郎等長州武士從三田尻出發，隔年慶應二年一月八日，在特地到伏見迎接的西鄉隆盛與村田新八的帶領下，進入位於京都二本松的薩摩屋敷。只要在這裡進行交涉應該很快就能談妥才是，然而交涉過程並不順利，又再度輪到坂本龍馬出場。

一月二十日，忙於海援隊工作的坂本龍馬碰巧上京，心想：「事情應該已經談妥了吧？」於是心情愉快地進入薩摩屋敷。沒想到雙方的交涉竟毫無進展。他詢問桂小五郎後才得知，自從來到薩摩屋敷後每天都受到盛宴款待，相當愉快，可是關於同盟的事卻一字也不提。坂本龍馬大為吃驚，他逼問桂小五郎說：

「究竟是怎麼回事？既然如此，只要你主動提出這個話題不就行了？」

桂小五郎回道：

「自入京以後，我們的確受到薩摩美酒佳餚的款待。可是，既然薩摩隻字不提這次的同盟，我方也沒有理由提起。要是被幕府軍打得落花流水、無計可施、孤立無援的長州藩主動提出組成同盟，就會變成搖尾乞憐。你說得倒簡單，可是基於士道的志氣根本辦不到。我已經厭倦接受款待了，打算明天打道回府。事已至此，我們將與幕府全面作戰，就算防長變成一片焦土，只要薩摩還在，願意為皇國盡一份心力就已心滿意足。」

他如此說道。結果被坂本龍馬斥責。

「你說的是什麼話？說什麼武士的志氣、藩的尊嚴等，現在是談論那些話的時候嗎？」

據說坂本龍馬個性相當闊達，平時鮮少發脾氣，生平僅發火兩次，其中一次就是這次。另一次則是伊呂波丸與紀州藩的船隻發生衝撞沈船，據說他在與紀州藩進行交涉時氣得怒髮衝天。

接著他對西鄉隆盛大聲斥責說道：總之，錯過這次機會就沒有第二次了。藩的名譽、武士的志氣又算什麼？

「我們之所以挺身而出為薩長兩藩奔走，既非為了你們兩藩著想，當然也不是為了自身的名譽與金錢，而是為了這個國家。相信你們各自有自己的主張，但能否先將這區區小事拋到一邊，展現你們所謂的赤誠之心，為了天下協議將來呢？」

坂本龍馬告訴西鄉隆盛，儘管他與中岡慎太郎等人性命受到威脅，卻仍然為了國家而四處奔走，因此他由衷的希望薩長兩藩能夠攜手合作，聽完之後，西鄉先生說：「我明白了，真抱歉，我們會主動提出締結同盟的。」於是與小松帶刀一起去會面桂小五郎等三名長州藩士。他默默聆聽長州藩將至今的苦惱全盤托出，並不時點頭附和「你說的一點也沒錯」，於是薩長兩藩就此締結同盟。

一月二十一日，薩長同盟終於成立。盟約共有六條，以下僅介紹最重要的四條內容：

一、戰爭時，應急速派遣兩千餘兵力與現在在京兵力會合，並派遣千餘兵力至浪華，鞏固京阪兩地（當第二次長州征伐開戰時，薩摩藩應立刻派出兩千多名士兵支援長州。此外，另派一千多名士兵前往大阪，固守京都及大阪）。

二、戰況顯示我方勝利在望之時，應即刻向朝廷進言，竭力勸說（當戰況的威勢與士氣上升，顯示我方獲勝時，薩摩藩應立刻向朝廷進言，說明薩長兩藩至今努力的成果，使朝廷歡喜）。

三、萬一戰況敗色濃厚，一年半載內絕不會壞滅，在此期間務必盡心努力（萬一打了敗仗，長州藩在一年半載內也絕不會被擊潰。這段期間薩長兩藩應徹底相互合作，奮戰到底）。

中間省略兩條項目，最後一條的內容最為重要。

四、冤罪免除後，雙方應誠心合力，為皇國粉身碎骨不在話下，無論勝敗，今日起雙方應為了皇國，以皇威之光耀與恢復為目標，竭盡誠心，務必竭力達成（當長州藩的冤罪獲得赦免時，薩長兩藩應誠心協力，為我日本國粉身碎骨自不在話下，無論如何，我等兩藩為了日本國應以發揚皇威為目標，彼此竭盡心力，以免再度陷入現在的慘澹狀態）。

提到薩長同盟，一般人往往會認為這是指薩長雙方所締結的攻守同盟，實則不然，該同盟不過是薩摩明確答應當長州遭到攻擊時會全力提供協助，同時薩長兩藩將同心協力，為了皇國以及光耀國威而竭盡全力的協定。

軼聞，關於「皇國」

題外話，在此針對薩長同盟盟約中所出現的「皇國」一詞跟各位稍做閒談。當然，該用詞也頻繁地出現在當時諸如吉田松陰等人所留下的各種文書當中。從歷史整體的發展來看，從這時起不知怎地「皇國」一詞開始變成核心關鍵字了。對我們這些曾在天皇制下受過教育的人而言，一提到「皇國」雖不會聯想到對馬海峽海戰中的信號文「皇國之興廢取決於此戰，各位更應勤奮努力[3]」，卻能讓人立刻聯想到以天皇為中心的大日本帝國，不過幕末時代民眾的皇國觀卻非如此。在這個時代，「皇國」一詞所指的並非我們所認為的天皇陛下的國家，而是單純用來表示「日本國」。

只要看白川靜先生的《字訓》[*1]就能明白，「皇」這個字在中國似乎被當作稱呼神靈的用詞。同時也是稱呼君主祖先時的用詞，例如皇祖皇宗等。那麼在我日本國又是如何？早在《萬葉集》的時代就有天皇一詞，開頭第一首和歌就是雄略天皇的作品「美籠矣，手持美籠矣，好掘串，手持好掘串[4]」，題詞寫著「泊瀨朝倉宮(はつせのあさくらのみや)

御宇天皇代（にあめのしたしらしめししすめらみことのみよ）天皇御製歌」。當時的人將天皇唸作「すめらみこと」。而在大寶律令以及日本給唐朝與新羅的詔書中，也有「（明神）御宇日本天皇詔旨」這句，這裡的「日本天皇」唸作「やまとのすめらみこと」。也就是說，「皇（すめら）」字用於天皇（てんのう）一詞是在很久以後的事。

那麼，幕末時代的人又是怎麼稱呼天皇呢？前面也提到過，像是內裏、聖上、禁裏等，一般民眾則稱呼天皇為「天子大人」，由此可知，至少天皇一詞在這時還沒普及。儘管漢字相同，我們所認知的「天皇」一詞得等到很久以後才會出現。

接下來是在思考明治時最重要的一點，為了打造明治這個國家，領導政府的伊藤博文及山縣有朋等人——其他人全都先死了——發現了「天皇」這一莊嚴用語。如同「以天皇為中心國家」這句話，「天皇」一詞的發音對打造日本國發揮極大的效果。這個過去民眾未曾聽過的用詞「テンノー（Tenno）」立刻傳入眾人耳裡。而且聽起來一點也不輕佻。簡單講，在明治二十年代初期時，當日本決定今後要打造一個以天皇為中心的國家後，這個過去所沒有的用詞「天皇」立刻深入人心。

舉例來說，進入明治期後外國的文獻堆如山高，這些文獻中意指外國帝王的「Kaiser」、「Czar」等用詞大多翻作皇帝、皇上、聖上或是國王。明治二十七年（一八九四）甲午戰爭時的宣戰詔敕中寫道：「大日本帝國皇帝」對清國宣戰。至於天皇成為國家的中心、以天皇為樞軸營運國家等，則是很久以後的事。

因此這裡最重要的一點，就是薩長同盟盟約中提到的「皇國」是指相對於幕府所統治的日本，即朝廷所統治的日本之意，也就是說這個時代的人對於天皇的認知程度遠低於我們。如同提倡建立共和制的勝海舟及大久保一翁幾乎沒有意識到天皇的存在般，當時的民眾大抵也是如此。比方說大久保利通。他脫口說道：縱使幕府奏請第二次長州征伐獲得了敕許，「不義敕命」就不是真正的敕命，根本沒必要遵守。大久保利通把尊皇當作耳邊風。認為只要不符合自己的正義，朝廷的敕命連屁也不是。

如同麥克阿瑟善用天皇順利實施佔領統治一般，薩長也利用天皇順利奪取政權——說到這裡先跟薩長支持者說聲抱歉，薩長志士確實將天皇視為奪權的玉[5]，不過他們的認知卻與現在的我們不同，並不認為天皇陛下是崇高尊貴的存在。因此，薩長同盟盟約中的「皇國」指的並不是幕府統治的國家，而是指自己打算重新建立的國家，結果「皇國」成了幕末時代的重要關鍵字。

問題是，在吉田松陰以及更早以前德川光圀所編纂的《大日本史》[*2]中所提到的天皇觀究竟是什麼？的確，《大日本史》當中充滿相當驚人的天皇觀，即使在當時，讀完這套著作後很難不去意識到萬世一系的天皇地位之崇高。成書於南北朝時代北畠親房的《神皇正統記》——我在中學時也被迫唸了不少——是水戶德川光圀編纂《大日本史》的最大根源，也是奠定神國日本基礎的刊物。開頭部份如下：

「大日本（應唸作おおやまと，不過在中學時代我都唸作だいにほん）乃神國。天祖初開基，日神長傳皇統。此事僅我國有。異朝無其類。此故云神國。」

大意是：日本乃神之國。天上的祖先開始開闢這個國家，由皇祖皇孫、神的子孫長期統治這個國家，傳承至今。這種情況只出現在我國，其他國家看不到。因此我日本國才被稱為神國。哎，「大日本乃神國」這句話確實令人印象深刻。

而根據《神皇正統記》所編纂的《大日本史》主旨如下：過去一直是由萬世一系的

天皇來統治國家，改由幕府統治實在太荒唐，因此今後的日本應該回歸以前天皇親自執政才是正道。對上述內容信以為真的僅少數人。可是，大多數支持攘夷此一全國性輿論者對此壓根連想都沒想過。然而，上述要素的確存在，直到進入明治時代後才又起死回生。

不久我們就會談到，進入明治後眾人對於該建立一個怎麼樣的國家意見分歧。初期，幾乎沒有人想到根據「天皇為中心之神國日本」的哲學來建立國家。因此在明治早期，眾人為了該如何建立國家而爭執不下。

在此，我要先跟各位聲明一點：諸如「日本人正是從幕末開始，基於如同戰前薩長史觀所描述的『天皇中心之皇國日本』思想來打造國家、帶頭的明治天皇是位偉大的天皇、明治維新乃是推戴天皇之崇高意志所完成的一大事業」等單方面有利於薩長的話（我們在戰前是這麼被教導的），我一概不提。因為這也是橫跨幕末、明治時期最關鍵的部份。

寺田屋內龍馬奮戰

我講得一頭熱稍微有些離題了，無論如何，慶應元年十月，經孝明天皇認可後國策終於統一。然而在慶應二年一月薩長同盟成立後，日本國卻步履蹣跚地朝著意想不到的方向動起來。

薩長同盟之際，坂本龍馬在桂小五郎寫上六條盟約的盟約書背面以紅筆寫下字據：「正面所記載之六條，小（小松帶刀）、西（西鄉隆盛）兩氏及老兄（桂小五郎，特地以敬語寫作老兄）、龍（坂本龍馬）等在座談論事項絲毫不差。今後絕無變更，神明亦知曉。」

大意是，連神明也明白今後盟約絕不會有變更。盟約書並非當著眾人的面所記載，而是在會談結束，眾人一臉愉快地打道回府之後，桂小五郎心想：「怎樣都覺得薩摩靠不住，還是將今日約定之事寫成白紙黑字」，一月二十三日，他在大坂寫下盟約內容，拜託坂本龍馬背書。簡單講就是信不過口頭約定。因此薩摩方面並沒有留下薩長同盟六條盟約的文書。

其實談到這裡就可以結束這次講課，不過豈可跳過之後幕末唯一全裸登場的話題呢？這是發生在薩長同盟剛締結不久後的慶應二年一月二十三日，坂本龍馬正在前往伏見寺田屋的路上。他與在寺田屋等待的長府藩士三吉慎藏會合，並談到「同盟進行得很順利」，就在當天晚上，爆發了眾所皆知的寺田屋騷動。伏見奉行所的大批官員為了肅清不逞浪人而將寺田屋團團包圍。

接下來的場面讓人忍不住想手持張扇[6]「砰」地大聲拍桌。這時，恰巧坂本龍馬的女友阿龍在洗澡。當她察覺心愛男人發生危機時，立刻赤裸著身子飛奔通知坂本龍馬「大事不妙了」……這一段成了講談本等的經典場面。不過總覺得聽起來很假。

此時，坂本龍馬手持高杉晉作給他的手槍應戰，似乎擊中了幾位官員。現仍保留他於二月六日寄給桂小五郎的信：

「不得已用高杉給的手槍驅敵，打中一人。……此時正當三放（三發）之時，握持手槍之手被切傷，所幸為輕傷。我趁機打破鄰家門戶，逃出後町，回到薩摩伏見屋敷……」

這段是描述他遭到襲擊的情況。根據這段文字，坂本龍馬發射三發子彈，擊中一人。這封信似乎是他逃到位於伏見的薩摩屋敷後才寫的，收信人是桂小五郎的號「木圭先生」，署名「龍」字。現仍保留桂小五郎為感謝坂本龍馬的盡心盡力，於二月二十一日所寫的回信。署名是「木圭」，收信人是「龍大兄」。

「大兄於伏見之災難，起初得知時嚇得骨頭發冷，得知平安無事之巨細（了解詳細經過），不勝雀躍。大兄心胸公明，器量寬大（虛心坦懷，肚量寬大），總是不懂取捨（什麼都蠻不在乎），在這分不清是狐狸世界還是豺狼世界的世間，直到得以見天日之前凡事須用心，為神州盡力乃重要之大事。……」

大意是，在前景稍微明朗化前請務必多加小心，同時為了日本請多加努力。

從寺田屋騷動留下的這兩封信，可知坂本龍馬在千鈞一髮之際逃過危機。然而，關於幕末史上的精彩場面之一——渾身赤裸的阿龍拯救坂本龍馬逃離危機的橋段，卻讓人覺得可疑……。

不不不，經過仔細調查後，除了坂本龍馬與桂小五郎的兩封書信外，還留下一封饒富趣味的珍藏信件。那就是不讓鬚眉的寺田屋老闆娘登勢寫給坂本龍馬的信。日期據推測為慶應二年一月下旬的某日。

「夜晚八時進浴室，浴畢後走到靠近火盆邊緣旁……」

信中如是寫道，由此可推測登勢洗澡完後應該換阿龍洗吧，不過事情並非如此。這時外頭有人在敲大門，登勢便被叫去。

「心想發生什麼事，仔細一看，後面站著頭繫頭巾，雙手持槍，約莫多達百人的官員，真的讓人極為驚訝，詢問對方有何貴幹後，對方詢問二樓是否有兩名武士在，遂據實以報……」

情況大致如上，對方並沒有突然闖入。因此時間綽綽有餘，根本用不著阿龍渾身赤裸地衝出來告知。老闆娘登勢毫不隱瞞地回道：他們的確在二樓，現在正在談話還沒就寢。話一說完，官員們似乎一臉狼狽。

「『該怎麼辦』、『這麼辦』捕快看來相當擔心，『由誰去』、『叫他去』場面十分混亂，該女（我）心想，這種人就算率領幾萬名捕快終究對付不了那兩人（龍馬與三吉），總算感到放心。」

真不虧是膽識過人。話說回來，看看這些官員的窩囊樣。想必光是聽到坂本龍馬開槍的槍聲就完全喪失逮捕的意願吧。

「眾人作鳥獸散，甚至還有人從二樓摔下來，狼狽不堪。」登勢非常驚訝地寫道。

難得這場幕末史上最精彩的養眼畫面，就大致介紹到此。

1　赤根武人，奇兵隊的總管。他的名字一般多寫作「赤根武人」，正確應為「赤禰武人」。這是因為一般認為「禰＝根」，故小說及辭典偶爾也會這樣寫，略字為「赤祢」。在本書中仍按照原文，使用「赤根武人」。

2　赤間關，下關港周邊自古被稱為「赤間關」，亦寫作「赤馬關」。

3　原文是「皇国の興廃この一戦にあり、各員一層奮励努力せよ」。這句話是日俄戰爭中的對馬海峽海戰時Z旗的信號文，出自當時的作戰參謀長秋山真之之手。

4　原文是「こもよみこもちふくしもよみぶくしもち」。「ふくし（掘串）」是指古代的農耕用具，狀似竹篦。

5　玉，幕末時代，薩摩、長州等的志士以「玉（ぎょく・タマ）」作為暗指天皇的隱語。

6　張扇（張り扇），是指在能樂、講談及落語（上方落語）中專門用來發出聲響的扇子。在講談及上方落語中，以張扇拍桌作為更換場面的信號以及在情節高潮部份用以炒熱氣氛。

＊1　《字訓》　古語辭典。昭和六十二年（一九八七）由平凡社刊行（平成十七年新訂版刊行）。內容為解說日語的語境意識與漢字的字源字義之間的關係。

＊2　《大日本史》　歷史書。在水戶藩第二代藩主德川光圀的指揮下，自明曆三年（一六五七）開始編纂，明治三十九年（一九〇六）完成。共計三百九十七卷二百二十六冊，以紀傳體記述從神武天皇起至小松天皇為止的歷史。對尊皇論的伸張有很大的貢獻，並誕生了水戶學。

第七章　前腳將軍死，後腳天皇駕崩

將軍家茂突然去世

薩長同盟締結於慶應二年（一八六六）一月，薩摩承諾在幕府進行第二次長州征伐之際支援長州，為了討幕兩藩攜手合作。然而，幕府早在很久以前便開始宣告計畫第二次長州征伐，但卻一直沒有動靜。即便幕府下令出兵，諸藩也一副「無法出兵」的態度，不予回應。

原因之一在於，從前年開始到這一年各地陸續發生一揆[1]。由於幕府束手無策，使得平民的生活跌落谷底，相當貧困。諸如在大坂、江戶、武州（埼玉）、伊達（福島）、大洲（愛媛）……等，幾乎都是發自一般民眾對米價暴漲所產生的反動，這在當時被稱作「社會改造（世直し）」。就算沒有發生一揆，諸藩也因第一次長州征伐耗費不少錢財，精疲力竭，幾乎所有的藩與幕府都不同調，也都不願出兵。結果拖了一年多，到了六月七日，準備不周全的幕府下令再度攻擊長州。剛剛也已提過現處於一揆頻繁的狀態，所以位於遠方的藩無須出兵，盡量以離長州近的西方各藩為主下達出兵命令。諸藩溫吞地集合後，才終於擺出攻擊姿態。

另一方面，長州顯得幹勁十足。由大村益次郎擔任總參謀長，他算準幕府軍會從四方進攻，固守藝州口（山陽道）、石見口（山陰道）、周防大島口（瀨戶內），以及以九州小倉城為根據地的幕府軍可能會進攻的小倉口。因此這場戰爭又名「四境戰爭」，在薩長史觀看來是場漂亮得勝的重要戰役。

就在緩慢揭開戰爭序幕之際，七月二十日，將軍德川家茂卻突然在大坂城過世。年僅二十一歲就英年早逝，似乎真的是病逝，死因是腳氣衝心。這位將軍非常嗜吃甜食，以現在的說法即因重度糖尿病引發心臟麻痺而死。但因死得太突然，甚至還傳出可能遭到「二心殿」一橋侯餵毒或是下令醫生調節用藥量致死的傳聞。平時缺乏人望的一橋慶喜在這時也遭到眾人嫌棄。

德川家茂自十三歲就任將軍以來，度過了浪濤洶湧的八年。臨終前，他似乎交代「由田安家的龜之助繼任將軍」，不過龜之助甫滿四歲，無法在如此動盪不安的時期擔任將軍，想當然爾一橋慶喜的大名便一口氣浮出。儘管有一部份人士從以前就抱著「不管怎麼說還是選慶喜」的意見，但因一橋慶喜在大奧之間實在缺乏人氣，一度陷入苦戰；不過現在已經沒問題了。然而，當眾人對一橋慶喜說：「後繼人選非你莫屬」時，他卻回絕道：「恕難從命」。想必幕閣也很為難。話雖如此，也不可能讓四歲的田安龜之助成為將軍，只能夠說服一橋慶喜了。經過百般勸說後，一橋慶喜回道：「我答應繼承德川宗家」，言下之意是我答應繼承德川宗家，但不願繼承將軍之位。「你在說什麼啊？」老中板倉勝靜感到相當為難，於是拜託松平春嶽想想辦法。「我明白了」松平春嶽前去勸說，但一橋慶喜的態度依然強硬。感到一陣愕然的松平春嶽在內心嘟囔著；「沒什麼，只要有天皇的詔書就好辦了。雖然二心殿百般推辭，只要出動天皇，到頭來還是會繼任將軍。」

一橋慶喜早就預料到，只要請朝廷出馬他就會別無選擇，這是一橋慶喜最讓人頭痛的地方。只要有朝廷給的正當名分他就願意行動；如果沒有，就置之不理地說「我拒絕」。這一點，頗似出身素有尊皇傳統的水戶家效忠天皇家的表現，實際上如何則不得而知。

德川家茂死後，打擊最大的是孝明天皇。這是因為，孝明天皇衷心期盼將軍從江戶經大坂而來到京都，當將軍準備回江戶時甚至還挽留他，可見他相當信賴敬重德川將軍。孝明天皇雖然近乎病態地厭惡外國人，卻絲毫沒有取代幕府執政的想法。更遑論倒幕了。毋寧說，他強烈希望推行朝廷與幕府友好的朝幕體制，明顯是個公武合體論者。至於孝明天皇對德川家茂死後繼任的一橋大人有多信賴，是否抱有親近感則相當微妙，無論如何，他深信只要有將軍在就會天下泰平，因此並不反對一橋慶喜繼任將軍，甚至可說是相當歡迎。因此，只要天皇親自下令，一橋慶喜就會答應繼任將軍。

慎重起見我再重複一次，在這之前，一橋慶喜乃是一橋家的當家，滯留京都期間所住的若州屋敷並沒有大批兵力，而是向水戶藩借兵隊作為護衛。而率先擔任一橋慶喜護衛的就是淺草的一名火消[2]頭新門辰五郎[*1]，也是的屋[3]的師傅。新門一家全員出動到京都保護一橋慶喜。然而當一橋慶喜繼承德川家後，途中就會增加多如山高的家臣。新門辰五郎一家將被解除職務，不過一橋慶喜卻毫不在乎地說「我會繼承德川家的家督，但不繼承將軍一職」，不願放走新門一家。一橋慶喜不信任武士，這也是他最有意思的地方。附帶一提，新門辰五郎之女是一橋慶喜在京都時的小妾。

第二次長州征伐失敗

好了，繼承德川本家後擁有大批家臣與軍隊的德川慶喜突然幹勁十足，並發奮親自率軍帶領長州征伐。「吾有七百萬石的力量，充分訓練的洋式兵團，八十門大砲，不須借重諸藩力量就能辦到」。再怎麼說，德川家可是有別於其他藩的大大名啊。接下來他大幅改革軍制，捨棄槍弓，讓旗本也手持火繩槍，經過一番嚴格訓練打造一支最強的德川軍團，並揚言「我們可是有八十門大砲喔」。此外，德川慶喜在獲得天皇的敕許後還露出一副「我來指揮。諸藩士兵跟我來吧」的模樣，盛大宣傳「大討伐」，於八月十二日發表京都出陣。德川慶喜身穿軍服的照片就是這時拍攝的，據說他身上穿的是法國公使送的拿破崙三世之軍服。

然而四境戰爭早已開打。幕府派出大批軍隊，從九州出動了久留米藩、柳河藩及熊本藩，以小倉城為根據地，與來襲的高杉晉作率領的奇兵隊作戰。可是，相較長州藩使用的最新型槍砲，幕府軍使用的盡是舊式的槍、刀槍及弓箭，連戰連敗。不過其中也有軍隊前進藝州口奮勇力戰，與對方勢均力敵；而在石見口及周防大島口均處於劣勢，從一開始便無心作戰。長州軍反倒打得相當拼命。更離譜的是，據說甚至有幕府軍丟下一句「我不打了」便回國去了。此外，在小倉城負責指揮全軍的老中小笠原長行在得知將軍德川家茂於七月二十日去世消息的那瞬間，扔下一句「已經沒必要繼續打下去了」便棄城搭船逃回長崎。

附帶一提，在小倉口之戰，坂本龍馬作為奇兵隊的一員與高杉晉作並肩作戰，現在仍保留記載相關情況的一封信：

「……受人所託，不得已只好率領長州軍艦參與戰爭，一切平安無事且相當有趣，總之傳聞與實情相去甚遠，戰爭特為尤甚。[4]」

大意是，搭乘長州軍的船進攻小倉時，沒想到一切平安無事，實為一場有意思的戰爭，相當愉快，傳聞與實際所見往往大相逕庭，尤其是戰爭更是如此，是封內容相當愉快悠哉的信。這時，率領奇兵隊的高杉晉作已罹患嚴重的肺病（肺結核），據說他一邊吐血一邊作戰。直到最後一刻依然充滿幹勁。

無論如何，儘管連戰連敗的報告相繼傳來，幕府早已處於下風，不過德川慶喜卻相當努力：「別怕，有我在就沒問題」。然而就在準備出兵的八月上旬，關西地方開始下起暴風雨，爆發洪水及懸崖崩塌等，陷入束手無策的狀態。就算他再怎麼努力也無法在這種情況下出兵。這點又是德川慶喜的有趣之處，他喊著「那就別打了」，於八月十六日取消出兵，並向朝廷請願希望解散幕府軍。

「事到如今說的是什麼話？」儘管會津的松平容保與桑名的松平定敬強烈反對，已下定決心的德川慶喜仍然不為所動。「他究竟是何許人也？究竟在想些什麼？」連孝明天皇也對此感到一陣愕然。不久之前他才答應德川慶喜的請求，為徹底守護朝幕體制，他壓制朝廷內的反對派，並鼓勵德川慶喜說道：「盡速出兵，以期奏效」。

沒想到現在竟然說不打了。不禁讓人懷疑德川慶喜的人性。

勝海舟的努力化為泡影

就在長州征伐宣告失敗之時，久無音訊的勝麟太郎又將登場。他在神戶的海軍操練所以反幕府為由遭到封鎖，同時也遭到革職，免除切腹之刑在家蟄居。五月二十八日，他突然受到召喚，再度復任軍艦奉行後隨即前往大坂。勝麟太郎有些不知所措地來到大坂，於八月十六日與德川慶喜會面。這天正好是散漫的德川慶喜向朝廷奏請解散長州征伐軍的日子。他對毫不知情的勝麟太郎下令說道：「你現在就到長州去，給我以優渥的條件與長州簽訂這次戰爭的和約」。勝麟太郎還以為德川慶喜還想戰下去，便回道：「簽訂和約是嗎，但臣認為可能會不大順利」總之，德川慶喜說道：「你不是曾在長崎及神戶找來長州、薩摩和土佐的年輕人進行訓練嗎？熟人應該很多吧？」勝麟太郎不得已只好出發到長州。既然身為軍艦奉行，官位為安房守，通常會大擺陣仗「退下！退下！」，勝先生卻一如往常單身出發。儘管身旁有少數隨從，卻沒有率領氣派的隊伍。

在此先談一下之後的發展，勝先生拜託廣島藩的熟人代為與長州協商，「既然如此」長州藩便派出大人物廣澤兵助（真臣）與井上聞多（馨），九月二日在嚴島與勝先生會面。雖然勝麟太郎並不清楚詳細情勢，但其實在各地展開的戰爭中幕府軍屢吃敗仗，而在京都德川慶喜也已決定解散征長軍。儘管幕府提出停戰條約，但在長州看來已是長州的勝利，事已至此還說什麼停戰，看到幕府方面所提出的條件——絕不追擊，不收取賠款等——便嗤之以鼻地回絕了。勝先生叩頭作揖地百般請求，好不容易才以及格的條件談成停戰協定。

然而回到大坂後，已在思考後續發展的德川慶喜完全沒有考慮停戰協定，在聽完勝先生如何費盡苦心達成停戰的經過後，他開始侮辱勝先生說道：「你又跟往常一樣與長州一起將幕府逼到苦境，對吧？」。這番話在勝麟太郎聽來不但過份，而且無情。結果兩人大吵一架，雙方種下的心結愈來愈深，十月初時，勝先生被怒斥後遭趕回江戶。在板倉老中的調停下職位照舊，但卻無事可幹。自此，我們親愛的勝海舟態度驟變，「我不管了」直到江戶開城以前再也沒有出現在歷史鎂光燈下。大體而言，組織當中有才幹的人總是會遭到這種不合理的待遇。

就這樣，第二次長州征伐以大失敗告終，八月二十日，被隱瞞的德川家茂死訊首度公開。將軍的遺體被運往江戶，於九月二十三日舉辦盛大的葬禮。一旦德川家茂去世的消息公諸天下，德川慶喜不得不服喪。也因此暫時消失在政事的檯面上。同時，朝廷以將軍德川家茂去世為由，向全國發布解散第二次長州征伐軍以及停戰的命令書。

這時，所有大名才得知第二次長州征伐宣告失敗，也發現之前大肆宣傳要討伐長州的德川慶喜則什麼都沒做，是個前怕狼後怕虎的人。因此開始出現「所謂英明是指膽小嗎？」的意見，松平春嶽則評論他「集百才一身而無膽，若無膽識，縱有百才也形同猴戲」，據說說完還大笑不已。德川慶喜的人氣頓時跌落谷底。

關於「王政復古」一詞

就這樣，朝廷發布的命令不但一筆勾銷，德川慶喜也因服喪暫時沒出場的機會——這時，有一位傑出的政治家認為現在正是大好時機。這個人就是撮合皇女和宮與將軍成親，結果被追究責任逐出宮外的岩倉具視。在那之後，原以為他會在京都北部的岩倉村蟄居度過餘生，沒那回事，這個大政略家又在計畫某種政治策略。岩倉先生瞄準朝廷正陷入混亂，一盤散沙，加上囉唆的德川慶喜在服喪期間的絕佳機會，與以前有志一同的大原重德及中御門經之一起策劃煽動。到了八月三十日，二十二名宮中廷臣向關白提出四條改革案，想與天皇會面直接上訴。這是一起驚人的宮中大事件。當然，岩倉具視並沒有露面。

簡單介紹一下他們所提出的四項改革案，不同以往，基於大政不委任幕府的前提下，①立刻召開雄藩的諸侯會議，②赦免遭到幽禁的宮廷公家及事務官等三十一名廷臣，③解散征長兵（這件事早已決定，只不過他們不曉得），④毅然進行朝廷改革，將擁護幕閣的關白二條齊敬，賀陽宮（中川宮改名）朝彥親王逐出宮廷——以上是改革案內容。

孝明天皇從關白口中得知此事後大為驚訝，說：既然如此，那就接見他們吧，於是如同御前會議般與他們會面。面會時，幾乎都是大原先生滔滔不絕地說個不停，不過聽在孝明天皇的耳裡，只覺得「愈聽愈覺得心神不穩。照你們所說，聽起來像是對至今堅守政治委任幕府、與朝廷議和原則的天皇提出猛烈批判，不，應該說是全面否定。況且，你們現在提出將朝廷的核心人物逐出宮外的要求，只會讓人覺得這是你們的權力鬥爭」。默默聽完後，孝明天皇說道：「你們的意見朕明白了。可是，你們的訴求在朕聽來全都無關國家大事，不過是些無聊的小事，因此全部駁回」於是將這二十二名廷臣全都趕出宮中。

在背地掌控這群廷臣的岩倉具視想必感到相當惱火且束手無策吧。沒想到，岩倉具視竟在這時開始構思一舉顛覆至今的朝幕體制以及幕藩體制，建立全新的政治型態。而這個構想不久將牽涉到倒幕。亦即完全捨棄至今與幕府友好的政策，轉換成徹底毀滅幕府的方向。因此岩倉具視開始行動。他不斷召集同樣以倒幕為目標，以大久保一藏、西鄉隆盛等為中心的薩摩藩士進行祕密商議，鞏固「推翻幕府」的方針。

這時，岩倉具視的口中說出「王政復古」[*2]一詞。話說「尊皇攘夷」現在一般寫作「皇」，在我孩提時則是寫作「王」。為何會改成「皇」呢？前面曾提過，當時稱呼天皇為聖上或帝王，「王政復古」則從一開始就寫作「王」。後來寫作「玉」的原因，據說是因為「王」帶有掌握政治實權之意，「玉」則帶有在掌上滾動之意。總之，以岩倉為中心召集薩摩藩的上層人士組成倒幕運動的核心後，便以王政復古為關鍵字開始行動。

然而，包括薩長同盟在內，這次的消息也立刻傳到幕府耳中。仍在服喪的德川慶喜自然也不會坐視不管。為做好下次出戰的準備，必須先建立一支戰力十足的軍隊，從這時候起德川慶喜開始僱用法軍士官，在其指揮下陸續推動軍制改革。他也不再穿和服，改穿如同股引[5]般的窄袖軍服。勘定奉行（大藏大臣）小栗忠順與法國交涉，並向一間新公司——由一群擁有資金的商人出資六千萬法郎為資本額所成立——申請融資（後來失敗）以進行軍事操練等，德川宗家也意氣昂揚。儘管如此，德川慶喜仍在服喪期間。

另一方面，儘管朝廷一直駁回造反公家的上奏，仍處於周遭公家動作不斷的危急狀況，於是以二條關白為中心，向土佐、宇和島、薩摩、肥前等主要二十四藩下達勅命，命各藩藩主立刻上京召開會議。然而，不知怎地，諸藩明知是勅命卻聯合抵制。這是因為各藩不再信任朝廷之故。在這當中，倒幕的勢力自然高漲，為了處在隨時都能作戰的狀態，薩摩等不斷擴充軍備。

下面稍微談談當時的日本貿易。慶應元年度（一八六五）輸出額為一千八百八十四萬九千美元，輸入額為一千五百一十四萬美元，貿易相當興盛。然而所得利益全都進了幕府的口袋，薩長對此深感不滿的情緒卻沒有顯露於外，而是沈澱於內。此外，我們上次已經談過長州透過薩摩採購武器，慶應元年八月時，薩摩購買四千挺洋槍並且全都運送到長州藩。

無論如何，德川家現正處於喪期，而朝廷陷入一片混亂，水面下則以薩摩為中心簽訂倒幕密約，加強團結。

在這樣的政治狀況下，九月二十六日，早已一籌莫展的朝廷終於對德川慶喜下達勅命，要他停止服喪立刻出勤。一如往常，德川慶喜居高臨下叨唸著「身為德川家當主必須得好好服喪才行」、「既然天皇緊急召喚那就只好進宮」等，十月十六日，結束服喪的德川慶喜威風凜凜地進宮。形式上，朝廷假借「為表達德川慶喜繼承德川宗家的謝意」為名義迎接將軍進宮，德川慶喜則意氣風發地說道：「謝主隆恩」。

十月二十七日，八成是德川慶喜所授意的吧，先前向朝廷提出強硬改革方案的中御門經之與大原重德遭朝廷以「對朝憲肆無忌憚，不敬至極」為由，被賞閉門羹，至於其他二十二人也因不准「結黨建言」全遭到處分。連帶與薩摩藩關係密切的山階宮晃親王及正親町三條實愛也遭處蟄居或被賞閉門羹。在德川慶喜結束服喪，進宮與眾公家進行懇談途中，朝廷內部的反幕派及倒幕公家均遭到嚴罰並遭到驅逐。

孝明天皇遭到暗殺？

十一月二十七日，天皇正式下達特別密旨命德川慶喜就任將軍。當天皇密旨發布的瞬間，原本牢騷不斷的德川慶喜頓時爽快地接旨回道：「遵旨」，其態度驟變令人驚愕。就連松平春嶽也一臉愕然，「雖然一切如我所料，但他變臉也變太快了吧」隨即返國。十二月五日正式發布任命將軍的詔令。

將軍去世後過了約一百三十天（其實對薩長兩藩而言，這麼長的政治空白反倒成了調整倒幕武力的寶貴時間）終於決定後繼人選，朝廷內部也沒有任何強硬的反幕或倒幕論者，又再度於朝幕體制下展開新的政治。

可是，在任命將軍正式詔令發布後過了二十日。十二月二十五日亥時半刻（晚間十一點），孝明天皇卻突然駕崩。享年三十六歲，發布死因是死於痘瘡（天花）。但由於死因相當微妙，故分成兩派看法：無疑是病逝說以及毒殺說。直到現在學者之間依然分成兩派，始終討論不出個定論，以下僅就事實做介紹。

十二月十二日至十四日期間，孝明天皇發高燒；十五日，根據醫生的診斷，明顯出現痘瘡的徵兆。然而在二十一日，醫生診斷為輕微痘瘡，正在復原中，照此情況很快就會痊癒，故宣佈預定於二十七日舉辦慶祝龍體康復的喜宴。沒想到天皇卻在二十五日突然病逝。發表死因是在二十九日，卻沒有任何史料提到這四天空白期。也沒有留下任何紀錄。懷疑派則認為有毒殺紀錄，只是全都遭到抹煞。而且孝明天皇並非死於痘瘡，而是砒霜中毒。

接下來談的話有點好笑，其實孝明天皇在書寫信件及文件時似乎有舔筆的習慣，而且眾所皆知，因此天皇身旁的女官便每天在毛筆上塗砒霜。由於突然死亡會顯得突兀，只要趁天皇生病時下手，不就不會遭人懷疑了嗎？於是乎反幕府的公家所想到的策略就是毒殺。

那麼，最有嫌疑的嫌犯究竟是誰？其中一名是隨侍天皇身邊負責照料起居的典侍良子，為向天皇直接上訴的改革派公家中御門經之之女。另一名則是與她在一起的高野房子，她也相當可疑。除此之外，岩倉具視的親生妹妹前女官堀河紀子（在和宮下嫁時曾提過這個人物）雖已被逐出宮中，再怎麼說她在宮中儼然成為眾女官之首，對她言聽計從的女官要多少有多少。就是在上述這群人的計策下進行毒殺。另一方面也有人提出反論，認為這種事根本辦不到，縱使天皇有舔筆的習慣，也不可能在如此絕妙的時機死於砒霜中毒。

為何會出現這種傳聞？德川慶喜在進宮時先將所有反幕府的公家逐出宮中，再就任將軍職位。此乃德川慶喜的一大反擊，若置之不管將會無計可施——岩倉具視大概是這麼想，而西鄉隆盛或是桂小五郎（木戶孝允）也懷抱著同樣的想法。岩倉具視所寫的一封信可以證明這點：

「眼看現將軍慶喜之舉動果斷勇決，志望亦不小。為絕不可輕視之一大勁敵。」

觀看現任將軍的行動，態度堅決亦有勇氣，企圖也不小。千萬不可輕視他，他可是最大的勁敵，以上是岩倉具視於慶應三年四月二十六日寫給中山忠能的信，看來他對德川慶喜相當警戒。

此外，還有桂小五郎的信。以下是他寫給土方久元的信：

「如今關東政令一新，兵馬之制亦值得一見。一橋的膽略絕不可輕侮。若今錯失挽回朝政之良機，讓幕府先發制人，實如同家康再世。今日天下局勢如同將球置於山頂般危機一髮，一旦滾動，瞬間跌至萬丈深淵。由誰支撐之哉？」

大意是：慶喜就任將軍後關東政令截然一變。軍隊也值得一見。因此，天下形勢如同在山頂上擺顆大球，一瞬間就會跌落谷底。要找誰來支撐它？現在必須得由我們出面支撐才行——看來他們對德川慶喜相當警戒。這時所有倒幕派的人都認為，與德川慶喜立場相同、對革命產生抗拒反應的孝明天皇成為他們的絆腳石。實情如何可說是相當微妙。我本身是支持毒殺說，但沒有證據可證實。

十二月二十九日，隨著天皇駕崩消息公開的同時，中御門經之、大原重德以及其他岩倉派的公家等二十四人（也包括明治天皇即位的特赦）雖然還不准進宮，罪狀卻已赦免。不僅如此，連曾是和宮未婚夫的有栖川宮熾仁親王以及前關白九條尚忠也獲得赦免。

最重要的大人物岩倉具視也在這天解除幽禁。

附帶一提，在薩道義的日記中曾記載這麼一段：「根據一名悉知內幕者所述，帝乃遭人暗殺。擁立保守的天皇將無從期待」。竟然連這個消息都傳到薩道義的耳中。無論如何，將軍德川家茂以及孝明天皇都在轉眼間去世了。不禁讓人覺得，所謂時代的交替就是以這種形式一口氣發生大幅變動吧。

而名為戊辰戰爭的內戰可以說就是在這時點燃了導火線。

「有何不可騷動」狂騷曲

慶應三年（一八六七）一月九日，睦仁親王隨即在清涼殿代小御所舉行踐祚儀式繼承皇位，即明治天皇。接著在十五日，因去年八月三十日的「結黨建言」事件奉勅勘被趕出宮中的人全都獲赦。二十七日，向諸藩宣布解散征長軍。

……那麼，明治天皇是否也涉及上述事件呢？當時，明治天皇才年滿十四歲，虛歲十六歲。我認為他與上述事件並無任何關係。原因在於，當時明治天皇最關心的事就是娶老婆。之前就已開始談這樁親事，他與公家一條忠香之女美子小姐相親後，似乎非常中意她。然而美子小姐的年紀卻大他三歲。由於當時相當忌諱年長三歲，還引發爭執。後來因嫌麻煩，結果將女方的出生年稍微延後獲得解決，總之年輕天皇的注意力全都放在娶老婆上，至於征長軍、德川慶喜如何似乎與他無關。

無論如何，自從德川慶喜就任將軍後，幕府與朝廷之間的關係開始好轉，政局也逐漸恢復原狀，在此情況下，小松帶刀、西鄉隆盛、大久保一藏等以岩倉具視為中心的薩摩藩人士不斷進行密議。光靠薩摩根本無法打不過，故有人提議除了長州之外也必須找其他藩加入。總之，水面下的敵對與暗鬥仍持續一段時間。

在這期間，長期臥病在床的高杉晉作在四月十四日病逝於下關。大概是積勞成疾吧，享年二十九歲。他在臨終前曾詠唱一句：「讓無趣的世界變有趣」，由於沒有下句，因此前來探病的歌人野村望東尼便幫他接一句：「生活有趣與否全由心生」。這兩句的大意是：想辦法讓這個毫無樂趣的世界變得有意思……生活有趣與否端視你的心境來決定，雖然我覺得原本的句子就很出色，野村望東尼接的下句有些多餘，但據說高杉晉作聽到下句後說完「真有意思」便撒手人寰了。幕末許多有意思的人物在任務結束後不久便死去。而坂本龍馬也在這一年的十一月去世。他們的死或許是上天的安排。

好了，終於要開始奪取政權，幹勁十足、無法呆坐不動的薩摩開始行動，島津久光於四月十二日率領三千多名兵隊前往京都。《島津久光公實紀》中則是記載七千人，無論如何，他確實率領龐大的軍隊。只是，身為薩摩藩主之父的島津久光無官無位，原本無官無位的人一出場也沒啥影響力，但現在已不是那種時代；到了五月，他找來松平春嶽、山內容堂以及伊達宗城，四人一起召開雄藩會議。由島津久光主導，主張德川慶喜無視年輕的天皇擅自向外國聲明將開放之前延後開港的兵庫港，這點不可原諒，如此擅作主張的傢伙應該剝奪其將軍寶座。事實上，德川慶喜早在三月下旬時便在大坂城找來英、法、荷、美四國公使，明確約定將根據條約開放兵庫港，因此島津久光所說的並非一派胡言。其他三名藩主則猶豫不決，認為這種事不能輕易決定，此一消息立刻傳入德川慶喜的耳裡後，他說道：「豈有此理，我反倒想跟他們四人解釋清楚」，於是他召喚這四人到二條城開會。

一如往常，德川慶喜開始長篇大論。而且他思維敏捷，一旦進行議論連島津久光也不是他的對手。島津久光操著鹿兒島腔支支吾吾地不知在說些什麼，根本說不過德川慶喜，儘管大久保一藏事前叮囑他：「聽好了殿下，現在討幕準備進行得很順利，您無須擔憂，儘管趾高氣昂地跟對方大吵一架吧」，結果卻一味地處於守勢。後來連山內容堂也站在德川慶喜這邊指責島津久光說道：「說到底是薩摩不對，率領大軍前來是怎麼一回事？」結果島津久光連一句話都無法反駁，陷入沉默。德川慶喜心情顯得相當愉快，便邀其他四人「作為紀念，我們五個人一起到庭院拍照留念吧」，眾人只好心有不甘地答應了。這張照片仍保存至今。可以看到島津久光板著面孔，一臉不悅的模樣。

像這樣，即使四雄藩的藩主出馬時代仍不為所動。朝廷內為親幕府派坐大，意氣風發的德川慶喜如同字面般所向無敵。四雄藩會議解散的五月二十一日，西鄉先生與大久保先生認為透過商談進行改革等不可行，除了起身行動外別無他法，因此明確主張武力討幕而非採取和平手段。

此外，他們找來中岡慎太郎、乾（板垣）退助等土佐藩大人物到小松帶刀邸會合，在土佐加入後決定進行武力討幕。六月二十二日，小松帶刀、西鄉隆盛及大久保一藏透過中岡慎太郎與坂本龍馬從中介紹找來土佐的參政（相當於總理大臣）後藤象二郎，在京都的料亭把酒言歡，就此組成薩摩土佐倒幕同盟。密約性同盟逐漸發展成公約組織般強大。到了九月，薩摩藩主之弟島津備後率領一千五百名軍隊上洛，在必要時與威望不足的島津久光換班。就這樣，薩摩藩四千五百（《島津久光公實紀》中記載為八千五百）名武裝士兵常駐京都。展現出隨時進攻都沒問題的態勢。

這麼一來，岩倉具視的暗中活動也浮出檯面，變得愈來愈頻繁，連廣島藩（藝州）也被捲進來。事情發展至此，只剩下長州藩了。儘管第二次長州征伐軍早已解散，但長州藩仍遭受處罰，等到長州藩的處罰完全解除後就能率領軍隊上京。有趣的是，由於以前高杉晉作與桂小五郎等長州人常在京都揮霍公款豪遊、購物，因此深受京都町民的歡迎。尤其在祇園更是人氣鼎沸。相對地，吝嗇的會津藩、桑名藩及新選組則一點也不受到歡迎。「那一夥人只有在孝明天皇在世時才吃得開，為所欲為；現在最好趕快將他們逐出京都」這樣的聲浪日漸高漲。當然，背後暗藏薩摩的計謀。

話說坊間開始出現有趣的現象，根據當時遠州神宮寺村的神官日記所記載，「太神宮及群山將降下神札。眾人大為狂熱，搶奪酒餅等諸多物品，敲打鐘鼓等伴奏樂器到處巡遊」慶應三年八月時，在名古屋一帶發生了金錢與神札從天而降的怪事。在此契機下，九月起開始出現集團性狂熱現象「有何不可」騷動，在東至江戶、橫濱，西至京都、讚岐、阿波、廣島一帶蔓延。男人穿女裝，女人則著男裝，一邊演奏著笛子、太鼓及三味線等樂器，一邊狂舞著。

「……有何不可，有何不可，在陰道糊紙，破了再糊就好，一切有何不可，這樣皆大歡喜，有何不可。」

甚至也有像這首歌詞一樣，

「長州大人要上京，有何不可，長與薩摩結盟，有何不可，兩藩攜手合作，有何不可。」

為長州藩與薩摩藩聯手推翻幕府權威大聲喝采。

這場大騷動可說是薩摩藩為了暗中活動所做的最佳偽裝。當他們在各地集合時，會津、桑名以及新選組自然會嚴密監視，而這場騷動正好提供他們絕佳的鑽漏洞機會。不僅如此，這場騷動在正式下達王政復古大號令之際便立刻停止。由於一瞬間就結束，短得令人訝異，因此一般認為這場騷動可能有人在背後操縱策劃。但卻沒有任何物證。雖然可以推測有部份民眾被薩摩藩以金錢收買後進行煽動，實情則不得而知。

無論如何，以薩摩藩為中心的倒幕意志變得鮮明，甚至有大批軍隊集結於京都，現在只差長州的軍隊就足以與駐紮京都的幕府軍對抗。看穿此一狀況的山內容堂相當憂慮，認為這會造成極大的困擾，必須想辦法妥善收拾才行。另外還有外國船，在其嚴密監控下現在可不是爆發內亂的時候，為避免薩長與幕府正面衝突，十月三日，山內容堂自願擔任調停。任誰都看得出來薩長與幕府正處於一觸即發的局面。

1　一揆，原是指同心協力，團結一致，其後泛指為解決採取一般手段無法解決之問題所組成之特殊集團。江戶時代由於幕府禁止一揆，故自寬永十四年（一六三七）的島原之亂後平息；到了江戶後期的天明・天保年間又開始頻繁在廣域爆發由名為「惡黨」的集團所主導以武器破壞、放火、強盜等型態的一揆；幕末則以「社會改造（世直し）」一揆為主。

2　火消，是指江戶時代的消防組織及成員。

3　的屋，是指廟會時在簡易攤位銷售商品的商人。

4　原文如下：「……頼まれてよんどころなく、長州の軍艦を率いて戦争せしに、是れは何事もなく面白き事にてありし。総じて話は実と相違すれど軍は別して然るもの也」。這是出自坂本龍馬於慶應二年十二月四日寫給其兄坂本權兵衛的信。

5　股引，日本傳統褲裝。以安土桃山時代自葡萄牙傳入的 Calcao 為原型。

＊1　新門辰五郎　寬正十二～明治八年（一八〇〇～一八七五）。幕末的江戶町火消隊長。人稱「淺草寺新大門防火專屬新門」。因與大名火消發生爭執，曾短期入獄，後來擔任時常進出幕府的德川慶喜隨身警衛。

＊2　王政復古　是指廢除武家政治，恢復原本的君主政體。

第八章　淪為朝敵的德川慶喜

「船中八策」的提案人

上次我們談到幕府與倒幕派雄藩的對立處於一觸即發的狀態，在風雲告急的慶應三年（一八六七）十月三日，土佐的山內容堂自願出面調停。山內容堂原先是公武合體派，以前在關原之戰時，由於祖先山內一豐投靠德川家受封廣大的土佐，故對幕府仍心懷恩義，這一點與薩摩及長州大不相同。

這場調停過程的背景如下：土佐的參政（相當於總理大臣）後藤象二郎象對山內容堂灌輸某種方案，「好，我就採用此一方案說服雙方」山內容堂對此案也大感興趣。相信各位都知道，這個方案就是坂本龍馬在土佐藩船夕顏丸上告訴後藤先生的「船中八策」。約莫在六月十日或十一日，坂本龍馬偶然有機會與後藤先生一起搭船，他告訴後藤先生有此一案，而後藤先生也深感佩服，於是立刻將此案如同自己的點子般告訴山內容堂先生。

也因此，現在有不少人懷疑暗殺坂本龍馬的幕後黑幕可能是後藤象二郎。原因是，若坂本龍馬還活著，「原來是龍馬想的主意啊」難得的妙案就不能變成自己的功勞，所以才痛下殺手。以前ＮＨＫ電視台的節目「勁敵日本史（ライバル日本史）」在介紹坂本龍馬時，曾找我上節目。我個人支持暗殺坂本龍馬的幕後黑幕是薩摩的說法，然而作家三好徹先生卻堅決認為幕後黑幕是後藤象二郎，兩人還在電視上爭辯了一番。正因為後藤先生完全聽取坂本龍馬的意見，接著再告訴山內容堂先生，才會出現後藤象二郎黑幕說。

說到「船中八策」，現在在土佐仍有同名的美酒，但我沒試喝過。這件事暫且不談，坂本龍馬所提出的八策[1]內容如下：

一、將天下之政權奉還朝廷，政令宜由朝廷發布。

二、設上下議政局，置議員使參贊萬機，萬機宜由公議決定（設置上院及下院，亦即現在的眾議院及參議院，所有政務宜在兩院開會決定萬機公論，此項與五條御誓文的第一條相同。由於坂本龍馬提出如此近代化的議會政治案，連後藤象二郎也感到相當驚訝。）。

三、聘有才之公卿、諸侯及天下人才為顧問，賜與官爵，宜廢除從來有名無實之官。

四、外國交際宜廣採公議，新立適當規約（由於現在與外國締結的條約對我方不利，應重新締結條約）。

五、折衷古來之律令，重新撰定無窮之大典（應妥善改訂自古以來的律令，以制定憲法）。

六、宜擴張海軍（不虧是勝海舟的弟子，相當有坂本龍馬的特色）。

七、置御親兵，使之守衛帝都（各藩藩兵遵照幕府的指示負責守護天皇，因此沒有所謂天皇家專屬軍隊。今後天皇將取代幕府成為政治核心，故應設置御親兵堅守京都。

結果御親兵成了日本軍隊的起源）。

八、金銀物貨，宜設置與外國平均之法（今後通商將日益繁盛，故應修改現在混亂的匯率，才能以均衡的價格進行交易）。

——如前所述，「船中八策」的內容提出幾近近代化國家的運作方式。說起來，「船中八策」的構想原是出自幕府的勝海舟以及大久保一翁。而直覺過人的坂本龍馬從這兩位身上學到明日日本國家的構想，然後再加入不少他獨到的思考方式……我是這麼認為。似乎有點言過其實吧。

無論如何，後藤象二郎對此案由衷地佩服：「嗯，真是妙案。」之後，山內容堂從後藤象二郎口中得知此案後，「嗯，的確是妙案。決定採用此案了」於是向幕府及朝廷提出了「關於大政奉還建白書」。此一建白書的根本理念，就是船中八策的第一條「將天下之政權奉還朝廷，政令宜由朝廷發布」。山內容堂恭敬呈上的建白書當中，蘊含「想到國家的苦境，不禁留下血淚……」之情，以下稍微朗誦一段：

一、議定天下大政之權全在朝廷

二、議政所分二院（議會採兩院制），上至公卿，下至陪臣庶民，應選舉正明純良之士

三、於各都市設立學校

四、關於外國貿易，締結新條約……

五、海陸軍備之重要性，……

以下還有，由此可知，此一建白書是以「船中八策」為根基，並加以仔細修正後所寫成。

這時，後藤先生親切地告知西鄉隆盛及大久保利通說：我們家容堂大人向慶喜提出此案。可是西鄉先生早已決定以武力討伐幕府，故忽略此案，佯裝不知。這是當然。就在薩長同盟成立，薩摩也分別與土佐、藝州（廣島）締結同盟，打算朝武力革命路線勇往直前之時，這種和平路線方案只會造成西鄉先生及大久保先生的困擾。

或許西鄉先生等人聽完會露出佩服表情，然而這些「妙策」實際上卻讓他們感到相當焦慮，心想「必須加緊腳步才行」，於是又展開更激烈的暗中活動。大致上，歷史絕

不會直線前進，尤其在政變時，若政變核心人物的態度搖擺不定往往會宣告失敗。不過西鄉隆盛等人雖然充滿焦慮，卻仍堅持貫徹信念，絕不動搖，時局才會迅速前進。

下達討幕密勅

十月六日大久保利通與品川彌二郎前去探訪蟄居在洛北岩倉村的岩倉具視，商討進行討幕事宜。關於他們的談話內容，在岩倉具視所的《岩倉公實紀》中記載如下：

「謀議討伐幕府，復興皇室之順序。並提示太政官職制案，商議以（有栖川宮）熾仁親王為知太政官事，以入道純仁親王仁和寺宮為征討大將軍。……具視亦將玉松操所製作之錦旗圖給一藏、彌二郎過目，談製作錦旗之事。」

岩倉先生在書中明確記載與大久保利通及品川彌二郎一同暗中討論推翻幕府，使朝廷全力恢復往昔般強大的秩序。在新職制方面，廢除關白及左右大臣，由有栖川宮熾仁親王擔任地位最高的太政官，並由入道純仁親王仁和寺宮擔任討幕的總大將——岩倉先生早已經設想到這一步。想必大久保利通及品川彌二郎都一致贊同吧。此外，岩倉先生還展示秘書官玉松操所繪製的設計圖，拜託大久保利通及品川彌二郎暗中製作「錦御旗」。說起來，究竟什麼是「錦御旗」也沒人知道。或許是參考古老文獻，引用圖案，總之先製作出錦御旗後再決定。

必須趕快抓緊時間。問題在德川慶喜對山內容堂所提方案的喜好程度如何。如果他相當中意的話，轉眼間就會改朝換代。因此，「必須趕在德川慶喜有所行動前做好一切準備」這群陰謀家開始實施早德川慶喜一、兩步的策略。正所謂先下手為強。

兩天後的十月八日，小松帶刀、西鄉隆盛及大久保利通三人共同連署，寄給前權大納言中山忠能、正親町三條實愛、中御門經之等三名公家請願書，懇求他們勸說天皇下達倒幕密敕。因為等不及了，只好借助公家的力量下達天皇命令書。

「為國家持干戈討其罪，掃除奸凶，欲完成王室恢復之大事業，難以抑制之忠義眾所一致，會盟斷策，以行義舉，惟懇請盡力轉奏，以下達相當之宣旨。」

內容是：為了國家，必須以武力討伐德川家的罪孽，同時驅逐德川家之首，以恢復天皇家的大事業。眾人皆難以壓抑胸中的忠義之心，因此暗中商討，下定決心揭竿而起。請務必盡力協助，以下達相應的天皇命令。也就是在馬上搶奪天下政權。期待禪讓根本不會有好事。權力就是靠戰爭來贏取。唯有這麼做，才能得到確實且強大的權力。

這三位公家看完請願書後便暗中行動，在五天後的十月十三日，朝廷突然向薩摩藩主島津忠義與島津久光下達倒幕密勅。內容簡單介紹如下：

「詔曰。源慶喜假累世之威，恃德川一族（實際上原文寫作「闔族」）之強，亂陷忠良（忠義之臣與善良人民），屢次棄絕王命（不聽從天皇之言），遂竄改先帝詔書而無懼（竟敢扭曲孝明天皇之言，毫不恐懼），不顧陷萬民於溝壑（山谷），罪惡所至可謂顛覆神州（德川所犯下的罪孽之深，甚至足以顛覆我日本國）。」

亦即宣告德川慶喜罪大惡極，是為朝敵。此外，

「朕乃今民之父母。若不討伐此賊，朕上無以在先帝靈前謝罪，下無以報萬民之深仇。」

朕如今是日本國民的父母。若朕不討伐此賊人，對上該如何在父皇，前任天皇陛下

靈前謝罪，對下又該如何對得起萬民的痛楚呢？——以上是寄給薩摩藩主的機密文件內容。

同日，長州藩毛利敬親、定廣父子收到朝廷下達的命令書，獲解除朝敵之罪名，官位也得以復職。翌日十四日，正親町三條實愛也將「倒幕」密勅交給長州藩。同時，連同錦御旗的目錄與命令書——上面寫著會津與桑名兩藩主因「其罪不輕」下令征討——也正式欽賜給薩長兩藩。

這些密勅上若有「天皇睦仁」的署名那就沒問題，實際上只有奉勅者中山忠能、正親町三條實愛、中御門經之三人的署名，卻沒有任何能證明是本人署名的證據。不僅如此，連給薩摩及給長州的幾個字也是由他人代筆。戰前因不曉得這些資訊而認定真的是天皇陛下所下達的命令；不過從現在歷史學來看，這一連串的命令與命令書上均看不到代表天皇認可的記號「可」字，而是正親町三條實愛與中御門經之根據岩倉具視的秘書玉松操所寫的草稿分擔撰寫的。也就是偽造密勅，因此「德川幕府乃蠻橫的賊軍，薩摩與長州則是正義之軍」的說法並不合邏輯。當然，攝政二條齊敬及左、右大臣對上述背後內幕一概不知。說起來所謂密勅就是這麼回事，薩摩與長州當然感激不盡地收下宛如在黑暗中所下達的密勅（實物似乎仍保存至今），倒幕不再是奪取權力的政變，而是代表正義的政治行動。

大政奉還的上表文

給長州的密勅是於十月十四日下達。對此完全不知情的德川慶喜則根據山內容堂提出的方案，只要能讓國家安定下來便決定朝此方向，向朝廷上奏大政奉還的上表文。岩倉具視及西鄉隆盛等人已預測到這點，因此才心急如焚。諷刺的是，下達密勅與提出建白書剛好都在同一天，讓歷史變得有意思起來。

下面僅節錄部份內容，我以淺顯易懂的方式朗讀一段：

「在保元平治之亂後『政權移交武門傳至（德川的）祖先』，爾後兩百餘年，德川家為朝廷奉公，蒙受朝廷恩顧。『政刑（政治與刑罰）失當（犯下過錯）』亦不少，況且造成『今日形勢』如此困難之因乃『畢竟薄德之所致（由於德川家薄德）』，不堪『慙懼』。……於是修改既有的舊習，『政權奉歸朝廷』，欲廣『盡天下之公議，謹仰聖斷』。若眾人通力合作，『保護皇國，必能與海外萬國並駕齊驅』。」

自從保元平治之亂以後，政治轉移至武門，而德川自執政以來已過了兩百多年，德川家為朝廷奉公，蒙受其恩顧——德川慶喜在建白書中先明確提到這點，接著說道：由於德川家的不德才會造成今日這般混亂局面，微臣真的感到萬分抱歉，因此決定一改舊來的陋習，將政權歸還朝廷。

我再重複一遍，歷史往往充滿諷刺，為什麼雙方會在同一時間有所行動讓人感到不可思議，其中一方的暗箱操作進行得相當順利，若無意外德川慶喜就會淪為朝敵；然而就在這時，德川慶喜卻正進行大政奉還，他恭敬地向朝廷上奏今後將政權歸還天皇陛下。收下建白書的是毫不知情的攝政二條齊敬，因此他高興地稱讚德川慶喜幹的好，便立刻提交給天皇。

不大欣賞德川慶喜或是認為他野心勃勃、動機並不單純的人，一定會批評這時德川慶喜的企圖如司馬昭之心，眾人皆知。原因之一在於，反正提出了建白書朝廷應該也不會收下，一來朝廷缺乏能妥善經營政治的人才，二來沒錢，三來更沒有武力，執政自然不會順利。因此他心中一定在盤算著朝廷不會立刻收下建白書，必定會慰留他。也有人認為，縱使德川慶喜將政治交還給朝廷，到頭來在急需召集人進行商談之時，他仍會成為政治的核心人物，儘管執政責任全交給朝廷，若朝廷想穩定經營政治，就少不了他，因此德川慶喜是為了強化自身的立場才將大政奉還。另外甚至有人認為，德川慶喜利用大政奉還作為掩飾，真正目的是想粉碎薩摩及長州那群野心勃勃人士的暗箱操作。以上看法均無確切的證據，不過從之後德川慶喜的動向來看，也不是看不出他是出自對朝廷的忠義而做出決斷。不管如何，他原本就出身於對朝廷忠誠的水戶家。德川慶喜這個人在不同的觀看角度會呈現截然不同的面向，各位不妨自行思考。但至少可以確定，他似乎認定朝廷不會立刻回覆。

沒想到，德川慶喜在翌日十五日被召喚進宮，原來是已經備妥了天皇的命令書。在他看來，朝廷的回應之快讓人驚訝：「唔，竟這麼快就做好準備！？」

「……建白之旨趣，聖上深表認同，故准許所請。此外命汝與天下同心盡力，維持皇國，以安宸襟。」

大意如下：你所提的意見相當中肯，因此天皇陛下樂於批准。然而天下之事也很重要，因此天皇下達命令，命你與天皇同心盡力維繫日本國，以安撫天皇的憂慮。亦即天皇雖接受德川慶喜的建議，卻沒有立刻解除他的職務將他趕走，甚至希望他能為日本國繼續努力。

此外另有附件，上面寫道：就算你想馬上辭職也不准，等各諸侯都抵達京都後再行決定，「在決定好一切之前，德川的領地及市中取締等暫且先照舊」。同時，朝廷還下令俸祿十萬石以上的各藩藩主上京。

簡單講，統治朝廷的攝政及左右大臣在對暗箱操作一概不知的情況下接受了德川慶喜所提出的大政奉還案，採取今後的事再找時間決定的方針。這件事立刻傳開來。坂本龍馬得知後淚流滿面且由衷地感到高興，據說他對旁人說道：「（對慶喜）多虧他斷然實行。我發誓，今後將為了大樹公（慶喜）做好捨命的覺悟」。由此可知德川將軍的舉動有多大膽，多數人都心想：「這麼一來萬事平定，不用爆發無謂的國內戰爭就能統一日本國，朝建立新國家勇往直前」，而坂本龍馬就是其中一人，因此才會激動落淚。

終於做好決戰準備

關於密勅的一切尚未被人發現，但由於德川慶喜將大政奉還朝廷，謠言也滿天飛。有不少人認為，既然德川氏已經離開權力寶座，「現在正是大好良機」諸如薩摩與長州將趁此機會攻擊二條城、勤皇志士將殺進新選組屯所發動反攻，或是薩摩與土佐人士打算襲擊京都守護職邸等的傳聞四起，整個京都陷入一片騷動。

另一方面，包括老中在內留在大坂城的幕府高層一聽到這些傳聞便嚇得打哆嗦，遂於十七日召開重大會議。「幕府至今再三忍耐，放任薩摩為所欲為，這次輪到我們還擊了」、「應該搶在薩摩攻過來前先出擊」會議上冒出一堆強硬意見。甚至還有人提出方案，建議以會津及桑名軍隊為主力，並在京都附近集結兵力先守住御所，接著再徹底擊潰薩摩藩邸，此外也不能讓天皇一直待在京都，不如將天皇帶到大坂城，亦即搶奪「玉」並擺出「放馬過來」的架式，同時從大坂城發出緊急號召，動員江戶的所有旗本到京都，一舉擊潰薩長那班圖謀不軌的無恥之徒。會津及桑名兩藩的藩主不但表示支持，甚至鼓吹德川慶喜，奇妙的是他竟不為所動地說道：「既然已經大政奉還了，在塵埃落盡前我會採取靜觀其變」。

相對於議論沸騰一時卻毫無行動的幕府，薩長早已痛下決心，打算「馬上得天下」。雖然朝廷召集俸祿十萬石以上的大名上京，但各藩藩主不可能一夕之間就抵達京都，須整頓隊伍，做好相當的準備才行，更何況還有來自遠方的藩。故時間上相當充裕，應該利用這段時間做好應戰準備，於是薩長的陰謀家頓時從京都消聲匿息。

十月十七日，小松帶刀、西鄉隆盛、大久保利通與同盟軍步調一致地前往長州。這時，據說大久保利通託他在京都的情婦阿勇（祇園的茶屋「一力」之女）購買大和錦及紅白緞子，製成旗幟後讓隨從背在身上。其中一面是紅底錦織搭配日月圖案的錦御旗，另外四面為分別畫有青龍、白虎、朱雀及玄武等四神的旗幟。為了在長州製作任誰都沒看過的錦御旗，他才將玉松操給他的圖案帶在身上。這三位在長州結束討論後立刻回到薩摩，除了向島津久光及藩主島津忠義報告土佐藩及廣島藩已成為援軍外，還以即將開戰催促島津久光父子下定決心，立刻出兵前往京都。

然而在薩摩及長州也有人提出意見，認為既然德川氏已歸還大政成為一介大名，就沒必要特地開戰推翻幕府。這兩藩並非一抓住機會就立刻行動，而是在藩內經過再三議論後才做出決定。況且製作錦御旗也得花費三十天之久。因此根據計算，薩長再怎麼不情願也得到十一月底以後才揭竿發動武力革命。事實上，薩長原打算按照武力革命計畫排定先後順序，但因出現穩健論調稍耗微費些時間。

此外，在朝廷的革命派核心人物中山忠能、正親町三條實愛、中御門經之來看，既然德川慶喜已經下台了，就沒必要刻意執行武力倒幕。畢竟是公家，不適合跟人吵架。至於十一月二十一日天皇所下達的停止武力討幕命令書八成是他們幾個擅自撰寫並發布。

……就這樣，圍繞著密勅與大政奉還兩大事件的一切出現了微妙的分歧或是看法上的不同，於是乎在朝廷中央、長州及薩摩也開始出現反動。

這三位公家於十月二十一日向薩摩與長州下達終止武力討幕的命令書，另一方面，江戶的旗本與諸大名也於這天聚集在江戶城，圍繞著將軍德川慶喜的大政奉還召開大會議。這是在將軍不在的江戶城所召開的最後一場大會議。話雖如此，卻沒有制定出任何決定性方案。整場會議只見意見左搖右擺，搖晃不定。

就在表面趨於平靜之時——當然在水面下動作不斷，總之薩摩及長州的藩主早已回國，京都暫且恢復平靜，沒想到這時卻發生坂本龍馬暗殺事件。

繼續來談方才提到的微妙動向的後續，儘管爭論激烈，不過薩摩卻在十月二十九日做好戰爭的覺悟，決定討幕。也就是說，心意已決、毫不動搖的西鄉隆盛與大久保利通贏得辯論。翌日十月三十日，長州決定率兵上京。而德山藩與長府藩等所有支藩也抱著必要時發動戰爭的覺悟，決定參加。就在長州軍即將朝京都出發，由於薩摩軍遲遲未到，令長州感到相當焦慮，到了十一月十八日，島津忠義侯命西鄉隆盛擔任參謀，率領約三千兵力登上三田尻。原本擔心說不定又遭到背叛的長州，見此情形相當高興地說道：「喔，薩摩是來真的。」

坂本龍馬遭到暗殺

而在略為平靜的京都，十一月十五日於河原町的近江屋發生了坂本龍馬與中岡慎太郎遭到暗殺事件。進入明治以後兇嫌才明朗化，據說是見廻組的佐佐木只三郎等七人。這是根據其中兩名兇嫌今井信郎與渡邊篤分別在明治三年（一八七〇）以及大正四年（一九一五）的供詞所證實：「確實是我們幾個所下手的」。只是這兩名兇嫌的供詞出現微妙的分歧，也有不少矛盾之處，故有人認為可信度不高。今井信郎是劍術高超的高手，當警察問他：「是你殺了坂本龍馬嗎？」，他回道：我只負責把風，沒有進入房間內，殺進二樓的是其他三人；可是問渡邊篤同樣的問題時，他卻回道：不，今井也有進入房間內。有人針對坂本龍馬暗殺事件進行鉅細靡遺的調查，在此就不詳說，據說他臨終前說道：「慎太，我腦袋被砍到了，已經活不久了」。坂本龍馬享年三十三歲，晚兩天去世的中岡慎太郎享年三十歲。

話說回來，執行暗殺的兇嫌的確是見廻組，但幕後黑幕應另有其人。原因在於，一般認為坂本龍馬以近江屋為藏身之處的消息應該沒那麼輕易得知。不過，坂本龍馬寫信寫得很勤快，書信往來如此頻繁叫人不想發現也難。我卻不這麼認為，一定是有人在暗地裡通風報信。因此，我認為幕後黑幕可能是坂本龍馬的同志薩摩藩。原因在於他太礙眼了。坂本龍馬現在認為武力討幕是荒唐之舉，既然大政奉還後德川家降格為一介大名，今後的日本就應該採取「船中八策」所述般開會決定萬機公論，從各藩選出有能的議員召開會議，在議員達成共識下經營國家，亦即今日的政治型態。因此他積極主張不該發動戰爭。坂本龍馬不辭辛勞地到處奔走、辯才無礙且活躍，能發揮極大的影響力以增加同志，這樣一位人物如今卻主張不該發動戰爭。換句話說，坂本龍馬對企圖以武力贏得權力的薩摩而言不但成了眼中釘，而且相當棘手。

具體而言，大久保利通在這一天早晨進入京都，並告訴見廻組坂本龍馬的住處——以上是我個人所持的看法。由於擔任見廻組總指揮的佐佐木只三郎後來戰死在沙場上，見廻組對此也一概不提，故無從得證。因此這不過是缺乏證據的偵探式推論。

總之，坂本龍馬對薩長而言成了除之而後快的人物，與他一起被殺掉的中岡慎太郎則是意料之外。中岡慎太郎是個徹頭徹尾的武力討幕論者，因此根本不成問題。如前所述，當天晚上，這兩人均將大刀放在遠處，坂本龍馬的刀放在壁龕，中岡慎太郎的刀則放在紙拉門後方。因此儘管這兩人都是劍術好手，卻在瞬間遭到斬殺。從兩人均將佩刀放在無法伸手拔刀之處來推測，坂本龍馬反對武力討幕，中岡慎太郎則堅決主張武力討幕，可以想像他們的爭論一定相當激烈。無論如何，在某種層面上堪稱幕末的兩大調停幕後黑手卻一口氣消失了。歷史也會安排如此殘酷的死法呢。

說到這裡，以下談的雖與坂本龍馬暗殺無直接關係，不過盟友桂小五郎在坂本龍馬死後一週的十一月二十二日寄給品川彌二郎一封信。讀完後有種奇妙的感慨，或者說男人的友情脆弱不堪得讓人感到空虛。或許從政的人非得徹頭徹尾地冷血無情才行，否則無法做出革命這種狂妄之舉吧。

「（前略）時機一到，使我方搶先一步順利抱得玉（明治天皇）係千載大事，萬一遭對方（德川方面）搶奪，縱然抱著再大的覺悟，現場之處（在現狀下）四方志士、壯士之心將遭到擾亂，舞台也將大垮台，三藩（薩長土）滅亡自不用說，最終皇國將成為德賊（德川）所有，無法再度恢復形勢，此事如同照鏡子般明瞭，近來定將告誡岩倉）、西（西鄉）、大（大久保）老師們行事絲毫不得大意，盡忠竭誠乃首要大事。（後略）」

現在情勢明顯緊迫，沒時間為了龍馬的死落淚。現在最重要的是如何在戰爭中獲勝。而必勝計就是讓天皇成為我方所有。萬一天皇遭德川所奪，「舞台」將會大垮台，這種說法令人大為吃驚。因為玉的爭奪戰早已開戰了。

王政復古大號令

就在政治依然維持空白狀態，倒幕派與幕府雙方持續相互對峙下，十一月二十九日，長州藩兵的先發隊伍八百人按照與薩摩討論的計畫，於攝津的打出濱登陸。在幕閣看來，還沒獲得赦免的長州率兵前往京都簡直不像話，因此雙方的對峙也愈來愈白熱化。

正當這麼想的時候，十二月八日，朝廷發布勅許赦免毛利氏的罪名，恢復三條實美等七卿的官位，此外亦准許長州兵入京。這點成了激怒幕府方面的最主要原因。同時在九日早晨，朝廷也發布勅命赦免岩倉具視所有罪狀，命他再度以參議身份任職朝廷。由於早晨出發前往御所的岩倉具視剛被解除蟄居，因此頂著一顆光溜溜的光頭。一想到他頂著大光頭戴上頭冠的模樣就覺得有些好笑，無論如何，他就是以這身打扮進宮。話說回來，所謂的「大人物」一定會在懷中攜帶重要文件前來。亦即「王政復古大策」及為推行王政復古所用的準備文件，以便能立刻獻給天皇。

天皇在這一天，也就是十二月九日召集親王與諸臣，根據這份計劃書發布王政復古大號令。話雖如此，但天皇本人坐在御簾後方並沒有發言，而是由參議岩倉具視態度恭敬地將天皇的話轉述給眾人。同時也宣布廢除攝政、左右大臣等以往朝廷的官職，改由新設的總裁、議定及參與等職來推行政治。表面上是天皇的旨意，其實這也是岩倉具視所撰寫的腹稿。從這時候起便決定了大政奉還後新政府的運作型態。如同前面岩倉具視向大久保利通及品川彌二郎所述的一樣，由有栖川宮熾仁親王擔任總裁，議定十人、參與二十人則分別如下：

・總裁：有栖川宮熾仁親王

・議定：仁和寺宮嘉彰（純仁）親王、山階宮晃親王、中山忠能、正親町三條實愛、中御門經之、德川慶勝、松平慶永（春嶽）、淺野茂勳、山內豐信（容堂）、島津忠義

・參與：大原重德、岩倉具視、橋本實梁、萬里小路博房、長谷信篤等尾張藩士三人、越前藩士三人、廣島藩士三人、土佐藩士三人、薩摩藩士三人

這就是明治新政府最初的型態，自此以後會逐漸變化。說到這裡，雖然德川慶喜與松平容保藉口身體不適缺席這場大會議，不過看完這份名單後就能明白，新政府的成員名單當中根本沒有德川慶喜的名字。德川慶喜缺席並被排除在議定及參與名單之外的原因，從大政奉還、王政復古這一連串的流程來看顯然已將他視為朝敵。而德川慶喜本人

或許也已察覺到這點，不過他仍不為所動。他堅稱，既然朝廷都這麼說了，他也沒有力量能夠阻止，只好順其自然。即使板倉勝靜等老中勸他出馬說道：「這麼一來就你可就沒有出場機會了」，他依然毫無回應。

這時，長州堂堂正正地進入京都進駐長州屋敷。正當開始籠罩著一片即將發生大事的氣氛時，卻突然發生一點小意外。由於傳出尾張藩主遭到薩摩狙擊暗殺的傳聞，因此尾張藩兵強行撬開御所大門進去而引發騷動。但卻什麼事也沒發生，尾張的德川慶勝平安無事，藩兵也跟著撤退，這時岩倉具視等人卻有些驚慌失措：「還以為事跡（武力倒幕的計畫）敗露了」。然而，上述情況看在正統的革命家西鄉隆盛眼裡，搞不好能夠想到「危急時的關鍵一招」。西鄉隆盛在觀察尾張藩兵的動向後得知現在還有可能強行佔領御所，於是決定在陰謀計畫的最高潮使出這招──這是我的看法。

小御所會議的大論戰

十二月九日，這一天終於來臨。

當天下午突然開始實施強硬的戒嚴令，薩摩藩、土佐藩、尾張藩、越前藩、淺野的藝州藩（廣島）軍隊圍堵御所，同時將會津藩兵與桑名藩兵逐出御所。御所遭到佔領，攝政二條齊敬以下與以前公武合體派的人員全都不准進宮晉見天皇，改由革命派佔領整個宮中。完全按照作戰計畫進行。

當天晚上召開了在王政復古名下第一場重大會議，名為小御所會議。該會議的討論議題如下：德川家至今的所作所為太過荒唐，要已辭去將軍職的德川慶喜也辭掉其他所有職務，同時將德川家的土地全都還給朝廷。這時正一氣呵成地進行改朝換代。

小御所會議成員

總裁、議定、參與之外

薩摩藩士（大久保利通、西鄉隆盛、岩下左次右衛門）

土佐藩士（後藤象二郎、神山左多衛）

越前藩士（中根雪江、酒井十之丞）

尾張藩士（田宮如雲、丹羽淳太郎、田中不二麿）

廣島藩士（辻將曹、久保田平司）

這場小御所會議若作為戲劇來看必定是場相當有趣的會議，下午五點開會，有中場休息，然後一直開會到深夜十二點為止。

大久保利通在日記裡記載如下：

「今夜五時，於小御所召開評議（進行詳細的議論），越公（春嶽）、容堂公大論，挫公卿之銳氣傍若無人，岩倉公態度堂堂逐一駁倒，令人佩服不已。有關聖上云云之議論，容堂公異論云云，予（大久保）不得已，向前探身激論一番，後藤居中論述，越土（春嶽與容堂）之論隨即談及慶喜，盡是扶幕（偏袒幕府）之論，姑且沉思退席，其後後藤對予談論云云，然予早已決定國論，不為所動。」

松平春嶽與山內容堂傍若無人地大聲進行議論，在場的公家連一句話都無法反駁。

對此岩倉具視卻威風凜凜地逐一駁倒，令人佩服，其中亦有關於天皇種種的議論。我也跟著激烈地進行議論，土佐的後藤象二郎則居中討論。松平春嶽與山內容堂的論點偏向協助幕府，不久後藤象二郎勸雙方息怒，我則絲毫不為所動。

下面是從松平春嶽的參謀中根雪江的紀錄等摘錄議論相關的內容。

當天晚上，在小御所針對德川家的處置召開會議。按照西鄉、大久保、岩倉的計畫打算讓德川辭官納地（辭去官職，將土地全部呈上），之後再由朝廷冊封幕府適合的領地。然而卻遭到山內容堂與松平春嶽的猛烈反對，其中山內容堂努力地說服眾人。「二、三名公卿擁立幼沖天子，欲行陰險之舉，漠視慶喜所有功績是何居心（兩、三名公家以策略籠絡年幼的天子欲實行陰謀，對慶喜至今的功績卻都視若無睹，究竟是何居心）」。結果岩倉具視開口反擊。「聖上以不世出之英才立下大政維新之鴻業，今日之舉悉出自宸斷，妄自揑造竊取年幼天子之言，何其無禮之至（天皇陛下乃世間罕見的英才，現在正著手進行大政維新的大事業。今日的會議全取決於天皇陛下的決斷。但卻遭人說奪取年幼天子，這番話未免也太失禮至極了吧）」。不虧是山內容堂，他先針對「幼沖天子」之言道歉，然後繼續奮戰。「論及私有土地一事，薩摩侯亦是，予亦同然。若慶喜有罪，先命提倡者薩摩侯歸還七十餘萬石。如此容堂也立即變成身無分文。為何僅命慶喜歸還七百萬石？再者若不歸還，又為何會成為朝敵？」對此岩倉具視大聲反駁，這會後藤象二郎居中提出反駁，山內容堂又繼續提高嗓門，演變成一場激烈的爭論。

會議途中進入休息時間，裡面開會的情況傳入嚴守御所外門的西鄉先生耳裡。西鄉先生也在薩摩藩士三人名單內，故能夠出席小御所會議，不過他並不喜歡爭論，因此沒有出席會議。據說當他得知開會時雙方大聲爭論的內容後，說道：「如今爭論也解決不了事情。只能採取最終手段。請跟岩倉先生這麼說：只要有短刀一把就能做個了斷」。

聽到這句話後，岩倉具視終於下定決心。他私下向廣島的淺野茂勳表達他的覺悟：「必須殺掉容堂，縱使在天皇的面前出現流血場面也無所謂」，而與岩倉具視結黨的淺野茂勳則表示支持。偶然聽到這段話的後藤象二郎從情勢判斷，感覺到可能會發生流血場面，於是偷偷告訴山內容堂說道：「為避免發生腥風血雨，在此姑且先讓步如何？」。儘管山內容堂嚴厲拒絕，「我怎麼能在此讓步？」但或許因為他是自稱鯨海醉侯的酒豪，這天也是一大早就開始喝酒，早已相當疲困，總之在會議進入尾聲時他似乎早已搞不清究竟發生什麼事。會議就在山內容堂再也無法大聲嚷嚷時結束了。就這樣，在這場缺席審判中判決德川慶喜犯下失政之罪。由於他在過去犯下重大錯誤，故命他辭去所有官職，歸還所有土地。這場小御所會議（宮中政變）最後由革命派贏得勝利告終。

此一最高審判結果於隔天知會二條城的德川慶喜。想必他應該感到不知所措。因為周遭有不少人無法接受審判結果，甚至堅決不予承認。然而德川慶喜卻對松平春嶽說：

「無論發生什麼事，我絕不會對朝廷做無謂的抵抗。我絕對不想做出玷污祖先之名，在歷史上被烙上朝敵污名之舉。」

如果這是德川慶喜的肺腑之言，那麼打著燈籠也找不到像他一樣對天皇守忠盡義的忠臣。有別於其他人將天皇視為「玉」，儘管過程中有些動搖，但德川慶喜到最後仍然貫徹「不被烙上朝敵污名」的方針。水戶自德川光圀以來一貫秉持日本乃萬世一系天皇所統治的國家，這個想法似乎在出身水戶的德川慶喜身上已根深蒂固。大概是認為這樣下去將會引發戰爭吧，十二日夜晚，德川慶喜拋下二條城飛也似地前往大坂城。戰爭還沒開打就表現得像是沒出息的敗軍將領般。既然擁有三千會津兵及桑名兵一千五百人的軍力，只要認真應戰，避開御所去攻擊薩摩屋敷，說不定還有轉圜的餘地。只不過又會再次為京都的民眾造成極大的麻煩。

孤注一擲的鳥羽伏見之戰

關鍵的敵人已經不在了，自然就沒有開戰的必要性，也不能在京都發動戰爭。雖然不曉得西鄉隆盛是否預測到這種事態，但他的確是稀世戰略家。我有時覺得西鄉先生宛如毛澤東。前陣子我跟別人這麼說，結果對方回道：「才不是，是毛澤東模仿西鄉先生才對。」仔細一想，先出生的是西鄉先生。換言之，他既是詩人也是戰略家，還是個農本主義者，信奉武力主義不懂經濟，還具備傾倒眾人的領袖魅力。此外他也提倡永久革命，因此相當有前瞻性。

西鄉隆盛早在十月十四日便將精力充沛的益滿休之助送到江戶。名義上是派他守護天璋院（即出身薩摩的篤姫，德川家定去世後改名為「天璋院」），實際上則是以他為中心組織擾亂江戶的浪士團，計畫發動御用盜騷動。若沒必要則無需發動，「看情況果然不行，引發暴動吧！」後來西鄉先生還是下達指令，因此十月底至十二月期間在江戶爆發強盜橫行，自稱御用盜威脅商家的大騷動。

接著在十二月二十三日，在江戶城的二之丸因放火而起火燃燒。這起事件真的相當詭異，根據薩道義的日記記載如下：「薩摩藩士在江戶城的一部分放火，企圖帶走遠從薩摩嫁給上上任將軍的天璋院大人」。當時，江戶城的本丸起火燃燒，而天璋院大人與和宮大人均待在二之丸。結果開始出現「既然本丸起火燃燒，很可能是天璋院大人暗中放薩摩藩人士進城放火」的傳聞。真相如何雖不清楚，既然連薩道義都記載在日記上，可信度應該很高。薩摩的所作所為讓幕府怒火上升。而在同一天，薩摩藩支藩佐土原藩士向市中警護的庄內藩屯所開槍襲擊。這件事果然惹火了幕府的強硬派小栗忠順，立刻向庄內藩下令，二十五日，爆發了一千餘名庄內藩兵火燒薩摩屋敷的大事件。負責指揮砲兵的是法國軍事顧問團的布呂奈（Jules Brunet）上尉。

由於薩摩的擾亂戰術，薩摩藩在江戶為所欲為的消息於二十八日傳到大坂，使得上至老中，下至大小目付陷入如書物所描述般的「半狂亂狀態」，甚至還有官員打算發出「每斬殺一名在大坂徘徊的薩人者賞金十五金」的通告。薩摩藩如此肆意妄為已讓人忍無可忍，就連努力不抵抗朝廷的德川慶喜也在十二月二十九日敵不過松平容保等的強硬意見，終於在翌日三十日起草討伐薩摩的「討薩之表」。而負責護衛德川慶喜的會津及桑名兵也變成「一掃薩賊兵」，決定進攻京都。

下面介紹一則有趣的軼事。十二月二十九日，即德川慶喜決定討伐薩摩的這天，在朝廷舉辦孝明天皇一週年忌法要。由於朝廷沒錢而要幕府捐款時，「開什麼玩笑，辦不到」遭到老中們嚴加拒絕，後來朝廷又派使者前來，於是德川慶喜便拿出一千兩金。朝廷也得以順利舉辦一週年忌。在這局勢緊迫之際，水面下還發生這樣的軼事。在德川慶喜的腦中，主要是想收拾薩摩而非反抗朝廷，因此才會出錢吧。

而在錦御旗早已完工的革命派方面，薩摩、長州、土佐、藝州的所有兵力不足五千人，延遲出兵的長州藩主力軍仍在天王山一帶，能有這些兵力已是極限了。況且，陰謀派方面也擔心危急時土佐與藝州搞不好會投靠幕府。相對地，幕府方面擁有一萬五千兵力。在革命派看來，這場所謂的鳥羽伏見之戰可說是孤注一擲。

然而在慶應四年（一八六八）一月三日黃昏，薩摩的大砲揭開了戰爭的序幕，據說西鄉先生得知開戰的消息後相當高興地說道：「啊，真是太好了。聽到鳥羽的一發砲聲比得到百萬盟軍還要令人高興」可見他對這場戰爭抱著幹勁十足、一切沒問題的樂觀態度。話雖如此，周遭人卻不這麼想，反倒擔心萬一輸了該如何是好。在這種情況下，無論如何必須得明確表達自己是官軍的立場，同時還得確保天皇陛下本人以及御名御璽中的御璽才行。因此中山忠能帶著御璽先逃往山陰地方，天皇陛下則被帶到比叡山，總之先抵抗爭取時間，這段期間再派遣公家到各地方分發勅書爭取盟軍，等重新集結兵力後再進行決戰也是一種辦法。聽起來與南北朝的後醍醐天皇時代情況相當相似，日本人的思考模式似乎如出一轍。還有另一種辦法，即請尾張與越前居中調停，表明將停止沒收德川的所有土地，以緩和大坂的怒氣，同時考慮將德川慶喜列為新政府的一員，這大概是公家大人所想的方案吧。

不過人數眾多的一方不一定能打贏戰爭。再怎麼說薩摩藩的二十門大砲發揮了極大的威力，況且幕府方面的東軍採用的是舊型前膛槍，薩長等西軍則是採用後膛槍（據說是向南北戰爭結束後的美國採購多餘槍枝），雙方武器近代化的程度截然不同。話雖如此，這也不表示薩長的軍力強，幕府的軍力弱（雖然不強），戰況維持一來一往的拉鋸戰。

就在戰況膠著的情況下，一月五日，在淀川北岸突然筆直地豎起三道於長州製作的錦御旗。一瞬間，以擊潰薩賊為開戰的名目頓時遭到顛覆。亦即轉變成幕府反抗朝廷的態勢。大家都說，這時只要德川慶喜帶頭出動幕府軍就會獲勝。原來如此，只要眾人看到德川慶喜的英姿，讓多數從眾的軍隊投靠幕府方面，這麼一來光靠薩長之力也無法繼續打下去。然而德川慶喜卻一直待在大坂城不露面。前天還信誓旦旦說道：「就算千騎兵力戰到剩下一騎也絕不退縮，堅決衝鋒敵陣」，結果聽到錦御旗的通知後卻說道：「我要回江戶了」。哎，水戶出身者果真對朝廷忠誠不二嗎？站在一旁的松平容保與松平定敬大為震驚，問道：「戰爭才開打不久，為何非得逃走不可呢？」德川慶喜回道：「回江戶是為了捲土重來」，這話當然是信口開河。他內心大概這麼想：對方都亮出錦御旗了，再繼續打下去就會變成朝敵，唯獨在歷史上留下污名這點我絕對不幹。

總大將逃之夭夭後，幕府軍的戰鬥欲頓時大受打擊。淀藩兵隨即倒戈，而津的藤堂藩兵也立刻投靠西軍方面。戰況立刻一面倒。看來幕府軍無從抵抗，勝負已定了。結果鳥羽伏見之戰西軍戰死者六十多人，東軍為兩百七十九人。幕府軍被打得潰不成軍，連最強的新選組也狼狽不堪地逃走。

1　為方便讀者容易理解，本書將船中八策原文中的片假名改成平假名，內容如下：

一、天下の政権を朝廷に奉還せしめ、政令宜しく朝廷より出づべき事。
一、上下議政局を設け、議員を置きて万機を参賛せしめ、万機宜しく公議に決すべき事。
一、有材の公卿・諸侯及天下の人材を顧問に備え、官爵を賜い、宜しく従来有名無実の官を除くべき事。
一、外国の交際広く公議を採リ、新に至当の規約を立つべき事。
一、古来の律令を折衷し、新に無窮の大典を撰定すべき事。
一、海軍宜しく拡張すべき事。
一、御親兵を置き、帝都を守衛せしむべき事。

一、金銀物貨、宜しく外国と平均の法を設くべき事。

＊1 錦御旗　上面飾有金銀兩色的日月刺繡或圖案之紅底錦旗。自鐮倉時代以來，在討伐朝敵之際作為官軍標章之用。

＊2 總裁、議定、參與　慶應三年的王政復古大號令所設立之最高政府機關（三職）。總裁為最高官，其次依序是議定、參與。翌年廢止。

第九章　勝海舟與西鄉隆盛

將軍逃回江戶

慶應四年（一八六八）一月，在鳥羽伏見之戰一看到錦御旗飄揚時嚇得全身癱軟的德川慶喜說道：「我無法抵抗朝廷，不能再繼續打下去了」，遂於六日深夜偷偷逃出大坂。然後於七日搭乘開陽丸匆匆返回江戶。隨後海面上出現許多幕府的軍艦，上面分別載著新選組的生還者以及會津、桑名武士的生還者出航。不過在當時，眾人皆是聽信德川慶喜所說的「在江戶重整軍隊，捲土重來」這句話才上船。沒想到德川慶喜卻在開陽丸上對搭乘同一艘船的松平容保與松平定敬說出真心話：「其實我打算歸順，戒慎自省不再開戰」。

新政府很快便得知德川慶喜逃出大坂的消息，於七日正式發布德川慶喜追討令。這次不像鳥羽伏見之戰般純屬衝突事件，而是正式派遣軍隊討伐以德川家為中心的反叛者。九日，討幕軍（西軍）奮勇地佔領人去樓空、無人抵抗的大坂城，但據說因發射的大砲引起火災，整座城起火燃燒直到隔天。

其實，當時從起火燃燒的大坂城逃出的人群當中也包括終戰時的總理大臣鈴木貫太郎。他出生於慶應三年十二月二十四日，還只是個嬰兒。是位於千葉縣與茨城縣境內關宿藩代官的兒子，於其父前往大坂赴任期間出生。同樣生於慶應三年的還有夏目漱石（一月五日）、幸田露伴（七月二十三日）、正岡子規（九月十七日）、尾崎紅葉（十二月十六日）等人。此外，司馬遼太郎先生的小說《坂上之雲》的主角，對馬海峽海戰作戰參謀秋山真之則是在隔年慶應四年三月二十日出生。其出身藩松山藩成了朝敵，遭到土佐藩攻擊後隨即表達歸順，因此秋山先生可能是在父親與祖父雙手投降時出生。自培里來航以來，幕末總給人距離現在很遙遠的感覺，不不不，其實它出乎意料之外的近在身邊。

無論如何，這時終於分成西軍與東軍兩派，無謂的戊辰戰爭即將正式開打。一月十一日，德川慶喜的船抵達品川，勝海舟則出面迎接。話雖如此，勝先生的頭銜是名為軍艦奉行的閒職，當然不曉得鳥羽伏見之戰吞下敗仗。畢竟平時只待在冰川的自宅沒有登城，頂多只聽說戰況緊急。這時卻突然被召喚。根據子母澤寬的《勝海舟》所述，勝海舟原先拒絕說道：「我可不去。我原本仍在蟄居中，怎麼可能去那裡。況且現在窮得三餐不繼，甚至還打算將馬賣掉，這時召喚讓我很為難」，一聽到是將軍大人召喚，讓他大為吃驚，連忙騎上打算賣掉的馬嗒嗒地出發。事情大概是這樣。《海舟日記》當中記載如下：

「開陽艦停靠在品海。拂曉時分，有使者到濱（濱離宮）海軍所出差，告知（將軍大人）東歸之事。初次聽聞伏見之始末。會津侯、桑名侯也隨行在側。欲問其詳情，諸官僅面露青色，相互目視，無人敢開口（眾人臉色發青避而不談）。遂至（這時老中）板倉（勝靜）閣老旁（走到其身旁）聽其概略。」

「有使者」是指德川慶喜所派的使者。據說當時，勝先生在濱離宮以毫不客氣的語氣斥責德川慶喜說道：

「為何不待在大坂城進行籠城戰？不是有一萬人組成的軍隊，海上還有毫髮無傷的海軍在嗎？對方軍力不過五千人，就算花費數日也無法攻陷城池。不久江戶就會派出大軍前來，形勢也會完全逆轉。」

可是德川慶喜卻幾乎沒有回應，最後說道：

「事已至此，能夠託付的只有你。你是唯一人選了。」

據說他說了這句話。總覺得這句話相當耳熟，與昭和天皇任命一臉不情願的鈴木貫太郎為首相時所說的話相當雷同：「朕沒有其他人可託付了，拜託你」。

雖不清楚當時德川慶喜是否有低頭拜託，儘管他已不再是將軍，但還是德川宗家的主公，故形式上勝先生被德川家主公低頭拜託。我認為勝海舟在這時已經暗下決心。在這之前應該還沒有這種念頭，到這時才下定決心「最後我必須得做個了結」。而他的決心當中，想必充滿著今後我所做的一切並非為了德川家，更遑論是為了薩摩與長州，而是為了我日本國大事業的心情。幕末出現了形形色色的人物，但我認為能跳脫自藩的意識與利害損得的框架，站在大局上仔細考慮日本國的只有勝海舟一人。

無論如何，儘管德川慶喜對勝海舟說萬事拜託了，但當時他空有軍艦奉行的頭銜，實際上卻是個閒差，而且凡事慎重思考，因此應該不會立刻接受德川慶喜的請求。

大失所望的抗戰到底派

翌日十二日，德川慶喜登上江戶城。據說他身穿前往大坂時所穿法國送他的軍服準備晉見靜寬院宮（和宮），沒想到靜寬院宮卻回道：「沒必要與身著洋服的慶喜會面。這裡是江戶城，凡不守規矩者一律不見」，他只好特地換上和服。他向靜寬院宮講述戰爭的來龍去脈，並告知自己打算就此戒慎自省，表示歸順。接著又說，希望能借助靜寬院宮大人之力從中斡旋，向朝廷表示謝罪。德川慶喜於三十二歲時離開歷史的鎂光燈。

這時靜寬院宮大概回道：我明白了，我答應你會盡力而為。現在仍保留當時靜寬院宮的幾封書信，下面將介紹其中一封寫給橋本實梁的信件全文。請各位細細玩味解讀。

橋本實梁乃京都的公家，戊辰戰爭時擔任最先進攻東海道的先鋒總督。負責率領大批隊伍送達這封信的是一位名叫土御門藤子的老女[1]。

「無論如何，本次事件全歸咎於慶喜以往言行不周之故，關於慶喜如何任憑處置，衷心懇請務必保留德川家名，直到後世，我已嫁入德川家，當家留下朝敵之污名，實為遺憾至極。務請憐憫我，我將不惜己命，懇請雪污名以立家名。若仍派遣官軍擊潰德川家，我將目睹當家滅亡，終生遺憾，必要時亦有所覺悟。儘管對朝廷深感抱歉痛心，我將不惜己命與朝敵共存亡。若您心存憐憫，還請保留德川家名，若您願意憐憫我，毋庸多言，我與一門上下定將叩首謝恩。無論如何請務必批准所請。此外，也請其他役眾多加關照，萬事拜託。以上。

靜寬院

致橋本少將大人」

這封信的大意如下：這次事件全因為慶喜過去一再犯下過錯所造成，關於他受到如何處置都無所謂，唯獨懇請保留德川家的家名。因此這封信並非救命請願書。實際上仔細讀過現在保留的幾封書信後，發現信中特意沒有提到請求饒德川慶喜一命。只提到：

自己已是嫁入德川家的女人，故僅懇請保留德川家的家名。整封信的內容只提到這點，靜寬院宮似乎並沒有德川慶喜所期望的那麼在意救命請願。直到最後關頭，德川慶喜在大奧的人氣依然低落。

之後，德川慶喜每天在江戶城舉行重要會議。在勝海舟的日記記載著城內不斷進行激烈辯論：

「自此（十二日以後）日復一日地進行空論與激論，只會讓日子變得更空虛，才特意不問定論。」

儘管每天舉行大會議，卻盡是空談及大聲嚷嚷些蠢話的激論，每天都過得相當空虛，我硬是不問哪個才是最好的妙案。在進行議論當中，由於勘定奉行兼陸軍奉行並的小栗忠順堅持主張主戰論，遂於十五日遭到解除職務。據說德川慶喜堅決主張「歸順不戰」，小栗先生便猛烈地向抗議說道：「只要開戰一定會贏」，德川慶喜便起身說道：「夠了，不用再說了」這時小栗先生緊緊拉住他的袖子纏住不放地說道：「殿下！請聽我說！」——這一段描述常可在文字作品中看到，似乎屬實。結果德川慶喜卻甩開他的手往城內離去，小栗先生則撲簌簌地落下悔恨的淚水。這一天，小栗先生遭到革職。

這麼看來，德川慶喜的歸順謹慎念頭似乎真的相當堅定，實際上則不然。舉例來說，他於十七日寫給松平春嶽及山內容堂的信現在仍保留著，內容提到：鳥羽伏見之戰明明與我毫不相干，卻收到朝廷下達的追討令「令人遺憾至極」，我毫無抵抗之意，而是受人誘騙，請務必幫忙傳達給朝廷及新政府。這封信的內容簡直在說：是誰下達追討令？未免也太奇怪了吧？與其說是「歸順」，根本就是在「抗議」。讓人不禁覺得德川慶喜還是老樣子，該不會又以自我為中心思考，態度搖擺不定，或是在懦弱與強硬之間擺盪。

而松平春嶽的家臣中根雪江所寄來告知京都局勢的書簡，對原本搖擺不定的德川慶喜而言更是火上加油。根據這封書簡，現在京都的輿論一致支持德川慶喜應與會桑（會津與桑名，松平容保與松平定敬）同樣處以極刑，「（你）您自身也應戒慎恐懼，老實伏罪（打算伏罪），靜待斧鉞（聖上的斷罪）之手續方為上策（必須耐心等待）」從岩倉具視的這番話可以明白，「伏罪後，必須得切腹才行」，亦即不會免除死罪，最好有所覺悟戒慎自省，視情況而定並抱著切腹的念頭。由於收到這樣的信件，德川慶喜多少會有所動搖，至少可以認為約在十七日以前他相當猶豫。或許有人會認為：沒這回事，他早在離開大坂時便已下定心意，總之他將老中與諸大名全都排除在外，堅持只任命德川家直參[2]來應對局勢。

就這樣，十七日，勝海舟再度被召喚並出任海軍奉行並。才剛表示遵命，臣將全力以赴，正準備行動時，二十三日，這次勝海舟被任命為陸軍總裁。陸軍總裁的位階比海軍奉行還高，是德川軍的總指揮官，可以說德川慶喜將德川軍面對西軍時該如何應戰的總指揮權交付給勝海舟。同日，大久保忠寬（一翁）被任命為會計總裁。該職相當於財務大臣，亦即內政之首。也就是說勝主軍事，大久保主內政，由這兩位始終徹底主張開國者肩負德川家「前途命運」的重責大任。不久後，大久保先生於二月八日從會計總裁改擔任國內事務總裁，職名升等，會計總裁改由山口直毅出任，他也是出身直參的武士。

姑且不談新政府會如何出招，幕府的體制就此整備完成。只是，城內仍留下眾多主張繼續奮戰者。

這時，法國公使羅淑亞經常到江戶城拜訪德川慶喜。光是留下紀錄的就有一月十九日、二十六日及二十七日三天，三天都與德川慶喜長時間談話，他勸告德川慶喜再次舉兵：「有我們的支援準沒問題，沒必要不戰而降，來擬定作戰計畫吧，只要在箱根的山上迎擊即可」，德川慶喜卻明確表示拒絕：「我不打算舉兵出戰」。可見這時德川慶喜已拿定主意了。

十九日，德川慶喜召集留在江戶的諸藩老臣，向眾人說明鳥羽伏見之戰以後的狀況以及今後將採取不抵抗的方針。松平容保與松平定敬做最後的努力，極力向德川慶喜主張「務請奮戰到最後」，他卻不為所動地拒絕，結束這場會議。看來十九日以前仍略有動搖的德川慶喜似乎在這時已經下定決心。這讓抗戰到底派大失所望。

其後開始與西軍進行交涉，看到德川家的最後一幕時，我總覺得與昭和二十年八月的大日本帝國的最後一幕相當類似。將勝海舟換成鈴木貫太郎總理大臣，大久保一翁換成米內光政，小栗忠順則換成阿南惟幾後，就會覺得其行動非常相似。

京都的西軍募集資金

另一方面，我們來看京都的新政府。自德川慶喜逃到江戶的那一瞬間起，關於下一步該怎麼走分成了兩派議論。代表長州的戰略家大村益次郎主張消極論，他認為立刻向東進攻並不明智，因為我方軍力太少，況且萬一全軍東向期間毫髮無傷的幕府海軍突然來襲的話將會束手無策。不僅「玉」會在轉眼間被奪走，反倒會遭到夾擊。對此，西鄉隆盛堅決主張應趁早整頓兵力繼續追擊。原因在於，縱觀天下大勢現在風勢正吹向我方。西風正壓過東風。錯過這千載難得的機會就會勝利無望。如此看來，作為局部戰略家是大村先生佔上風，全局戰略家則是西鄉先生技高一籌。後來兩人面對上野山彰義隊[*1]的態度也是一樣。

西鄉先生於二月二日寫給大久保利通的信中提到：

「即便是靜寬院，如今已與賊共伍，認為只消慶喜退隱就能了事，這也無可奈何（就算是以前的和宮大人，現在也已站在賊人這邊，認為只要讓慶喜隱居就好，這也無可奈何），余認為應斷然追討（但我仍然認為應該堅決討伐）。既已逼迫敵方至此卻從寬處置（都已經猛烈追擊對方到這一步，這時卻突然從寬處置），屆時再度後悔莫及也無益（之後只會後悔莫及）。拉長評議只會因循苟且（議論半天只會一直兜圈子，無法做出決定），成千古遺恨，務請（你）以汝之英斷嚴加斥責，再三叩首請求。以上。」

由這封信可知，西鄉先生明確主張不管靜寬院或其他人怎麼說，現在沒閒工夫去糾纏這些小事，此刻正是追擊的大好機會。

另外還有一點，大久保先生竟在這風雲告急之際提出新政府遷都大坂的構想。為何他不以京都為首都而打算遷都大坂，原因如下：

「在外國交際之道（今後必須與外國交際）、富國強兵之術、掌攻守之大權（新政府肩負全體國防之任務）、建立海陸軍等方面，地形最為適合（以面海的大坂為佳）。」（《大久保利通文書》）當然其中包含更深遠的構想，總之現在正值接下來即將開戰的關鍵時期，而大久保利通卻已開始在腦中描繪新政府未來運作的設計圖及藍圖，是個稀有的人才。戰爭的事就交給西鄉隆盛，毋寧說今後該如何打造這個國家才是重要課題。

然而木戶孝允（即桂小五郎，當時應該叫做準一郎）卻強烈反對此案。說道：「時值御一新多事之際，故將造成其餘百事停滯不前，喪失諸事機會」（《松橘木戶公傳》），亦即在諸事尚未決定，不知今後將會發生何種狀況且多事多難的忙碌時期，若是進行遷都大業的話，其他眾多該解決的問題就會停擺，因此這件事等晚些時候再執行。的確是有常識的正論。就這樣，之後還會再度提到大坂遷都案，但沒多久就中斷了。木戶先生在這種時候一定會提出正論或穩健的中庸之道。之後也是一樣，木戶先生是能夠阻止大久保先生獨特暴衝舉動的不二人選。

結果決定按照西鄉先生的方針，不久將派軍東征。二月九日，由有栖川宮熾仁親王擔任東征大總督，決定從東海道、東山道、北陸道三個方向進攻，並分別選出三道的總督。之前也曾提過，擔任東征軍統帥的有栖川宮熾仁親王與下嫁德川家茂的和宮大人曾有過婚約，因此也有人戲稱此戰為向幕府復仇之戰。

話雖如此，新政府手頭卻沒有錢。這可是個大問題。根據紀錄，據說當時京都御所內只有五百兩。只要薩摩、長州及土佐願意出大筆金錢就能解決問題，不過他們卻不大想掏錢。

正當他們在煩惱資金之時，一月二十一日，松平春嶽的家臣、在藩政改革充分發揮實力的財政家由利公正提議發行三百萬兩的募債。亦即現在的國債。讓眾人購買公債以募集資金。根據由利先生的說明，當時的人口約三千萬人，只要成人一人出一兩，馬上就能籌到約三百萬兩。現在一提到國債眾人皆知，但是當時沒有人想到可以利用募債等的方式，因此周遭人聽完全都不知所措。於是問道：這樣真的可行嗎？由利公正則回道：一人只出一兩不是什麼大金額，只要在期限內償還就行了。眾人回道：原來如此，的確是妙案。後天，募債案就此決定，由利先生則被任命為事務掌管。

募資行動隨即展開。首先在新政府官廳所在的二條城召集京都與大坂的富商，說服他們率先拿出三百萬兩作為墊款。願意立刻出資者的情況有些微妙，之後在二月十一日，新政府又再度召集三井三郎助、下村正太郎、島田八郎左衛門、小野善助、伊勢屋彌太郎、萬屋甚兵衛、鴻池善右衛門、加島屋作兵衛等京都與大坂的富商，命他們獻金十萬兩作為追討德川的費用。在不確定募債是否能順利進行時（從結果來看確實有募集到，不過之後似乎償還得相當辛苦），先向富商募集獻金。三井先生與鴻池先生後來成為財閥，但當時的最大富商似乎是三井先生及島田先生。

以這筆獻金再加上眾人所募得的資金為基礎，二月十五日，東征三軍（東海道、東山道、北陸道）以公家為先鋒總督威風凜凜地從京都出發。接著以大總督有栖川宮熾仁親王為總大將，西四辻公業、正親町公董、西鄉隆盛、林玖十郎（宇和島）等人則擔任參謀，總計五萬人，約鳥羽伏見之戰時的十倍大軍開始東向進攻。

在大慈院蟄居歸順的慶喜

至於迎戰西軍的幕府方面，由於必須應付松平容保等仍然固執己見的強硬論者，於是於二月十日下令二十四名怒不可遏的大名與家臣停止登城，直接回國。諸大名在明白已經萬事休矣、慶喜公心意已定後便各自回國離去。松平容保抵達故鄉會津時已是二十四日。其後，松平容保開始採取無關德川慶喜的軍制改革，做好必要時的戰鬥準備。

確認鷹派幾乎都已離去，只剩下鴿派內閣以及少數仍主張強硬言論的武士留在江戶城後，德川慶喜於二月十二日將江戶城託付給田安家的德川慶賴，然後前往上野寬永寺的大慈院蟄居歸順。將軍就此離開江戶城。明治四十年代時，以澀澤榮一為中心將德川慶喜的回憶錄彙編成《昔夢會筆記》，書中清楚記載德川慶喜當下的心境（收錄在平凡社的東洋文庫）。內容如下：

「我們即便違逆幕府，也萬萬不可違抗朝廷。此乃義公（德川光圀卿）以來的家訓。」

縱然我們違背幕府的方針，也千萬不能違抗朝廷，這就是水戶德川家的家訓——此即他當下的心境。

當將軍離開江戶城之際，高橋伊勢守（精一，號泥舟）、山岡鐵太郎（號鐵舟。據說勝海舟、高橋泥舟、山岡鐵舟等三人守護德川到最後，後世稱之為「幕末三舟」）、劍客松岡萬等人，以及幕府當中幾位劍術精湛的精英分子跟隨左右。至於在江戶的新選組殘黨則因非幕府正式家臣，故暗中跟隨在旁。然而隨從當中卻看不到勝先生的身影。

他究竟在忙些什麼？從高橋先生的遺稿中就能明白。

「夜色已深。大城寂寥無人。實乃不可說之狀態。余負責君上（慶喜），安房（勝海舟）面對朝廷，此亦為不可說之機密。」

大意是，我負責守護慶喜公，勝海舟專門負責與西軍交涉，我與勝海舟之間有默契，這種事不用明說彼此也能明白。亦即兩人心有靈犀，共同為德川家盡力到最後。

大慈院至今仍在上野寬永寺。我在二十年前曾前往參觀，觀看德川慶喜曾待在這裡、他所眺望的庭院，以及高橋泥舟默默坐著的隣間。現在似乎已不對外開放，的確是間饒富趣味的寺院。據說當時的德川慶喜沒有剃掉月代，臉上略有鬍渣，身穿粗糙的棉製羽織袴。至於三餐等方面應該是由寺院所提供。

戰爭終於要開打了，為了日本國千萬不能開戰雖是勝海舟、大久保一翁及高橋先生等的方針，但並非如同靜寬院宮的信中所述只要能保留德川家家名就好。他們為主君著想的心情不如我們所想像的那般單純，而是想盡辦法避免德川慶喜遭受切腹或斬首等刑罰。這一點與終戰時鈴木貫太郎、阿南惟幾、米內光政、東鄉茂德等人的心情是相同的，他們無論如何都想拯救並保住昭和天皇一命，這是日本投降的最後條件。等到確信昭和天皇的性命得以保住後才接受波茨坦宣言。幕末的這時候也是一樣，所有幕臣均全力以赴，只為了保住主君德川慶喜一命。

德川慶喜的救命請願有三種方法。一是如同前面所述，請在宮內吃得開的孝明天皇皇妹靜寬院宮大人勸說親近人士與公卿。可是公家的世界規矩相當麻煩，以無謂的禮儀為優先，女官必須得大排陣仗只為了傳遞一封信，因此成效不彰。二是透過輪王寺宮（輪王寺的門跡[3]公現法親王，之後還俗是為北白川宮）直接訴諸大總督宮，也就是有栖川宮大人。實際上也開始進行此一方法，不過畢竟同為宮家，說起話來活像演戲，不易展開交涉。還有一個則是透過長年的夥伴——山內容堂與松平春嶽想辦法進行救命請願的暗中操作，不過這必須視作法而定，「那群傢伙該不會又在想些奇怪的策略吧？」若有不順，反倒可能加深兩人的猜疑心。看樣子交涉進行得不順利，就在用盡手段交涉卻進展緩慢期間，西軍的倒幕軍隊正不斷前進。似乎西軍的移動速度較快。

勝海舟在二月十九日的日記中紀錄當時的情況：

「據都內之空評，或曰官軍（每次讀到這裡都會覺得惱火，勝先生果然是寫做「官軍」，雖然很想說寫做「西軍」就行了，大概是因為在他看來對方可是舉著錦御旗吧）止於桑名，或曰前進至駿府，或曰困於箱根之險等，傳聞紛紛，其實情日夜相異（各種傳聞四處傳開）。故激憤士民四處奔波，隨聲附和，實如鼎沸（逞強鬥狠之徒四處奔走，不過只是隨聲附和起鬨罷了）。（略）箱根之支援者（在箱根準備迎敵者）未待令即招募同志，不用指令即締結私黨，四處為據，以遂其志（在各地佈陣以達成自身的志願）。卻不顧敵方間諜恐窺探膝下，實乃危急存亡之時（在江戶有眾多敵方間諜入侵，虎視眈眈之際，卻不顧危險大肆起鬨，實在危險萬分）。我欲達成君上之夙願，晝夜（向強硬派者）訓誡辯解，眾人卻未查其心意（為了實現慶喜公的意願，我想盡辦法不分晝夜說服強硬派者，但誰也不懂我的用意），心生疑念暗鬼，且遭疑為薩長二藩遊說（反而加深他們的懷疑，說道：你是不是站在敵方那邊才這麼說的？），外出則途中趁隙討伐，在內則激論而欲殺害（外出時則找空檔，在內時則闖入激論一番，甚至想殺害我）。誠不知眾人所為如何。抑或激憤，抑或斥責，抑或說教使之退出（無可奈何下只好逐一談話，以斥責或說教方式逼退眾人）。今日之愁苦該向孰訴，不對誰訴（是否該將現在自己立場的困難找人訴說一番才好？我想沒人能懂吧）。」

勝先生一邊如此嘆氣，一邊迎戰勢如海嘯的西軍。

山岡鐵太郎奔走駿府

在局勢如此動盪不安之時，德川慶喜先有動作。他為了告知西軍自己真正的心情，於是找來勝海舟說道：你在薩摩與長州應該有不少熟人，能否勞煩你走一趟京都，至少到總司令部所在的靜岡駿府，代為向西軍直接傳達我蟄居歸順的心意不變，會老實地守本分。勝先生答應他，並辭去陸軍總裁一職，否則前去交涉時事情會變得複雜，當他辭職後回家收拾準備時，德川慶喜派使者前去通知他說道：「還是算了，你到西軍陣營去很可能被逮捕，再也回不來」。看樣子德川慶喜還在懷疑勝海舟，深怕「只要他一到西軍陣營，說不定會向對方倒戈」。結果最後還是取消了。勝先生心想：「原來如此，我就知道會變成這樣」，於是被任命為軍事取扱，既然勝先生不去就得派人代替他，結果浮現高橋泥舟的大名。由於是主公大人的命令，高橋泥舟當然回道：「遵命」並開始準備出發，沒想到德川慶喜卻又即日撤回。在高橋泥舟的「遺稿」中記載如下：

「公又急遽召喚，曰：伊勢伊勢，且慢，若汝前去，麾下之士必定爆發，全予之命令者非汝莫屬，又，非汝無人能鎮定麾下之士。當此時，汝無兩副身體令人擔憂。今若有能代替汝者，汝應舉之。」

這段大意是：你這位使槍高手若前去西軍陣營，說不定會有人發怒，我的性命也不安全。遺憾的是你並無分身之術，有沒有能代替你的人選？「既然如此」，高橋泥舟於是推薦小叔山岡鐵太郎（鐵舟）。勝先生從高橋泥舟口中得知將山岡鐵太郎送到駿府的計畫，雖然他知道有個劍術高超的粗人名叫山岡鐵太郎，卻並不清楚他的為人。

在這之前，勝先生還有任務待辦。雖然會津與桑名的藩主及側近已經回國，不過旗本以下的武士當中仍有一群血氣方剛的人士、諸如新選組等不知會對西軍做出何種舉動的危險份子仍留在江戶。若不將他們逐出江戶，說不定在緊要關頭會發生不幸事件。因此勝海舟先在三月一日，將新選組以甲陽鎮撫隊[*2]之名趕到甲府去，接著任命古屋佐久左衛門擔任總督，並召集血氣方剛者編制一支部隊（日後的衝鋒隊），派他們鎮守江戶外側。就這樣，勝海舟終於將危險份子全都趕出江戶之外。

在這之中，西軍的東征大總督於三月五日抵達駿府，翌日六日，決定於十五日發動江戶城總攻擊。得知此一消息後，勝先生認為將山岡太郎送到駿府的好機會即將到來，於是召喚山岡鐵太郎。看了山岡先生的著作，內容提到：他素以粗人聞名，到勝先生家中拜訪時曾喊道：「勝在家嗎？」結果其家人害怕有人來追殺，謊稱勝不在家矇混過去，他心想：大概是我長著一副兇惡的嘴臉吧。無論如何，這是勝先生與山岡鐵太郎的首度會面。他在三月五日的日記中記載如下：

「與旗本山岡鐵太郎會晤。一見即知其為人。該人曰，與益滿生同伴前去駿府，找參謀西鄉氏會談。我認為此案甚好，經稟告後派該人執其事。並寄一書給西鄉氏。」

勝先生提到，當他見到山岡鐵太郎的瞬間就覺得這個男人不簡單。山岡提到，他打算去駿府與西鄉會面，將慶喜公的想法一五一十地告訴他。這裡勝先生似乎搞錯了什麼，才會在日記中記載山岡先生說「與益滿生同伴」。前面曾提到益滿休之助，他是薩摩藩派遣御用盜在江戶搗亂時的總大將。在燒毀薩摩藩屋敷時被逮捕，被關進小傳馬町的牢房還是某處，勝海舟認為他可能有用處，便在兩三天前將他從牢房放出養在自宅（這種說法有些不妥），後來他讓益滿休之助與山岡鐵太郎會面，派兩人前去駿府，亦即勝海舟派益滿休之助與山岡鐵太郎同行。無論如何，兩人於當晚從江戶出發。文中最後一行的「寄一書」是指勝海舟寄給西鄉隆盛的信，內容相當經典出色。附帶一提，當時勝海舟四十六歲，山岡鐵舟三十三歲。

「無偏無黨，王道堂堂。今官軍雖逼近鄙府，君臣之所以謹守恭順之道，乃因我等既是德川氏士民，更是皇國一民之故。且當今皇國形勢異於昔時，兄弟雖鬩牆，應知外禦其侮。」

勝先生在信中寫道：我們之所以謹遵守恭順之禮，既是因為身為德川家人，更是日本國人民。況且現在日本的狀況與以前不同，兄弟相互攻擊，準備發動內戰。必須想辦法避免國內發動愚蠢的內戰時遭受外國侮辱。接著態度坦蕩地寫道：故千萬不可開戰，儘管如此你們仍要開戰，我方也會做好相對的覺悟，但接下來他開始訴諸官軍的同情心：

「如其處置，非敢陳述。處置正乃皇國之大幸，如有一點不正之舉，將造成皇國瓦解，千載之下亂臣賊子之名亦不會消失。小臣造訪欲哀訴私情，然士民如鼎沸騰，不能離去半日。只能愁苦鎮撫（後略）」

不管你們打算如何處置，我方沒有任何意見。如果處置得當，對日本國只有好處，如果處置稍有偏差，將成為日本國的大敗筆。既然犯下如此大錯，你們也將被冠上亂臣賊子之名，即使過了一千、甚至是兩千年也不會抹滅，勝先生語帶威脅地寫道。我也想親自前往好好地與你們談談，遺憾的是，現在江戶情勢混亂得連半天也脫不了身。我只能請求各位盡量以非戰手段平靜地解決。勝先生讓山岡鐵舟帶著這封信，並派益滿先生跟隨在旁一同前往駿府。

兩人前往品川時，前面一帶早已被西軍佔領，只能從敵中突破。由於益滿休之助是薩摩人，據說是他走在前方大喊「我乃薩摩藩益滿休之助——」，山岡鐵舟則跟在他身後前進。然而根據某本書的記載，益滿先生在抵達箱根時突然染病病倒，其後改由相當了解山岡鐵舟為人的清水次郎長[*3]一家護送山岡鐵舟到靜岡。由於這段敘述的出處不詳，因此真偽不明，但確有此說。

順帶一提，這時已逐漸在各地開戰。例如甲陽鎮撫隊（新選組）兩百人在山梨縣的勝沼與西軍抗戰，結果吞敗。

西軍提出的投降條件

三月八日，位於駿府的大總督府正下令東海、東山及北陸三道的先鋒總督府進攻江戶。隊伍的前方豎起紅色錦御旗，西軍一邊吹笛打鼓地唱著那首由品川彌二郎作詞、相好的藝妓作曲的「咚咚咚呀咚呀咚（トコトンヤレトンヤレナ）[4]」，一邊勢如破竹地進攻。每當我看到「トコトンヤレ節」第四段就會大失所望，甚至覺得可恥。

「眾所皆知的關東武士，問他往哪裡逃，咚咚咚呀咚呀咚，棄城池拋氣概往東逃，咚咚咚呀咚呀咚」

看完後不禁想大喊：「你在胡扯什麼？」我想品川彌二郎填詞時應該一臉得意。西軍一邊唱歌進攻，一邊到處吹噓地說：「我等乃正義之軍，因此非但不會欺壓貧困的各位，而且年貢還比幕府時代少一半」，不斷地講一堆漂亮話獲得平民百姓的支持。因此原是佐幕派的藩也跟著倒戈。這麼一來西軍開始要求諸藩出兵供糧，甚至要求出軍資金，若不答應就會被視為賊軍，諸藩在驚慌之下只好投降。這就是當地籌措。看來日本陸軍習慣當地籌措的惡習就是從這時開始。

就這樣，西軍軍隊咚咚呀咚呀咚地前進。另一方面，三月九日，山岡鐵舟終於抵達駿府，在一家名叫松崎屋的料亭與西鄉先生會面。現在，靜岡車站前一家小間壽司店的旁邊立有「西鄉．山岡會見之跡」的紀念碑，當時的情景雖已不復在，但只要一看就能找到。山岡先生眼眶溼潤地向西鄉先生陳述幕府的立場。「你們大肆宣揚正義，看到我們主公遭到斬首或切腹想必感到洋洋得意，但對我們幕臣而言絕不容許這種事發生。比方說換做是島津侯處於這種情況時，西鄉先生也會不發一語地笑看主公遭到處刑嗎？」他聲淚俱下地訴說，同時也聽取薩摩方面的主張。

翌日三月十日夜晚，山岡鐵舟已回江戶。他於五日晚上出發，去程因突破敵人包圍耗費不少時間，回程卻相當快。大概是西鄉隆盛下令全軍「讓他通行」，才會如此順利通行回到江戶吧。

在勝海舟的日記中也有紀錄收到山岡鐵舟回來的消息。除了感謝山岡先生努力說服西鄉先生，同時也記載對方的主張：

「嗚呼，山岡是沉著勇敢，見識深遠，能鉅細靡遺地演說君上（慶喜）之英意。尤其令人佩服。其字據如下：

一、尊禁足之命，將慶喜之身託於備前藩。

二、交出江戶城。

三、交出所有軍艦。

四、交出整批軍器。

五、居住城內之家臣移至向島閉門思過。

六、協助慶喜妄舉者定將嚴重調查，使其謝罪。

七、無意玉石俱焚，確立鎮定之道，若有力不能及之暴舉者，將派官軍進行鎮壓（不論有罪與否不會混為一談，應分開進行正確處置，相對地若有輕舉妄動、無法壓制者，則不得不討伐）。

若即刻達成前述各項，德川氏家名將從寬處置。」

以上是新政府所列出的投降條件。其後經過細部修改，最終擺在德川家面前的投降條件如下。各位看完不妨比較修改前後的差異也相當有意思。

「德川氏處分等之敕旨

第一條　慶喜自十二月以來，欺瞞天朝，以剩餘兵力侵犯皇都，連日朝錦旗發砲，依照重罪，派遣官軍追討之時，逐漸表明誠心恭順謹慎之意提出謝罪，自其先祖以來兩百餘年治國功業不少，尤以水戶贈大納言（指齊昭）長年來提倡勤王志業不淺，同時亦蘊含格外深厚的意念，若實行下列條件後，將從寬處置，立德川家家名，寬恕慶喜死罪一等，應退居水戶思過。

第二條　開城投降，交給尾張藩。
第三條　應交出軍艦、槍砲，之後再歸還。
第四條　居住城內之家臣應退至城外閉門思過。
第五條　協助慶喜謀叛者，依照重罪，應處以嚴刑，特此從寬處置，寬恕死罪一等，處以相當之刑責。但萬石以上者，則應請示朝裁。」

勝海舟特有的迎擊作戰

西鄉先生最初交給山岡鐵舟的投降條件當中出現一個問題，即雖然德川慶喜保住性命，卻指定安置在備前藩這點。這是因為將人交給備前藩後，就算遭到任何處置都將束手無策之故。即便下令處斬或切腹也無法抵抗，因此幕府方面才無法接受這項條件。必須徹底確保德川慶喜的生命安全。另外，就算要居住城內的家臣移居向島，當時那裡除了水田外根本無處可住，究竟該如何是好也是一大問題。無論如何，這種情況下與終戰時的昭和天皇一樣，最重要的是德川慶喜的性命要緊。當時的陸軍大臣阿南惟幾上將一直努力到最後一刻，說：「若我們放棄所有武器後昭和天皇卻被處以絞刑，該如何是好？」兩者是一樣的道理。

到了九日，結束與山岡鐵舟的談話後，西鄉隆盛於十一日從駿府出發前往江戶。勝海舟根據山岡鐵舟的報告得知西鄉隆盛本人將前來江戶，便下定決心親自出面談判。遂開始思考該如何準備，展開他特有的活動。不開戰是為了日本國好，因此他循此一方向努力，不過身為一條漢子，怎能凡事將「是，遵命」掛在嘴上。該堅持的就得堅持，不當就是不當，究竟該如何貫徹這句話，勝海舟於是展開後方工作。也就是眾所皆知的危急時火燒江戶的焦土作戰。

有一則相當有意思的軼事。是發生在稍早之前的事。大鳥圭介在江戶麴町設置番所，作為進行與西軍決戰之軍事訓練場地，勝海舟卻突然現身在此找大鳥圭介談話。「大鳥先生，在關鍵時刻你會做何打算？」「放火也好什麼都行，總之在江戶町內奮戰。」「既然你曾唸過應該聽說過這件事，即俄軍在莫斯科放火燒毀整個街道以壓制拿破崙軍的攻擊，不過火燒莫斯科的並非俄羅斯人，而是擔任總指揮的外國人。因此他才能毫不在乎地執行。你就算在這裡放火燒了江戶的町民也行，可要堅持到底喔。」

這段對話留在紀錄中。大鳥圭介對於勝先生竟然論及拿破崙戰爭讓他大感驚訝，這也是勝海舟所考慮的對策。亦即讓西軍全部進入江戶的正中央後再火燃江戶。由此可知勝海舟已定下覺悟，展開來自四面八方的火攻作戰。

想跟擁有各種近代化兵器的西軍交戰，光靠使槍帶刀的武士根本無能為力，對方根本不放在眼底。因此勝先生找來流氓、江湖商人、朝氣十足的魚市攤販以及最擅長放火的火消隊，關鍵時刻他會發號施令，委託他們同時放火。在內容半數是吹牛的巖本善治所著《海舟座談》當中，關於當時的情況記載如下：

「……事先在吉原安排金兵衛、新門的辰（辰五郎），這附近一直到行德一帶則安排權二、赤坂的茶屋阿八、今加藤、清水的次郎長。松葉屋惣吉、草刈正五郎（以上都是船貨搬運工）與八百松的店主等各率領五百人。訟師正兵衛、講武所的藝妓、吉原的胖藝妓阿締……」

勝海舟分別與這些人協商，在關鍵時刻誘導所有官軍進入江戶市內，並在周遭放火使江戶變成一片火海，燒死官軍。同時他事先在行德與市川等地和船長們談妥，讓所有船隻在江戶灣靠岸，好讓江戶的全體町民能夠搭船逃走。這些全都是勝先生自己想出的主意。他在江戶到處散步、遊玩，與江戶民眾建立深厚的情誼，可說是他的一大優點。而新門辰五郎等人也相當仰慕勝海舟，尊稱他「勝先生」或「勝麟先生」，滅火是他們的專長，因此他們深知在哪點火會立刻燃燒。

另一方面，勝先生在江戶市內立下高札散布謊言。

「已應接大總督府下參謀西鄉吉之助大人，既已答應恭順謹慎，則將從寬處分，故市民一同無須動搖，應致力於家業……云云。」

內容呼籲江戶市民，已經與西鄉商談好了無庸擔心，請所有市民照常生活，致力於家業，其實內容寫的都是謊言，接下來才要開始行動。由於之前已經將強硬派全都趕出江戶，這麼一來町民就能平靜度日。就這樣勝海舟做好萬全的準備，等待西鄉隆盛的即將到來。

江戶町民將對薩長的憎惡全灌注在「勝者為官軍」這句話中，靜靜地平息下來。當時的江戶子為了表示抵抗，留下了不少歌。

跑出籠外唧唧作響的紡織娘，現已化作武藏之露水

縱使日月旗西下，真日月依然東昇[5]

三月十二日，西軍進入本營池上本門寺。到了十四日，東山道的先鋒隊現身在板橋。儘管已豎立高札，得知西軍即將抵達江戶，仍在江戶突然造成一股騷動。不過勝先生卻心平靜和地等待。當他得知西鄉抵達後便立刻派遣使者，轉告西鄉隆盛無論如何都想與他見上一面。之前山岡鐵太郎已在駿府跟西鄉隆盛談過，很快便得到回覆，兩人的會談也得以實現。

勝與西鄉的二度會談

三月十三日（勝先生記錯日期寫成十二日，正確應該是十三日），兩人先在高輪南

町的薩摩藩下屋敷會面，由於是初步談判並沒有涉及重要內容。十四日，兩人於芝田町的薩摩藩藏屋敷再度會面。現在，出了田町車站後，在第一京濱國道三菱汽車工業總公司前玄關旁的灌木叢建有兩人會談場所的紀念碑。以前那一帶一直到正後方都是一片海，在勝先生的著作中也曾提到「可看到海」。現在已完全看不到海。勝海舟在這次正式談判時託使者送達的信件內容相當出色，介紹如下：

「……（雖然想盡量和平解決）儘管如此（遺憾的是）近日內即將一戰，計損失數萬生靈（人命）。此戰非基於正當名節條理。各持私憤，非丈夫之所為。吾人雖知此乃官軍猛勢，以白刃飛彈四處威脅尪弱士民時，若我不以一兵予以應戰，無辜死者將益增，生靈塗炭將益長。」

大意是，必要時我絕不會坐視不管，若造成無辜弱小民眾全都遭到殺害的話，我將出面迎戰。

「嗚呼，我主家滅亡之際，若無法基於名節大條理從容就死，將成千載遺憾（令人遺憾不已），僅引來海外一笑（只會招致外國的侮蔑）。我輩雖知此事（雖然這麼想），卻力有未逮，共遭魚肉，日夜深怨焦思，幾近憤死（每天想到這件事便生不如死）。若能詳察憐憫其內心，將拜會軍門一談。若有幸能熟慮乃公私之大幸，如死後而復生（我將前去拜會好好向你陳述。若有幸能接受此案並予以實行，我將感激不盡）。謹言。」

勝海舟在會面之前先寫信寄給西鄉先生，明確表示我方雖避免引發戰爭，一旦決定開戰時將會全力應戰。收件人是參謀軍門，亦即大總督府參謀西鄉隆盛，署名則是勝安房。

三月十四日，正式召開會談。在《冰川清話》這本內容有半數是吹牛的書中記載如下：

「當天，我身穿羽織袴騎馬，僅帶一名隨從前往薩摩屋敷。有人引領我走到室內，一會後，西鄉從庭院那頭現身，身穿古洋服腳踩低齒木屐，身旁跟著名叫熊次郎的忠僕，一臉冷靜地現身邊打招呼說：很抱歉遲到了，邊通過房間。看起來一點也不像大事在即。」

會談就在這種情況下展開。雖然勝先生所穿的羽織袴應該也不是什麼高級品，不過西鄉先生卻是穿舊西裝，還真是令人討厭。這時西鄉先生坦率地說：

「我不希望發生戰爭，因此目前先暫停明天的總攻擊。」

西鄉隆盛取消於十五日發動的總攻擊，並當著勝海舟的面傳喚在隔壁待命的村田新八與中村半次郎（千人斬半次郎）下令停止進攻。

而勝先生先提出希望能想辦法讓慶喜公安置在水戶藩而非備前的要求。在他所攜帶的請願書中也有提到這條：「隱居後，請務必讓慶喜公前往水戶閉門思過」。不過之前提到安置在備前藩的條件乃是新政府經討論後所做的決定，因此這時西鄉先生也無法立刻回答，僅能表示「我了解了」。「鄙人將前往駿府，請示大總督宮之意見，視情況或許得前往京都」，西鄉先生說，他必須前往駿府詢問總司令官的意見，若是不同意就得前往京都，來回可能得花費十天或十五天。勝先生回道，萬事拜託，我方將表達恭順之意靜心等待。

各位或許會覺得我雞婆囉嗦，我連勝海舟所提出的請願書也一併列出：

一、（慶喜）隱居後，請前往水戶謹慎。

二、有關開城投降，辦妥手續後即日起即移交給田安。

三、關於軍艦及軍器將全部整理好，下令從寬處置時，請准許留下相當額數後再行提交。

四、居住城內的家臣全都遷至城外謹慎。

五、有關協助○○妄舉者，請網開一面從寬處置，切勿拘泥一命抵一命（「○○」指的當然是慶喜，但因勝先生仍為德川家臣，不能直呼慶喜的名諱）。

但在本文從寬處置一條中，萬石以上者須經朝廷裁示。

六、有關士民鎮定應徹底執行，萬一出現棘手之暴舉之徒時，將懇請派遣官軍鎮壓。

我再重述一遍，勝海舟之所以費盡心思交涉是為了確保德川慶喜的性命。這點絕不退讓。至於第二、三點的開城投降、轉讓軍艦與兵器等，雖然主張堅定但沒那麼強硬。不過他具體提出絕不能讓德川家家臣三餐不繼，必須在某種程度上確保家臣足以過活的要求。這是因為，新政府方面只提到居住城內的德川家家臣全部遷至向島謹慎，但若將所有家臣全都趕到當時盡是水田的向島也束手無策。一般認為，勝海舟與西鄉隆盛在這一點進行激烈的討價還價。

無論如何，兩人似乎默契十足地進行會談，當然勝海舟的態度也氣魄十足，一點也不像態度戰戰兢兢的敗軍將領。

順利結束會談後，勝海舟便返回江戶城。不久取消總攻擊的消息頓時傳遍整個江戶。就這樣江戶市也恢復平靜，然而在三月十五日，曾任外國奉行、頭腦相當聰明的旗本川路聖謨自殺身亡。而終戰時的阿南先生也好，海軍中將大西瀧治郎也罷，敗軍方面都會出現自我了結者。

三月二十一日的《中外新聞》刊有描述雙雄會談後的江戶情況等，相當有趣，介紹如下：

「十五日時三道的先鋒[6]逐漸進入江戶，每天巡邏江戶市中。然而一切還算平穩，所有江戶市民才稍微放心，希望千萬別爆發異變。這次情況能如此和平，全仰賴日光宮[7]大人的斡旋，尤以勝安房守盡全力與參謀西鄉某某周旋，才能和平收場。」

之後，西鄉先生還得前往駿府或京都，相當忙碌。在這期間，勝先生也有其他重要大事要辦，這兩人又再度展開虛虛實實的策略。江戶「無血開城」說起來簡單，其內情一點也不單純，甚至極有可能再次釀成戰爭，因此雙雄接下來的動向變得相當重要。

1　老女，指在武家及公家中負責統轄侍女的職位。另外，幕府女中的上臈御年寄、小上臈、御年寄三職亦統稱為老女。

2　直參，江戶幕府的旗本、御家人的總稱。

3　門跡，指皇親貴族出家後繼任寺院的住持。

4　這首即序章譯注一提到的「トコトンヤレ節」，是日本最早的軍歌。是由品川彌二郎作詞，大村益次郎作曲，也有說法是由品川相好的藝妓──素有「勤王藝妓」之名的中西君尾作曲，不過一般認為應該是配合自古即有的「トンヤレ唄」的曲調由品川填詞寫成。

5　這兩首歌的原文如下：「鹿児を出ておのが音をはるクツワ虫　いまに武蔵の露ときえなん」、「日月の旗は西よりくだれども　まことの月日東より出る」。前一首是取「鹿児（かご，籠子）」與「鹿兒島（かごしま）」的諧音諷刺薩摩。

6　三道的先鋒，是指西軍的東海道、東山道、北陸道的先鋒總督。

7　日光宮，即輪王寺宮能久親王，後來改名為北白川宮能久親王。中川宮之弟。幕末時，曾花了六天與有栖川宮熾仁親王等總督府參議及西鄉隆盛等人面談，拼命地請求饒德川慶喜一命。

*1　彰義隊　慶應四年（一八六八）二月，以舊幕臣為中心在江戶組成。全盛期的隊員約三千人，頭取為德川慶喜的側近澀澤成一郎。以淺草本願寺為屯所擔任市中警衛。其後，以護衛慶喜為目的進入上野寬永寺，在慶喜遷移到水戶後仍然持續抗戰。同年五月十五日在新政府的總攻擊下遭到殲滅。

*2　甲陽鎮撫隊　近藤勇為了在天領甲州迎擊新政府軍而在江戶組織的軍隊，是支結合新選組的殘存兵力與在江戶招募之新進兵力所構成的混合部隊。

*3　清水次郎長　文政三～明治二十六年（一八二〇～一八九三）。幕末至明治期的劍客。生於駿州清水湊。其後協助新政府的政策，從事富士裾野的開墾等。

第十章　戊辰戰爭的戰死者

全力奔走的西鄉隆盛

會談後，還剩下新政府方面究竟是否認可幕府方面所提要求的問題。這時，西鄉隆盛在會談的最後說道：「我得走一趟駿府請示意見才行，若是來不及到駿府還得走一趟京都，因此暫停三月十五日的總攻擊，請靜待回應」，便告別勝海舟——到這裡是上次談到的部份。

西鄉先生隨即於十五日從江戶出發。因為他是個胖子，無法騎馬，只好坐進轎子由轎夫嘿咻嘿咻地扛著向前跑。他在途中路過位於駿府、由有栖川宮熾仁親王擔任總大將的東征大總督府，談到這個問題，由於在駿府無法決定這個問題，必須得前往京都。西鄉隆盛於二十日抵達京都。然後立刻在太政官代（政府）所在的二條城召開會議。出席者包括三條實美、岩倉具視、大久保利通、木戶準一郎（孝允）、廣澤真臣、後藤象二郎、西鄉隆盛等七名首腦，針對幕府方面提出的請願書議論該如何做結論。

這裡又要來介紹中根雪江的日記，他是松平春嶽的家臣。由於松平春嶽沒有出席會議自然不曉得會議內容，但其實他從山內容堂那裡得知會議內容。話雖如此，山內容堂也沒有出席會議，而是從後藤象二郎那裡聽說的。也就是說聽完後藤先生報告後的山內容堂將內容告訴松平春嶽，松平春嶽再告訴家臣中根雪江，因此內容是否正確詳實地傳達並不清楚。但至少根據中根先生的日記記載：

「三條、岩倉等顧問之輩（前面提到的七人）參朝後參與其議（開會）。這時，因（西鄉）吉之助提到德川公雖犯大逆，應降死一等才是，故準一郎（木戶孝允）投機大發議論，辯明寬典，十分盡力，並一一列舉。德川公免死之幸福，準一郎實居功不少。」

換言之，即西鄉先生不再強硬堅持慶喜死罪。在與勝海舟談判後，他開始使勁地替德川慶喜請願求命說道：「慶喜的確犯了大逆，但是我不認為大逆不道到得判死罪，難道不該減死一等嗎？」這時，「說得有理」木戶準一郎趁機大發言論。簡單講，木戶先生也相當拼命。他極力主張德川慶喜應減死一等的原因，絕非我方膽小懦弱，不如說為了今後的建國應當這麼做。比起西鄉先生，木戶先生既能言善道又有說服力。完全壓倒支持慶喜切腹的大久保先生與岩倉先生，最後決定饒德川慶喜一命，最大的功勞得歸於木戶先生——中根先生如是寫道。據說當天會議一直持續到深夜。

日記當中也有提到其他細節，總之西鄉先生只確認眾首腦決定饒恕德川慶喜，接著還得將消息帶回駿府。於是他立刻於二十二日從京都動身出發，再度搭乘轎子嘿咻嘿咻地走過東海道。接下來的局勢發展未必平靜無波，甚至有點顛簸，總之就結果來看投降條件修改如下：「一、慶喜得降死一等，如其所願准許在水戶閉門思過」。

另外，勝先生在請願書中所提到「五、有關協助○○妄舉者，請網開一面從寬處置，切勿拘泥一命抵一命」（○○是指德川慶喜），亦即對於鳥羽伏見之戰中與德川家一同抵抗西軍的桑名藩及會津藩等也請務必寬宏大量，網開一面的請求也幾乎全盤接受，所有人均獲得饒恕。岩倉先生及大久保先生原先雖堅持己見，最後還是表示同意。

西鄉先生抵達駿府是在二十五日，看來快轎的速度相當快。一抵達後隨即拿出在京都開會決定的文件給眾人過目，當然又得開會。不過已在京都拍案決定的事項絕不可能在靜岡翻盤。但畢竟是開會，各位在公司裡也是一樣，大概是與會中有人提出意見修改了投降條件的某個項目，也就是「開城投降後將城移交給田安家」，不過田安家怎麼說也算是德川家支系，是血緣最親的親藩。這麼一來只會讓德川一門沾沾自喜，至少也該寄放在尾張藩。原因是尾張藩是德川御三家之一，而且很快便歸順加入西軍陣營。於是乎，由於兩者都是德川家的親藩，遂將江戶城「移交給田安家」修改為「移交給尾張家」。而有趣的是，原先第六條寫的是「派兵追究會津與桑名。若投降則處以相當的處置，若抵抗則予以屠滅」，也就是說「會津與桑名的所作所為實在蠻不講理，須派軍隊追究責任，若對方引戰則應戰。但若投降則處以相應的處置了事，若有抵抗則予以殲滅」，不過這一項卻被刪除。據說是因為有一名公家說「總之會津太強了」，為避免跟會津打架還是刪掉吧。

儘管修改了不少小地方，基本上仍以在京都開會決定的內容為主，西鄉先生便帶著修正後的文件返回江戶。他於二十八日進入位於池上本門寺的東征軍先鋒本營，通知德川家最終決定則是在四月四日——就這樣，西軍採納西鄉、勝會談的結論決定投降條件。

勝海舟單身赴敵陣

另一方面，勝海舟在這段期間究竟在忙些什麼？

前面也有提到，勝海舟並不認為與西鄉隆盛的會談能順利結束，為因應萬一爆發戰爭的情況，他先是將強硬派趕出江戶，必要時則派鳶頭與深川的一群英俊小哥將西軍誘導進入江戶市內，再同時放火使江戶變成一片火海，亦即效法拿破崙在莫斯科採用火攻的方式擬定殲滅作戰。然後才與西鄉先生進行會談，這個方法並非萬無一失，而是包含勝先生特有的動向。

話雖如此，要管理江戶市中可以說工程浩大。既有說什麼也不願離開江戶的強硬派，也有一群人結黨成群有所企圖，因此勝海舟與大久保一翁組成搭檔，「再等一陣子，很快就會有好消息」，他們好不容易才平定江戶市中。

在這期間，勝海舟於三月二十一日與擔任英國公使巴夏禮的通譯薩道義會面。究竟是薩道義前來拜見還是勝先生找來薩道義並不清楚，總之在薩道義的「日記」中詳細記載與勝海舟的會面：

「勝說，只要能救主君一命並留下充分的收入足以扶養眾多家臣，不管什麼協定都答應。他透露，若條件出乎意料的苛刻，將以武力抵抗西鄉」勝海舟如此告訴薩道義，這也意味著薩道義再將這番話告知巴夏禮。接著勝海舟又說：「只要能擺脫想取鄙人與大久保一翁性命的德川家激進派兇手，事情就能圓滿收拾。」

想取勝先生與大久保一翁性命，大喊「讓對方瞧瞧德川三百年旗本的志氣，怎能就此投降？」的傢伙多如山高。這種情況正好與終戰時日本陸軍呼喊徹底抗戰，說道：「怎麼能夠投降，陸軍自成立以來可是有七十年歷史」的情況一樣，旗本有三百年歷史，因此對他們而言（出賣德川家的）勝海舟與大久保一翁簡直是罪大惡極。想必他們策動過不少次刺殺行動。就連在劇作家真山青果的歌舞伎作品《江戶城總攻》當中，也有描述當勝海舟騎馬時遭到槍砲擊中落馬而失去意識的場面，可見刺殺行動應該屬實。當時勝海舟正處在隨時都有可能遭到暗算的危險狀況下。然而，勝海舟也曾說過，只要自己與大久保一翁的性命能多延長一天，事情就能圓滿落幕。我想薩道義應該也將這句話原原本本地告訴巴夏禮。

而在西鄉先生回到江戶的三月二十六日，勝先生僅攜帶一名隨從搭乘老舊破爛的軍艦蟠龍丸前往橫濱。目的是到英國公使館拜會巴夏禮。不過在那之前，勝先生先與人在戶部的西軍海軍先鋒大原重實（重德之子）會面。這是因為大原重實幹勁十足、血氣方剛，要是他不管三七二十一地攻過來，所有計畫都將告吹。因此勝先生此趟也略帶安撫意味，特意前去造訪。

不過敵營內盡是因中止總攻擊而感到切齒扼腕的敵兵。一個不注意就可能遭到敵兵憤而刺殺，但勝先生卻一臉平靜，只攜帶一名隨從便踏入敵營。所有兵隊似乎倏地舉槍待命，但交際廣闊的勝先生在這裡也有長崎時代不分東西軍、來自全國各藩的門下弟子。據說這時正好一名肥前藩的舊門徒現身阻止兵隊，說道：「這不是老師嗎，快這邊請」讓勝先生通過。其後他與大原重實會面，對方似乎超乎想像地憤怒，對著勝海舟怒吼道：「快點投降，將武器軍艦一個也不剩地全都交出來！」。上述情況全都紀錄在勝海舟在很久以後所撰寫的《解難錄》中，當時他蠻不在乎地如此回道：

「要我率領軍艦投降，看來你似乎有了天大的誤解。軍艦乃歸幕府所有，並非勝（我）所有物。若事情進展順利的話，不久這些將會歸朝廷所有。一介家臣暗地攜帶主家的所有物投降簡直是豈有此理。任何事物都有其正道與順序。踏著正道，按照順序，才能圓滿解決。」

勝海舟如此說服大原重實：誠然我為軍隊之首，卻無法率領軍艦投降。若這次談判進行順利的話，不久這些軍艦將全部歸朝廷所有。難道你不曉得嗎？唯有踏上正道，一切才會踏實穩定。此外，勝海舟的言下之意是：希望你別率領海軍突然朝江戶進攻。大原重實聽著聽著開始覺得勝海舟所言甚是有理，最後以「我明白了」表示理解，回程時還派兩名護衛護送，確保他平安無事地回去，勝先生便從容不迫地走出西軍本營。不過翌日三月二十七日前往橫濱的當天是相當重要的日子。

附帶一提，二十六日這天在大坂的天保山沖舉行明治天皇首次觀艦儀式。前途茫茫的新政府為了展示天皇的威容，將朝廷僅有的六艘軍艦並列在海上以待天皇行幸。此即日本最早的觀艦儀式，說得誇張點大日本帝國海軍就是從這裡誕生。不過只有區區六艘軍艦。幕府的軍艦數量是朝廷的兩倍以上，若是認真打起來沒人知道結果會如何。不過這些都無關緊要，只是附帶說明有舉行觀艦儀式。

慶喜的英國避難案

終於來到三月二十七日。在橫濱住了一宿的勝海舟提早用完早餐後，便不帶任何隨從隻身前往英國公使館請求拜會哈利．巴夏禮公使。巴夏禮先生以「來得太突然，不想見面」為由回絕，勝先生硬是從門縫擠進說道：「身為幕府的代表目前仍留下各式各樣的案件。幕府不久即將垮台，在這之前還有許多必須得解決的問題，因此無論如何都想見公使一面」。公使館人員無可奈何下，「這邊請」只好帶他到會客室，之後便將他晾在一旁毫不理睬。勝先生獨自一人待在會客室，過午後（書中並無提到有關午餐的事，大概沒用午餐）仍然悠然自在地待在會客室。換做一般人早就丟下一句「不等了，我要回去」走人，他卻連「快點叫公使出來」也沒說，只是靜靜地等待。畢竟是曾修練劍術與打坐的人，這點小事根本不算什麼，換做是我早就大喊「不等了」。後來到了傍晚夕陽西下時分，就連巴夏禮也服了他，認為自己態度失禮，「不得已只好見他一面」於是出面。事情詳細經過也紀錄在勝先生的手記《解難錄》中。

這時勝先生向巴夏禮逐一仔細說明，例如幕府的武士在有許多英國人進出的教會引發胡作非為事件等，他表示：「幕府與英國之間充滿許多問題，幕府將誠心誠意地解決發生在幕末騷然不安當中的所有事件」。在這之前，巴夏禮曾與勝海舟見過一、兩次面，頂多只有打量外貌，心想：摸不透這個個頭矮小的男人在想什麼。然而實際會面後才明白，他其實是個相當誠實的男人。

如同從薩道義那裡聽說的一樣，勝海舟不但有膽識，知識也相當豐富，說不定這個男人是個相當了得的人物，開始產生這種念頭的巴夏禮反倒問勝海舟：「你現在應該處於最艱難的立場，究竟打算如何度過這個難關？」這時，在這之前一直不動聲色的勝先生露出一副「就等你發問」的表情開始回答道：

我們身為德川家的家臣，唯獨希望能夠確保慶喜公的人身安全以及家臣們能夠得到充分的處置，不至為生活所困。這時若是爆發戰爭將導致眾多町民死亡，不但對你們這些外國人士造成許多困擾，同時對日本也有害無益。我並不是為了德川家，也不是為了西軍，而是為了我日本國盡全力避免爆發戰爭，這才是最好的辦法。然而，若西軍不願接受堅持動用武力解決的話，我也是名武士。當然不打算乖乖挨打。我所擬定的作戰計畫是效法拿破崙時代火燒莫斯科般，準備讓江戶變成一片火海來迎擊西軍。不過我原意在於恭順，希望能和平解決。此外，我嘴巴上雖說我德川軍很強，其實已骨氣盡失、一錢不名，連武器也買不起等等，連幕府內部情況也被人直接了當地揭露。以下是勝先生的文章，亦即：

「不濫殺無辜，不借外邦之手，不過欲處天下之公道，安於公義之處也。」（『解難錄』）

大意是：不濫殺一般民眾，不靠外國人的幫助，只想確實走在最正確的道路，希望一切在公義之下和平解決罷了。

大概是在談話當中深深被勝海舟毫不隱瞞作假且坦率的人品以及誠實所吸引吧，之後巴夏禮開始露出親切的態度，從他的話中能夠感覺到信義與友情，與先前讓勝海舟久等且毫不理睬的態度簡直判若兩人。而且，

「現在正好英國軍艦亞隆基克號在橫濱停泊。我找了艦長一起晚餐，你不妨也一起來吧。」

他還邀請勝先生一同用餐。勝先生立刻欣然答應，旁邊被傳喚來的基柏艦長似乎也是條好漢，對勝先生的態度充滿敬意。在《解難錄》當中記述如下：

「派人召喚基柏艦長，其態度彬彬有禮，盛情流露，毫不保留盡吐肺腑之言。予深感其重信義，言之有信。談密事，約定讓此艦滯留一個月。」

三人相互敞開心胸暢談，似乎加深了彼此的信賴關係。這段最重要的是「談密事，

約定讓此艦滯留一個月」部份，所謂「密事」到後面就會明白，勝海舟似乎下了決定，一旦情況危急決定開戰的情況下，就讓德川慶喜公到倫敦避難，屆時請求英艦協助。因此他才會請求英國軍艦暫時先別離開，停在這裡。「滯留一個月」是因為不曉得接下來一個月內會發生什麼狀況，縱使在會談上再三強調我方會歸順，但搞不好會產生突發事態，就算上層攜手合作，若是下層發生大事，一切就會翻盤——這些都是為了防範出現上述事態。

不知為何，幕末相關書籍中幾乎沒有提到這場勝巴會談，彷彿在勝海舟與西鄉隆盛的會談中便已解決所有問題。不過我卻認為勝巴會談是在最後的階段，在極為重要的場地商談重要大事的一場會談。最重要的是勝海舟贏得英國公使的信賴。薩摩與英國的交情良好，認為巴夏禮會站在薩摩這邊為薩摩效力。壓根沒想到巴夏禮竟會與「敵」方大將勝海舟如此意氣相投。

我深切地覺得歷史是由人所創造的。人與人之間的信賴竟是如此重要。比方說勝海舟與西鄉隆盛、勝海舟與巴夏禮的信賴關係便成功地制止即將化為戰亂的歷史潮流。換言之，勝海舟的政治力與人性在關鍵時刻成功獲得英國公使的信賴，英國若能實質上處於中立立場，在危如累卵的幕末就能發揮極大的作用。

「萬國公法」的重要性

此外，基於對勝海舟的信賴，巴夏禮做出出乎意料的行動。他特地寄了封信到駿府，上面寫著等西鄉先生抵達後打開來看。西鄉先生打開來看，信上寫著「有事想見你一面，前往江戶的路上請順路前來」。這時西鄉先生似乎察覺到，「唔，難道勝又做出什麼額外的舉動？」雖然沒有明確的證據，但一般認為西鄉先生急忙趕往江戶的路上順道前往橫濱的西國公使館與巴夏禮會面，兩人的會談內容如下。這麼一想一切就說得通了。巴夏禮說道：

「政治御一新之際，若欲對慶喜及其支持者處以苛刻處罰，尤其是身體上的刑罰，將遭到歐洲諸國輿論的譴責，新政府的評價也會大幅受損。」

西鄉先生聽完相當驚訝。由於之前已在京都決定對德川慶喜減死一等諸事，並取得駿府的承認，因此他說道：

「我們新政府壓根沒有打算做出如此苛刻的刑罰。絕不會對前將軍（慶喜）處以死罪，對於教唆慶喜發動鳥羽伏見之戰的那群人也同樣從寬處置。」

這時巴夏禮說：

「那真是太好了。我覺得這種處置相當合理。這麼一來我也無話可說。」

對此，西鄉先生詢問道：

「那麼在萬國公法上我方應該不會遭到責難吧？」

「當然，如此周到的處置令人佩服得五體投地。」

巴夏禮如此稱讚道，接著西鄉先生又說：

「幕府方面在萬國公法上有罪，今後幕府應該不會再向外國人做出多餘的請託吧？」

亦即向巴夏禮確認，幕府犯了反叛罪在先，至此我們已做出決定了，今後幕府不會再繼續向你們做出多餘的請託吧。「幕府」指的是勝海舟，西鄉先生察覺到「原來是那個人事先安排，做出這樣的要求啊」後，才會向巴夏禮確認「今後請別理會勝的要求」。

話說回來有趣的是，西鄉先生認為《萬國公法》（國際法）的範圍也擴及國內戰爭。實際上《萬國公法》是針對對外戰爭的規則，與國內戰爭無關，根據萬國公法規定，殺害已投降方的主君是違規之舉，因此不能殺掉已示歸順的德川慶喜。儘管如此，西鄉先生認為萬國公法到哪都能通用，在這之後，日本的政治家、軍人及官僚在打造新國家時均認為國際法相當重要，深信若不遵守國際法就無法成為國際世界的一員，因此相當重視。也就是說明治的執政者時常將國際法擺在手邊，據此致力於建立國家。

話說什麼是國際法？正確名稱是「萬國普通公法」。美國法學家亨利．惠頓（Henry Wheaton）所寫的《Elements of International Law》是最早也最基礎的著作，元治元年（一八六四）被翻成中文，中文書名為《萬國公法》，傳入日本後便以《萬國公法》書名流傳。之後，該書能廣為日本人所知得歸功於勝海舟。在神戶海軍操練所時代，他便派門生印刷了約三百部《萬國公法》並分送到各藩。該書的普及還有其他各種管道，不過普及全國則是在這時，大概是因為三百部全分送到各藩的緣故吧。就連我們七萬四千石的長岡藩也有這本書。可見連俸祿微薄的小藩也拿得到。

無論如何，從當時起日本人便認識到萬國公法的重要性，而且相當重視。順帶一提，在甲午戰爭、日俄戰爭以及後來參加的第一次世界大戰中，宣戰詔勅上明文寫著「遵守國際法」，故實際上日本在作戰時並沒有違反國際法。但太平洋戰爭可就不同了。原先在宣戰詔勅上有明文規定，卻故意予以刪除。刪掉這條規定的是當時的總理大臣東條英機。日本為了在新加坡戰役登陸馬來半島，為保持機密只得未經泰國准許而擅自登陸，這是明知違反國際法而做的舉動，儘管這麼做有很多理由，只能說至少在昭和時期的軍人及政治家當中，有些人根本沒有想要嚴守國際法。相較之下，遵守國際法的觀念早已在明治時期的政治家與軍人的腦中根深蒂固，西鄉先生就是第一號人物。一旦違反國際法就會被各國瞧不起，排除在外，因此他一直小心翼翼地注意這點。

無論如何，就這樣勝先生在水面下的努力終於有了成果，不但保全德川慶喜的人身安全，同時也顧及幕臣生活的維持。如此看來，發動戰爭雖然簡單，不過想制止戰爭卻是一大事業。能夠在那種情況下中止太平洋戰爭等戰役者，皆讓人深感佩服。

江戶開城與彰義隊的反抗

四月四日，新政府方面所派的勅使抵達江戶城後進行細部協商，決定於十一日交出千代田的城，並在前一天的四月十日，新政府在江戶市中張貼「諭告」通知市民。

「縱使為抗命者，只要悔悟謹慎將既往不咎，有才能者及有志者則據其才提拔，以安撫萬眾之聖旨，自德川譜代至陪從小吏無凍餒之患，又德川氏之良法絕不驟然變更，冤枉宜訴諸總督府。各安其業。」

大意是：縱使是反叛份子，只要誠心悔改思過一切將既往不咎，有能力及有志氣者則錄用，從德川的譜代家臣、陪臣到身份低下者均能確保不受飢寒之迫，有任何問題請毫無顧慮地向總督府投訴，各位請專心從事自己的分內工作。

勝海舟與西鄉先生於十日又在本門寺會面，商討開城投降的細節。內容包括以何種形勢移交城池、如何防範不願交出城池，磨刀準備進攻過來的人士、上述問題幕府方面應負起責任等。

截至目前為止，勝海舟與西鄉先生的會談費時一個月。儘管發生不少狀況，但在會談中已確定不發動戰爭。四月十一日早晨，德川慶喜在確定不開戰後便離開江戶，如同最後會談中所決定的前往水戶閉門思過。

同一天，江戶開城。德川家方面一邊護送從西軍本營池上本門寺前來受理城池的先鋒，一邊帶路。田安中納言（田安龜之助）——之後成為德川宗家繼承人，改名德川家達（十六代）——在玄關的式台迎接從二重橋進來的先鋒，並帶領眾人前往城內。先鋒總督大將為橋本實梁，柳原前光、海江田信義、木梨精一郎、西鄉隆盛等人則騎馬跟隨在後。坐在大廣間上段的是橋本先鋒總督，下段坐的是田安中納言，以下則是排成一列的參謀。德川方面表示將由若年寄大久保一翁等人負責對應。接著進行移交，「這是江戶城」、「確實收下」，順利結束移交儀式後，幕府方面說要端出料理召開酒宴，不過卻遭新政府婉拒，因此似乎沒有吃吃喝喝。

「東海道先鋒總督入城之際，德川氏目付等十餘人身穿禮服，自品川宿負責開路，從芝札之辻一帶起由町奉行帶路，此外到處可見身著裲上下[1]者。當家等各官員於二重橋門內迎接，田安中納言出迎到玄關式台為止。

御兩所於大廣間上段就席，田安中納言則就席於下段，勅諚命令參謀就席於大廣間下段右方，若年寄大久保一翁等人往左出席。靜寬院宮請御兩所留下用餐，但遭到婉拒。」（《太政官日誌》）

就這樣，江戶城在沒有爆發戰爭的和平氣氛下開城了。確實可喜可賀，不過我認為，江戶無血開城不光保住了德川慶喜一條命，江戶市民也免於遭受火攻之苦，同時也拯救了整個日本的命運。若是在這時爆發戰爭的話，或許日本的未來會是一片慘澹。

以下是江戶開城順利結束後勝海舟的感想：

「此議（焦土戰術）終成畫餅。當時耗費許多費用（將大量金錢分配給許多人），使我大為窮困。暗中知情者笑我愚蠢，我也深知此舉愚拙。然而若非如此（若沒有做好如此程度的覺悟），十四、十五之談（與西鄉談判時），我精神將不夠活潑，亦無法貫

徹到底。」（《解難錄》）

可是，事情並非就此順利收場。因為號稱以三千精兵堅守上野山寬永寺的彰義隊氣勢大為高漲。堅守場所佔地三十萬坪，共計八道門。氣勢高漲倒無所謂，在寬永寺堅守到底可是一大難事。另外就在四月十日，會津藩與庄內藩勸說米澤藩與仙台藩，商討迎擊自稱新政府軍的暴力集團，其後還向越後六藩請求協助，締結同盟，必要時朝江戶進攻。

這句話不該由我這個與長岡藩關係密切的人來說，不過嚴格說來，慶應元年（一八六五）在朝廷也答應以開國為日本國策（以為了不久將來的攘夷為由說服朝廷開國）後，至少幕府、朝廷與各藩的意見一致。因此無論是採行公武合體、共和制或是其他方法也好，只要從這時開始建立國家就好。然而無關上述路線、早就結束的尊皇攘夷運動卻轉為以武力推翻幕府為目標的「尊皇倒幕」，短短三年間便發動奪取政權的暴力舉動。西軍逐漸轉變型態變成革命集團。利用貧窮的公家發布偽密勅，還在江戶發動游擊戰，使出硬是將倒幕運動帶進國內戰爭的手段。因此仔細分析後，從東北諸藩及越後長岡藩的角度來看，當然會愈想愈覺得西軍只不過是滿足數百年來生活窮困的公家大人欲望而使出爭奪政權手段的暴力集團。借用勝海舟的話來形容，西軍的行為可說是「有悖於天下公道」，因此東北諸藩會與越後長岡藩締結同盟，反過來懲罰西軍自然也就不奇怪了。為此甚至不惜發動國內戰爭。

從勝海舟的角度來看，眼光應該放長遠些，不該糾結那種無聊的小事，考慮到整個日本現在正是最好時機，最好開始打造新國家而不該引發戰爭。沒錯，借用勝海舟的話並稍做修改：將忠於公司組織掛嘴邊、滿嘴忠義的傢伙愈多，就會使公司變得愈奇怪，甚至搞垮組織，但不見得每個人都贊成上述意見。諸如武士的志氣、武士的美學等都會讓人喪失冷靜。

新政府方面也明白這點，於五月二十四日發布對德川家的處分，將駿河的土地賜給繼承德川宗家的田安龜之助，即日後的德川家達，俸祿七十萬石，也就是公開表示不擊潰德川家。說難聽點，奧羽列藩同盟雖是為德川家所組成的，既然德川家得以存續並受封七十萬石，只要同意不就沒事了？然而這世界並非說轉動就轉動，必須得讓心中囤積已久的懊惱爆發。那些長期忍耐挑釁的人無論如何都想一戰。結果還是引發國內戰爭。

悲劇的戊辰戰爭

好了，要是逐一講述戊辰戰爭將會沒完沒了，雖然遺憾只好改成簡單說明。我參考歷史學家秦郁彥氏的研究，只將重大事項條列如下。除了零頭以外，由於正確數據不詳故數字全都採用概數。

・慶應四年（一八六八）

五月十五日，與上野彰義隊作戰　　西軍　參加兵力一六〇〇，死者三十四

東軍　參加兵力八〇〇，死者二六〇

與上野彰義隊作戰時，由於勝先生擔任市內取締一職，西鄉先生等則提出「用不著作戰，只要將他們包圍起來在陽光下曝曬即可」的意見，大村益次郎卻堅持最好將彰義隊徹底擊垮並直請擔任總指揮。相較於在夜晚發動游擊戰，他改採白天一口氣進攻的作

戰方式，由於新政府軍力遠勝過彰義軍，因而大獲全勝。此外這時江戶市街起火，約有一千兩百戶燒毀。

由於這次講座是借用慶應大學的丸之內 City 校區進行寺子屋講課，我就順帶一提，福澤諭吉在慶應義塾開校前不久便已經開始講課。在他的《福翁自傳》中記述如下：

「即使在戰爭開打的日子，我也沒有停止授課。上野槍砲聲不斷，不過義塾位在距離上野及新錢座約兩里之處，故完全沒有察覺到槍彈射過來，當時我正好使用英文書講授經濟。」

他的大意是，即使在上野戰爭時我也待在慶應講課……，人人都稱讚福澤先生，但我對他的評價卻不怎麼樣。此外，前面曾提到過薩摩的益滿休之助戰死在這場戰爭中。

五月一日，白河口之戰

西軍　參加兵力一六〇〇，死者二十六

東軍　增加兵力三〇〇〇，死者七〇〇

在東北，早在奧羽列藩同盟組成前夕西軍便開始發動攻擊，五月一日於白河口發動戰爭。西軍之所以能憑寡兵之力獲勝在於所使用的武器性能優異。

七月二十九日，長岡城再度淪陷　西軍　參加兵力兩萬八一八〇，死者一〇五〇
　　　　　　　　　　　　　　東軍　參加兵力六〇四〇，死者一一九〇

其實河井繼之助的小千谷談判並沒有談成，五月四日起長岡戰爭就已經開打了。前幾年發生大地震時，有車輛在小千谷翻車遭到掩埋，只有一名小孩生還，那個場所的正上方就是長岡戰爭時最初的戰場。東軍以那邊的山為據點後，戰況突然轉為對東軍有利，正當西軍快要投降時，西軍參謀建議不如直接攻擊長岡城比較實際，於是從內側繞道突破信濃川。由於東軍的主力分佈在山上，城的守備較為薄弱，結果城遭到奪取，暫時撤退的河井繼之助發動夜襲奪回長岡城，並趕跑西軍。

以下是當時常被當作閒談的軼事，西軍的參謀山縣有朋以及準副將西園寺公望人在前線，兩人都被河井繼之助的奇襲作戰嚇得手足無措，西園寺先生反著披上陣羽織，將馬尾當作馬頭倒騎在馬上逃走，而山縣先生則一身赤裸，只用一個葫蘆遮住下體便逃跑了。這是真的，事後據說有人跟山縣有朋說：「當時你還光著身體咧」，他則一臉抱歉地回道「真是汗顏」。之後，西軍再度發動總攻擊想奪回城郭，戰況相當激烈，因此從

五月四日開打一直到七月二十九日長岡城再度淪陷為止，戰爭持續不斷。這場戰爭投入了大量兵力，也造成大量死者。話雖如此，長岡藩兵不過只有一千人左右，由此可知有眾多他藩的援兵前來支援。光是長岡藩的死者就有兩百五十四人，約佔全軍四分之一不到。若是一一九〇名死者全都是長岡藩的話，就等於全軍陣亡，當然不可能發生這種事。無論如何，這場戰爭的戰況確實相當慘烈。

到了九月八日改元，是為明治元年。

・明治元年（一八六八年九月八日～）

九月二十二日，會津若松城攻防戰　　西軍　參加兵力一萬一五九〇，死者三九五

東軍　參加兵力四五〇〇，死者二五五七

這場戰爭也是長期抗戰。八月二十三日白虎隊自刃，會津若松城則是在九月二十二日開城。與長岡戰爭相較之下可知，西軍不僅有一套周詳的作戰計畫，同時也備妥充足的武器來應戰。

當時，在西軍內流行這句話：「會津豬、米澤狸、仙台兔開始起舞」。最先投降的

是九月四日的狸大人，其次是九月十五日投降的兔大人，接著是九月二十二日的山豬大人，庄內藩則是在九月二十三日投降，最後是盛岡藩於九月二十五日投降，奧羽戰爭到此全部結束。

附帶一提，負責擔任奧羽戰爭各方面總指揮的是西鄉先生，其部下中村半次郎等人也在這場戰爭大為活躍。站在東北最前線作戰的西鄉先生在收拾完廣大地方的殘局、最後處理完庄內藩（靜岡）的處置後，留下一句「我的工作已經完成」，遂於十一月返回東京，不久即回到薩摩。接下來才正要展開名為新政府的新權力構造，不知道他究竟有何想法，對於研究西鄉先生的人而言或許是最有趣的一項主題。還有別種說法，據說他至今所做的一切全是出自向島津齊彬報恩，故無法出任新政府的高官立於藩公之上。回到薩摩後的西鄉先生參與重新編制薩摩軍隊，不知出自何種原因。無論如何，他似乎是想重新鍛鍊薩摩軍隊。接下來的五稜郭之戰則是在他離去後所爆發的。

・明治二年（一八六九）

五月十八日，箱館五稜郭戰　西軍　參加兵力五一〇〇，死者二二三

東軍　參加兵力二三〇〇，死者八一五

五稜郭的榎本武揚等人投降時的投降條件如下：

一、交出槍劍以示對朝廷臣服。

二、城內將士可攜帶雙刀退城。

三、榎本武揚、松平太郎、大鳥圭介、永井尚志等四、五人將請示天裁（均由上層裁決）。

四、其他士兵軍不處刑。

條件相當寬大，而榎本武揚、松平太郎、大鳥圭介、永井尚志等四人也均保住性命。五稜郭投降是在五月十八日，所列舉的數字為箱館戰爭整體的人數，八百一十五名死者當中也包括土方歲三在內。

詳細足以名留青史的美談多如山高，在此全部省略，以上是戊辰戰爭的簡單介紹，相信某種程度能讓各位明白這場戰爭的規模。

因此，戊辰戰爭也可說是幕末的「關原之戰」。對日本全國各藩而言，他們只關心應該投靠那一邊。也就是說他們只擔心藩的存續問題，幾乎沒有考慮該戰在廣大文明史上具備的意義。據說戰爭結束後，島津久光曾問身邊的側近：「我何時可以成為將軍？」這段軼事的真偽如何並不清楚，卻充滿了關原之戰的觀點。

——好了，一般的幕末史到這邊就宣告結束，這次可不一樣。我講授的幕末史會談到明治不顧前後地擊垮幕府，下一步準備打造什麼樣的國家等重要部份。雖然下一任將軍不是島津久光，不過誰是下一任將軍、為爭奪權力而無止境的爭鬥在今後仍會繼續發生。換言之，戊辰戰爭還沒結束。

關於戊辰戰爭再附加說明一點，在電視及電影的武打場面中，口中哼唱著「親王大人，親王大人，馬前……」（「トコトンヤレ節」）的西軍總會頭戴染色的犛牛毛，其實這是天大的錯誤。這原是戰國時代武將本多平八郎忠勝為了讓外觀看來更帥氣強悍的兜飾，後來本多忠勝的家臣也開始在兜上飾有犛牛毛，相當受到重視，故在江戶城內收藏了不少犛牛毛。開城時則被翻出來，「這是什麼？喔，原來是犛牛毛啊」作為西軍的戰利品耀武揚威地戴在頭上。因此撇開與彰義隊戰爭以後不談，在進入江戶城以前，絕不可能看到頭戴犛牛毛、邊唱著咚咚咚呀咚呀咚邊在東海道行軍的西軍。為慎重起見介紹一下，黑毛是薩摩，白毛是長州，紅毛則是土佐，只有以上三藩才頭戴犛牛毛。現在到會津若松去，仍可在會津武家屋敷內家老一族的房間看到下列情景擺設：一位姑娘持刀刺進喉嚨，其他人全數死亡，旁邊站有一名頭戴紅色犛牛毛的土佐士兵之人偶。話說回來，戰爭確實是殘酷的。

五條御誓文的意義

早在前述的戊辰戰爭開戰期間就已經進入明治新時代。而率領新政府軍打倒舊體制的首腦們在更早之前就開始商討該如何建立新國家。過去一直是遵循幕藩體制，由幕府發布各項命令，採各藩的地方分權制來構成國家。由幕府掌控整體政治，並由各藩行地方自治。兩百六十年來，幕藩體制一直進行得很順利。因此將幕藩體制完全破壞後就會出現許多更棘手的問題，諸如在世界上眾多國家當中該如何統一國家、如何讓國民信服等。在這之前各藩各自有一套政治體制，在此體制下只要讓老百姓、魚販及木工過著安定的生活就好。要全盤推翻上述政治體制採取中央集權制，一切全由新政府負起所有責任、並安撫萬民日常生活可是艱鉅的任務。話雖如此，一般國民根本無法理解天皇竟變成國家之首且親自執政。既然如此，就必須得教導國民王政復古的意義、何謂天皇成為政治中心等方針。否則將無法統一國家。

於是乎新政府在慶應四年三月十四日發布了《安撫億兆宸翰》。借用天皇書簡的形式，亦即日後的敕語及詔敕之始，向所有國民發布為了國家建設應奮發努力的宣言。內容相當艱澀，絕非當時的國民所能完全理解。下面引用其中相當有意思的部份：

「……汝億兆慣於舊來之陋習，僅尊重朝廷（只知對朝廷崇敬），卻不知神州之危急，當朕一舉足（天皇只要稍有動作）即一臉吃驚，產生種種疑惑，萬口紛紜使朕不為志時（眾人議論紛紛，不讓天皇推行想做的事），不僅使朕有失君道，從而有失列祖之天下（這個國家的國體）也。若汝億兆能體認朕志，相繼去思見，採公儀，助朕業以保全神州，以慰列聖神靈，將為生前幸甚（天皇將會感到欣慰）。」

據說這起宸翰是由木戶孝允所執筆。不僅木戶孝允認為這個國家的萬民百姓「慣於舊來之陋習」、「不知神州之危急」真是可悲至極，這也是擔任新政府首腦者的共識。

然而站在這群可悲至極的國民立場來看，薩摩與長州之舉不過是推翻德川家奪取天下及權力。由其中一藩的藩主成為新將軍，建立類似幕府的機構來統治國家。不久薩長一定會鬧翻再度引發戰爭，屆時在一旁默默觀看的諸藩則為該挺哪邊而傷腦筋，卻不敢插手，天下終究會再度大亂——以上是一般的看法。這也沒辦法。持續兩百幾十年的政治制度突然改變型態，現在才由京都的天子殿下統治天下，這種事任誰都覺得難以置信，而薩摩與長州嘴巴上說的好聽，其實也是自己想要奪權才會發動戰爭準沒錯。

因此，新政府才會向國民宣佈「不是這樣，今後將由天皇陛下位居上位，建立新政府來統治日本」，為了向國民明示今後將以何種形式治國，所採取的方式就是制定新國家的基本方針。在鳥羽伏見之戰結束後的三月開始商討，為了能夠早一刻發布有許多人士在背後努力。根據觀看角度不同，不得不讓人佩服在準備作戰之餘竟能考慮得如此周詳。所完成的就是「五條御誓文」。它和這則「宸翰」同在三月十四日發布。

在三月展開議論前得先擬定草案，因此最先擬定草案的是由利公正。當時的名字叫三岡八郎，是橫井小楠的門生。前面所提到在西軍東征初期提議發行國債以募集資金的就是他，這時已成為新政府的參與。由於其他人對他說：既然你有這種才能，那就擬定一個能讓所有國民認同的文案，因此所完成的就是下列原案：

五條御誓文

①由利公正（三岡八郎）原案

一、遂庶民之志，欲使人心不倦。

二、士民一心，要盛行經綸。

三、求世界智識，以廣振皇基。

四、設貢士[2]期限，可讓賢才。

五、萬機取決公論，切勿私論。

首先著眼國民。其次是武士與民眾應該同心協力，彼此致力與建設國家。接著今後應該不斷從外國吸取知識，以穩固奠定日本國的基礎。第四點的主旨為何並不清楚，大概是指不久要讓在小御所會議等佔有席位、由各藩所推選的議員們與真正有才幹者交替吧。最後是所有事務應由眾人一起商討，得出結論後再付諸實行，切勿私自隨意決定，應全部交由中央執行——內容大致是這樣。

其後，此草案由土佐出身的參與福岡孝弟稍作修正。他是後藤象二郎的盟友，也是提議大政奉還的其中一人，日後擔任文部大臣，作為樞密顧問官位高權重。

②福岡孝弟的修正案

一、應興列侯會議，萬機取決公論。

二、官武一途，迄至庶民，各遂其志，欲使人心不倦。

三、應上下一心，盛行經綸。

四、應求世界智識，以大振皇基。

五、應設徵士期限，以讓賢才。

列侯聚集後召開會議，一切事務均經過商討後才決定，這是最重要的一點。此外武士與庶民也應該同心協力，全員各自描繪自己的志向，眾人一同努力奮鬥才是。後來木戶孝允又針對此案加上更完整的修正，完成了最終草案。

③木戶孝允的草案「誓」

一、應興列侯會議，萬機取決公論。

二、應上下一心，盛行經綸。

三、官武一途，迄至庶民，各遂其志，要使人心不倦。

四、應破棄舊來之陋習，從宇內之通義。

五、應求世界智識，以大振皇基。

此案新增廢除過去所有的陋習，並遵守世界通用的道義之項目。最後再將最終決定案上呈給明治天皇，由明治天皇率領總裁、議定、參與、公卿及全體諸侯，在神前捧著最終定案發誓。

④最終決定

一、應廣興會議，萬機取決公論。

二、應上下一心，盛行經綸。

三、官武一途，迄至庶民，各遂其志，要使人心不倦。

四、應破棄舊來之陋習，基於天地之公道。

五、應求世界智識，以大振皇基。

這就是建立新國家最初的願景，上述五點就是其大方針。

據說後來的昭和天皇就是看了五條御誓文後，才理解日本國民從一開始就以民主主義為目標。

昭和二十一年（一九四六）一月一日，昭和天皇發布「人間天皇」宣言。天皇認為沒必要發布這種宣言，不過GHQ（盟軍最高司令官總司令部）無論如何都不准，因此主張既然如此開頭就先揭示五條御誓文，因為近代日本就是基於此方針立國的。因此人間宣言一開頭就是五條御誓文。是為了告訴國民這五點非常重要。無論如何，「廣興會議，萬機取決公論」成為建國的基本。亦即先向國民宣言：「聽好了，我們可不打算設立將軍職喔」。

爭論不休的東京遷都

同時，由於天皇位於京都無法完全跳脫朝廷眾多雜亂無章的舊習，最好能毅然決然地擺脫這些舊習。以前大久保利通也是有鑑於這點才提出遷都大坂。若想突破舊有的陋習就得盡早遷都到其他地方，若不先決定新的首都，建立新國家就會相當困難，正當新政府開始討論遷都議題時，東北諸藩已締結同盟開始進行反抗。這時有人提議，若想壓制東北諸藩首都選在東方或許是不錯的選擇，於是乎七月，江戶奠都案突然浮出水面。究竟是誰提出此案不大清楚，據說搞不好是岩倉具視所提倡。當時西鄉先生人在戰場上，因此有可能是大久保利通與木戶孝允商討出的提案，無論如何，七月時已經發布「稱江戶為東京」的東京奠都詔書。

「朕今親裁萬機綏撫億兆。江戶乃東國第一大鎮，四方輻輳之地，宜親臨以視其政。故自今稱江戶為東京。是朕海內一家，東西同視之所以也。眾庶應體此意。」

天皇親自處理所有政務，期使全體國民能生活安樂。這時仔細一想，江戶既是東國第一大城，交通四方發達且道路眾多，相當便利。想到江戶掌管今後的政治。因此稱江戶為東京。這意味著我將日本當作一個完整的家，不分東西，一視同仁，希望諸位國民能夠明白這點——。

反覆讀了這封詔書好幾遍，上面都沒有寫到「立江戶為首都」。詔書上確實提到想到那裡執政，並將江戶改名為東京，不過東京意味著東方的京都，而非意指立為首都。可見新政府也明白突然說要將東京設為首都將會引發一大問題。因此才說為了讓日本不分東西、和平相處，成為一個完整的國家，故最好到全國的正中央才能看清整體情況。

不過政治家還真是考慮周到。總之只要先帶天皇到東京一趟眾人應該就會接納，因此硬是讓年輕天皇坐上轎帶到東京去，雖然不是很這麼想說，總之就當作天皇是自願到東京去吧。

九月二十日，正當會津開城前後，明治天皇便從京都出發，於十月十三日抵達東京。隨行人員據說有兩千三百五十人，陣仗可謂浩大。這也算是一種展示手段。隨後進入江戶城內成為其領主，卻沒有久留，只待到十二月初旬便回京都了。這是因為尚有冊封一條美子小姐為皇后陛下的立后儀式以及孝明天皇三週年忌待辦，故暫時回到京都。這趟東京往返所花的費用竟高達七十八萬兩。由於國家財政貧困，這筆費用便由擔任東幸御用掛的京阪富商所負擔。

這時又再度引發政治中心應設在何處的問題。也就是說雖然已經做出遷都東京而非京都的動作，這次卻換成三條實美、大原重德等「京都固執」派掀起激烈的反對運動。其中有一名成員是公家若江修理大夫量長之女薰子，曾擔任美子皇后的家庭教師，由於她猛烈反對遷都東京而遭到幽禁三年多。她的反對理由相當有意思。

一、（若將天皇帶到東京）極有可能被捲入政治糾紛，遭人利用的危險。

二、自古至今肩負守護保存日本文化之重責大任的皇室，極可能受到態度輕佻、盲從西洋文明者的不良影響而喪失尊嚴。

——她的反對理由之所以有意思，在於她說的一點也不錯。天皇家遷至東京後，姑且不論明治時代，天皇在大正至昭和期間確實淪為政治工具，到了現在，天皇在不知不覺間大眾化，逐漸喪失尊嚴。儘管說了也沒用，不過薰子小姐的主張的確戳中要點。

結束立后儀式及孝明天皇三周年忌進入明治二年（一八六九）二月後，太政官（新政府）便遷至東京。總之只有體制老早就制定好，若是天皇不到東京的話就不成樣子。被請來的天皇於三月七日再度從京都出發，途中順路經過伊勢神宮，於二十八日抵達東京。即日起將東京城立為皇城。就這樣，明治天皇來到尚未成為首都的東京，自此再也沒有回到京都，而東京也在不知不覺間成為日本的首都。

終於進入明治新時代。

在進入明治時代前必須先提到這件事。前面我們已經提過，好久沒有登場的西鄉先生已經回到薩摩。他不僅負責指導藩政，同時還傾注所有心血救助贏得戊辰戰爭後卻被藩用完即丟的下級武士。西鄉先生的這份恩情，深深打動了日本全國內心抑鬱不平的士族。而這些不平士族自然也相當尊敬西鄉先生。

順帶一提同是戊辰戰爭贏家的長州藩。這邊則是在木戶先生等人的奔走下，盡早解散了奇兵隊等諸隊，巧妙地進行戰後處理。當然，過程當中雖發生了各種騷動，卻不至於釀成大騷動。……這就是贏得勝戰後軍隊的下場。

1　麻上下（あさがみしも），江戶時代武士的一般禮服。

2　貢士，是指慶應四年各藩所推選代表藩論，到議事所參與議事的人，類似現在的議員。

＊1　「人間天皇」宣言　昭和二十一年（一九四六）一月一日，昭和天皇向日本國民發布之「關於新日本建設詔書」的通稱。昭和天皇本人否認將天皇當作神的想法。

第十一章　新政府沒有航海圖的出航

幕臣大遷徙

由於接下來西鄉先生、德川慶喜公將不會再登場，勝海舟也會暫時消失，因此在進入正題前先跟各位談談有關他們的消息。

德川家遭到朝廷處分後，德川慶喜辭去當家一職，由年紀尚輕的田安龜之助繼承。同時受封駿府（不久改名為靜岡）這塊土地，慶應四年（一八六八）七月二十三日，德川慶喜也定居在此。至於德川家的譜代家臣，亦即旗本也跟著大遷移。幾乎約半數幕臣，約一萬四千人於明治元年（一八六八）十月十一日至十一月九日期間遷徙至靜岡。靜岡素以茶葉聞名，亦有說法指出在此開墾茶田的就是德川家家臣。而剩下的一萬多人則四處分散，要嘛做生意，要嘛不到駿府，選擇待在江戶或到北方去。無論如何，如此大量人數一口氣湧進從沼津一帶到現在濱松一帶，想必生活相當困苦。

擔任幕臣大遷徙總指揮一職的是勝海舟。除了備妥船隻外，同時也安排陸路路線。第一批人員於十月十一日前往靜岡。由於其父勝小吉已經去世，因此其母信子夫人、妻子民子夫人、其妹阿順小姐——前面提到過她嫁給佐久間象山為妻，佐久間象山遭到暗殺後便回到勝家——則早一步於九月三日出發，十四日抵達靜岡。現在，勝海舟與母親等一起居住的場所仍保留在一間名為寶壽院的曹洞宗寺院深處。內部掛有勝先生的照片，遺憾的是由於距離靜岡市街很遠，故當地居民也不大清楚位置。似乎連勝先生曾居住在靜岡也不知道。此外，勝海舟自身的墳墓位於東京大田區的洗足池，母親與妹妹的墳墓則位於靜岡市內一間名叫蓮水寺的日蓮宗寺院。前天我去靜岡時曾詢問當地人「勝家的墳墓位在哪裡？」，果然還是沒人知道。

另一方面，一直到勝海舟去世（明治三十二年）的前幾年為止，隱居的德川慶喜公一直居住在靜岡，任憑怎麼請也不願到東京來。沒錯，到了明治三十年他才肯遷居至巢鴨。德川慶喜在靜岡的住居遺址現已變成一間小餐館，並立有標示。就這樣遷至靜岡的德川家一門與家臣人數相當眾多。大概是因身為賊軍吧，其遺址並沒有受到妥善保存，無法成為觀光資源。

在靜岡遷徙後勝海舟的任務還沒有結束。原因是不曉得留在江戶的舊幕臣會做出什麼舉動。一旦引發騷動的話一切將前功盡棄，因此他致力於分配金錢，忙得焦頭爛額。借用勝海舟的話來說就是「鴨子的蹼」，從表面上看不見水面下拼命划水的蹼——照慣例，勝海舟在日後半吹牛地談論這樁事。

另外，勝海舟曾被新政府多次召喚、不容分說地命他前來，因此他曾三度上京。第一次是新政府對他說：「有幕臣在箱館起義，希望能派德川慶喜擔任征討幕臣的總大將，因此由你負責勸說」，於是他於明治元年十一月九日出發，十三日抵達靜岡。勝海舟認為這是讓德川慶喜公重返社會的絕佳機會才接受此任務，沒想到過了一天卻變成「讓慶喜擔任果然不大妙，還是改由其弟昭武擔任吧」。勝海舟才跟同行的大久保一翁談到「搞不好事情又會有變卦」，不出所料，德川昭武案也遭到取消。朝令夕改也該有個極限，由此可知新政府內部有多混亂（翌年四月十四日離京）。

第二次則是於明治二年六月三日被召喚到東京，一直停留至當年年底（到十二月七日為止），不久又於隔年的六月三日被召喚，一直待在東京到十月十日為止。大多數人都認為勝先生在江戶開城後隨即定居在冰川，其實不是。他大部分時間都住在靜岡。坂口安吾的《安吾捕物帖》是我相當喜歡的一部小說，就連他那樣出色的作家也在書中寫著勝先生自明治二年便一直待在東京。我也曾向坂口安吾本人反映：「安吾先生，你寫錯了」，結果他卻回答道：「這種事不用太計較啦」。以上，離題到此結束，接下來就進入正題。

能做的只有打哈欠與抽煙

慶應四年九月起改元為明治元年。翌年二月新政府搬到東京，終於要開始建立新國家。話雖如此，並不是整個新政府一口氣搬家，而是依序整理住家後再慢慢搬遷，太政官搬家完畢則是在三月左右。

然而雖說是新政府的工作，說的難聽點，「鄉下出身」的薩摩、長州及土佐出身的幕僚都是下級武士，而且盡是對「正是、既然如此、所言甚是」的八面玲瓏政治一竅不通的人，再加上不知自己有多少斤兩的公家，由這群烏合之眾來執政當然不可能做出多好的成效。

附帶一提，明治元年時勝海舟四十六歲，岩倉具視四十四歲，西鄉隆盛四十二歲，大久保利通三十九歲，廣澤真臣三十六歲，木戶孝允三十六歲，江藤新平三十五歲，井上馨三十四歲，三條實美三十二歲，板垣退助三十二歲，後藤象二郎三十一歲，山縣有朋三十一歲，大隈重信三十一歲，伊藤博文二十八歲——相當年輕。相當於今日官僚的課長到部長階級，這些都是擔任新政府的首腦成員，由這群烏合之眾經營政治，不用說政治自然會一團亂。能作為證明的信件所在多有。

首先介紹的是明治二年（一八六九）二月一日，來到東京的木戶孝允寄給京都的三條實美及岩倉具視的信，信中描述木戶先生所見的政府及各方人士的內情：

「諸藩驕氣比起舊幕時大幅增長，最終淪為空喊名義或名分，憑藉藩力擅自向朝廷申訴，關於御一新之主意、使皇國維持千秋萬世等之舉卻少之又少，大多只顧己利，如此四方將成為眾多小幕府之集結，毫無考慮建國之基本。」

大意是：不只薩長土肥，還有許多高喊「打贏戊辰戰爭啦」的藩洋洋自得地搬到東京，明顯變得驕傲自大。只會出聲大聲喊皇國、御一新等口號、對政府提出各種申訴，對於建立國家及今後該如何建立皇國卻沒有任何看法，大多藩都是重視利己主義。這樣下去只會在各地形成小型幕府的集團，根本沒有考慮如何建立新國家。

下一封則是搬到東京後的三條實美於四月六日寄給京都的岩倉具視的書簡：

「在內外實不容易的局勢下，幾乎呈現瓦解色相，不久國體將大幅毀壞，誠為危急存亡之秋，令人陷入焦思苦慮，浩歎不已……於內，若政府五官不能同心協力制定規律法度，眾官將心生疑惑，無意擔任其職，陷入瓦解土崩難以維持之情勢。……說來不勝惶恐，朝廷權威早已墜地，皇風不振，其危如累卵，嗚呼其責在誰。……」

現在國家處於並不樂觀的狀態，這樣下去國家將會分崩離析，不禁令人憂慮不已。

若政府內部機關不能彼此同心協力，就無法制定規律與法則。各機關各自心生疑惑，儘管位居該職卻完全無意負起責任，將使國家陷入分裂……也就是說，雖然推翻了幕府卻沒有下一步藍圖，也沒有人有能力足以負責。每個人只講自己想講的話，如此一來國家必定會崩壞。同時也沒有顧及皇國的心情，令人感嘆我們拼了命所完成的究竟是什麼。

還有一封是松平春嶽於四月二十二日寄給中御門經之的書簡：

「官中（政府當中）、議參（議定與參與）一同已出現不平，實為聾子（同原文）。……儘管向議定下達今日布令等，有時偶爾才接獲一通或兩通，除終日座禪、打呵欠、抽煙外，一無是處，……此形勢著實令人意外，愕然之至。」

儘管上層發布諸多法令及命令，議定卻幾乎沒有收到，頂多偶爾收到幾通。終日除了座禪、打哈欠、抽煙之外，連一點用處也沒有——。大致看完這三封信後就能明白，新政府根本無能，陷入各自為政的狀態。

為慎重起見跟各位提一下，明治二年春天，議定為十六人，參與為十四人，人數比以前多了不少。儘管匯集了各藩的大人物，人數也增加了，不過每個人做事都馬虎隨便，根本無法負起責任執行政策。說起來擔任參與一職的大多是倒幕志士，而非上層人士。「五條御誓文」中的萬機公論也不過只是個口號，就算開會也提不出有建設性的意見。前面已經提過好幾遍，山縣有朋的父親職務是站在大名隊伍的最前頭負責發出吆喝聲，出身連下級的下級武士也稱不上，而伊藤博文的父親則是繼承足輕身份的農民。他們的背景跟政治的「政」字完全沾不上邊。其他人的背景也是大同小異，重要人物卻早早去世了。有趣的是，到了最後留下來的其他人也一一死去，由山縣有朋與伊藤博文兩人取得天下，歷史的轉動就是如此地諷刺。

總之不管再怎麼擅長運籌帷幄、策劃陰謀，或是擅長舞刀動槍的全武行，真正了解建立國家、顧及每位國民的政治者只有少數幾人。位階相當高的上級武士要屬長州的木戶孝允，在薩摩則是大久保利通，雖然位階沒前者那麼高級。附帶一提，前面曾提到西鄉先生已經回到薩摩，與中央政府毫無關聯。就結果而言，木戶先生與大久保先生位居上層，簡單講，木戶先生屬於眼觀八方的外務官僚，大久保先生則屬於喜好統制的內務官僚，兩人個性完全不合，想法也有些微不同。從日後的行動來看，大久保先生的個性屬於當機立斷型，另一方面木戶先生則是一邊勸和，一邊顧慮四周，屬於逐步前進型。應該說，他不喜歡公開露面，盡量讓自己顯得低調。

當時有一首狂歌：

「從上而下唸作明治，由下而上唸作治瞑（明）」

上層的大人物大聲喊著明治、明治，但從下層百姓的角度來看，政治根本沒有治平。如同「治瞑」的字面意義所述，明治政府就在危險慘澹的狀況下開始出發。

行版籍奉還下猛藥

總之待辦的工作堆積如山。以內政來說，明治天皇已經來到東京，同時也在東京建立政府。卻連能夠守護天皇及政府的軍隊也沒有。相對地，各藩仍擁有不少剛結束戊辰戰爭任務的軍隊，勝利的興奮之情尚未平息，相當危險。萬一要是在某處發動政變的話就無法保護天皇。因此就內政而言，首要工作就是消滅各藩，為了建立新國家，必須採取中央集權，擁有政府專屬的軍隊。然而一看到眼前意氣昂揚的各藩將兵，新政府才察覺到這並不是件容易的事。

其次，幕府不但與各國交好，就連與鄰近的朝鮮也透過對馬宗氏建立友好關係。朝鮮的旁邊還有俄羅斯。然而幕府已經垮台，因此新政府必須得獲得各國承認，同時建立新關係以恢復貿易。後面我們會提到，問題是鄰近的朝鮮半島。

其實在談明治時代的展開時，不得不提到諸如鐵路、郵政、學校等與我們現在生活息息相關的一切究竟是如何展開，但卻沒有餘裕（篇幅）。因此只得以政治為中心進行介紹。

無論如何，首先新政府最重要的工作就是想辦法解散各藩擁有的軍隊。只是若沒有一套強而有力的政策根本無法辦到。每個藩都在瞪大眼睛觀看究竟是薩摩還是長州要建立新幕府。個個都在摩拳擦掌等待出手。

這時，為了跳脫持續近三百年之久的封建制度，政府就得早日徵收各藩擁有的領地，這就是所謂的版籍奉還。版是指版圖，亦即領地，籍是指戶籍，亦即人民。將這些全部獻給新政府。然而要是失敗了就會重蹈後醍醐天皇的建武新政之覆轍。遭到眾人的反對。因此最好讓各藩主動開口願意版籍奉還，並據此採取各種對策。

姬路藩主酒井忠邦認為值得一試，於明治元年十一月提出「改藩名，全與府縣一般同軌，以遂中興盛業」的方案，也就是將各藩所有的一切全部歸還朝廷，加以善用以助於建立新國家。「應該可行」，木戶孝允聽完表示支持。木戶孝允一直在思考如何早日打破封建制度，認為在建立皇國日本的前提下必須實行此案，於是他立刻展開行動，首先去說服自己的主公毛利侯。他勸毛利侯說：希望主公能率先解散藩，將兵隊及收入來源全部獻給朝廷。毛利侯聽完後便說道：「什麼？這樣我就不再是主公了，這麼一來我跟你的主從關係也會跟著消滅」，木戶孝允聽完也無言以對，我想不管哪個藩的藩主都是一樣的想法。

之後，木戶孝允大概說服了大久保利通，「他（大久保）」承諾盡力」（《木戶孝允日記》），大久保利通表示贊同後也向島津侯提出同樣的請求，沒想到島津侯卻大為光火地說道：「這是什麼話，這種事豈能由你們擅自決定？」不管如何，接著他也跟佐賀的肥前藩以及土佐藩人士談到這件事，幾乎可說是強行逼迫，結果薩長土肥四藩藩主於明治二年一月二十日連署上奏，向朝廷提交提案書，亦即提交給當時地位相當於總理大臣的輔相三條實美。

提案書上提到：「臣等居所即天子領土，臣等牧所即天子之民。安能私有乎？」這一切並非臣等該據為私有之物，因此歸還聖上。換言之，藉由將幕藩制度下幕府所賞賜的土地及人民全數歸還朝廷，來表明自己是天皇的臣子。

既然四大雄藩都這麼說了，其他各藩也立刻開始行動，儘管發生各種紛爭，從結果來看各藩主均「爭相效仿」將版籍歸還朝廷，亦即將土地與人民全數歸還朝廷。話雖如此，這時卻還沒決定也該歸還軍隊等。

到了六月十七日，兩百六十二名藩主正式歸還版籍。不過各藩主都加上「請顧慮我們的立場」的附加條件，新政府也不敢斷然回道：「你們的地位與人民一樣」束手無策下只好任命各藩主為知藩事（即現在的知事），亦即作為最高支配者負責治理舊藩行政。因此，這時還不能說已完全揮別封建時代，亦未徹底脫離封建制。不過在形式上，幕藩體制已於這時完全瓦解，邁向嶄新時代。附帶一提，最後共計有兩百七十四名知藩事。這是因為統稱「三百諸藩」的大名在經過國內戰爭後減少了不少人。

同時，政府也貼出布告確立身份制度，公卿與諸侯的稱呼全部取消，一律統稱「華族」。日後又增設「公侯伯子爵」的爵位，故在這個時間點公家大人與各藩主全被歸為華族。包括各藩一門以下的高階武士及低階武士在內（「一門以下至平士為止」）歸為「士族」，像我們這種一般庶民則一律改稱為「平民」。雖然這種小事用不著制定，不過當時瀰漫著一股不這麼做無法讓眾人信服的氣氛。

接著，大久保先生察覺此舉的意圖，開始有了動作。早在五月十二日，他先是說服了土佐的後藤象二郎、板垣退助、肥前的副島二郎（種臣）等人，開始著手政府內部的構造改革，此舉頗具政治力人物的特色。可是現在的政府人數太多，效率緩慢。如此一來什麼都做不了。好不容易透過版籍歸還使眾人心向中央時，要是中央依然只會打哈欠、抽煙的話就沒辦法，因而採用選舉制票選政府官員，請落選的人走路。「簡直是豈有此理」土佐的山內容堂對此強烈反對，「我的身分又該如何？」說完便憤然離席。

據說大村益次郎也沒有參與投票。結果在大久保先生徹底做好事前工作下硬是舉行投票。翌日十三日，投票結果如下：

輔相＝三條實美（四十九票）、岩倉具視（四十八票），議定＝鍋島閑叟（三十九票）、德大寺實則（公家，三十六票），參與＝大久保利通（四十九票）、木戶孝允（四十二票）、副島二郎（三十一票）、東久世通禧（公家，二十六票）、後藤象二郎（二十三票）、板垣退助（二十一票）。

僅選出十人。以前議定與參與的人數多達三十人，現在人數大幅減少，但心懷不滿的人也愈來愈多。而大久保利通卻一副這不關我的事的態度大刀闊斧地開除官員，由上述十人掌握所有決策權。同十三日，大久保利通增設下局，命來自各藩的兩百二十七人擔任助手。表面上看起來像是分成上下兩院，實際上根本沒那麼體面，亦即由上述十人掌握決策權，剩下的只不過是打雜的組織。當時山內容堂曾這麼說道：「這世間愚物如此多」。在主公的眼中看來，昨天還是一副農民模樣的傢伙突然露出一副了不起的態度成了官僚，看起來就像蠢貨。

在多了兩百二十七名打雜員的公議所內發生一件軼事。有一位名叫森金之丞（有禮）的人提議「既然已走到這步，不如丟下刀劍，提出廢刀令吧」，結果引發在場議員群起激動，遭到眾人一致否決，甚至還有人說：開什麼玩笑，乾脆殺了森金之丞。據說被嚇得逃走的森先生很快便遭到罷免，位階等全都歸還政府。就是由這等程度的人士聚在一起開會。

這種體制若能順利進行的話倒無所謂，問題是進行得並不順利。然而大久保先生卻認為，若不採取少數精英主義度過危機的話新政府將會就此瓦解。

大久保的大型策略

總之，政府缺乏直轄軍事力成為一大問題。的確，儘管藩已在版籍奉還後遭到解散，但仍保留藩的形式，擔任知藩事的主公旗下依然擁有武士團。若是一直保留不動的話，就無法真正地完全打破封建制，也無法建立新日本，因此大久保利通開始進行事前疏通。

然而在進行事前疏通的途中，反對論者如雨後春筍般地出現，並展開反面疏通工作。尤其是長州的山縣有朋、薩摩的西鄉信吾（從道，西鄉先生之弟）等人都是封建制的支持者。於是由木戶先生想法子，派這兩人在內的三人到歐洲「學習」，將他們趕到外頭。

此外，十名首腦當中板垣退助、後藤象二郎似乎顯得猶豫不決，倒不如說兩人傾向反對論。這時，大膽提倡「若政府沒有軍隊就無法順利執行各種政策，因此必須行徵兵制」的就是大村益次郎。大村先生比較敢明確表達自己的意見並確實推動。總的來說，大村益次郎屬於理科頭腦，對方若是文組頭腦，他就會立刻拿出數據駁倒對方，相當能言善辯。靖國神社前建有一座大村益次郎的銅像，是在明治二十六年（一八九三）為紀念「日本陸軍之父」——從推行徵兵制進而建設日本陸軍的層面來看——所興建，是日本最早的銅像。大村先生強烈主張政府應該盡快建立一支與諸藩無關的國民軍。

可是，就連大久保先生也不大贊成此案。他擔心萬一手段太過強硬將會立刻引發革命，再度爆發國內戰爭。總的來說，木戶先生原先認為若不建立國民軍政府將撐不下去，因此支持大村先生的意見，就在每天進行議論過程中，不知不覺間他開始認為一下子改成徵兵制實在太勉強，最後傾向大久保利通的說法。這時，木戶先生提議總之先建立政府直屬的軍隊，只要以「天皇親兵」的名義就近設置即可，並以薩摩及長州的軍隊充當。在六月二十四日的《木戶孝允日記》中記載如下

「今日也在議論兵制之事，雖與私見（見解）有異，為了皇國的前途，必須漸進推行。」

木戶孝允抒發自己改變意見的原因，認為徵兵制必須得逐步推進才行。

就這樣，在政府內部為了軍事問題爭吵不休之時，還能繼續推動政府內構造改革是大久保利通的過人之處。他認為既然這麼麻煩，就讓政府部內全部變成大久保一派，將所有雜音全部趕出外面才是最直接了當的手段。於是在七月八日，他發布職員令，制定新的中央政府官制。天皇家侍奉神明是日本自古以來的傳統，天皇家則是神主之首，因此另外設置侍奉神的官僚。他效仿神祇官設立太政官。太政官內設有左大臣、右大臣、

大納言及參議，其下則設有民部、大藏、兵部、刑部、宮內、外務等六省，各省長官稱之為卿，並設置由選出的議員所構成的集議[*1]院來取代公議院——這部份詳細介紹起來會相當繁瑣冗長。簡單來說，總之大久保先生認為讓眾人聚在一塊討論一個議題也討論不出結果，於是分設各省並設置大臣，以省為單位來解決問題，之後再由集議院導出解決方向。以近代化為目標。

不過仔細一看，大久保利通的策略似乎以巧妙的方式將不贊同自己意見的木戶派逐出政府中樞，改以自己支持的人選鞏固六省。由此可知大久保利通這號人物不但手腕高明，擅長謀略，同時也具備能預料前景的優異政治直覺。才能讓人在不注意之下突然就被趕出政治中樞。

這樣的結果，參議為副島種臣、前原一誠、廣澤真臣及大久保利通等四人，各省的卿之下另設大輔，由大村益次郎（長州）、佐佐木高行（土佐）、寺島宗則（薩摩）、大隈重信（肥前）等擔任，清一色都是大久保派。各省內部，我們以日後分成海軍省及陸軍省的兵部省為例，最上方為相當於大臣的兵部卿，其下依序是次官階級的兵部大輔、局長階級的兵部少輔、部長階級的兵部大丞、課長階級的兵部權大丞，以及科長階級的兵部少丞——是由上述組織所構成的。就這樣，大久保先生不僅巧妙地讓自派勢力佔領要職，同時將說話反覆難搞的木戶派逐出政治中樞。

這時，明治二年九月四日，大村益次郎在京都木屋町三條的住家突然遭到舊長州藩士的襲擊。大村先生所提出之急進的徵兵制度、建立國民軍、不需要武士的看法，遭到眾多武士的強烈反彈。其中以長州武士最為激動，因此以「玷污神州國體」為由，趁大村先生出發到京都時偷襲他。不，說不定這也是因肉眼看不見的理由遭到逐出的木戶派所做的抗議。因為大村先生明明是長州人，卻站在大久保利通這邊。大村先生身負重傷，於十一月五日去世。由於軍事相關的推動者已經不在了，對大久保先生而言這又是個好機會。他趁機任命黑田清隆、川村純義等與自己親近的薩摩出身者擔任兵部大丞。只是由於做得太露骨，很明顯地大久保利通只任用自己派閥的人選。既然如此，那就再安插一個與派閥無關的人選吧，這時提出的就是勝海舟的名字。

前面已經稍微提過，明治二年六月勝先生正好因別椿事被喚到東京。時機實在太過巧合。因此大久保利通才決定任用改名為勝安芳的勝先生，不過後來勝安芳與大久保利通脾氣合不來。勝先生一直堅決地拒絕請求。由於勝安芳無論如何也不願出仕，大久保利通終於放棄，勝安芳便於十二月七日飛也似地回到靜岡，但不久又被召喚到東京。儘管發生上述事件，大久保先生的工作卻進行得愈來愈順，政府內部人員也開始變得精簡了。

引出西鄉

建立兵部省、推動軍制改革的大村益次郎遭到暗殺後，明治三年（一八七〇）夏季，政府中央盡是大久保派官僚橫行。看到木戶派人士被逐出政府外後，民間開始出現「原來現在是薩摩取代德川建立幕府啊？」的看法，漸漸地開始傳出「這次要爆發薩長戰爭囉」的傳聞，正當此時，山縣有朋與西鄉從道於八月三日從歐洲回國。

山縣有朋是個有趣的人，時年才三十三歲，當他到帝政俄羅斯看到一片繁榮的景象，以皇帝為首，周圍配置軍隊的國家機構運行得相當順利，回國時觀念一轉，認為封建制度已經落伍了，帝政俄羅斯體制才是最棒的體制。山縣有朋的觀念轉換之快，木戶先生認為說不定當初將他們趕到國外的決定是正確的，無論如何，山縣有朋帶著國家若沒有充足軍事力量就不可能順利運行的觀念回國。在山縣有朋回國的同時，大久保利通任命他擔任兵部少輔，不過他卻暫且拒絕。拒絕的原因如下：

「現在的兵部大輔前原一誠已因故遞辭呈，兵部大丞黑田清隆已去擔任他職。且我國兵制甚為多樣。大坂兵學寮依幕府舊制採法式，薩摩為英式，紀藩為普式，其他為蘭式或長沼流。錯綜龐雜，極不統一。」

山縣有朋認為，現在日本不僅兵制薄弱，而且雜亂無章。法式、英式、德式、其他、荷蘭式，甚至還有地方採取古老的長沼流。各地軍隊系統如此雜亂，非得統一才行，若要他擔任軍事之職——他提出下列兩項條件。先是統一兵制，其次則是想辦法將鹿兒島的西鄉隆盛叫到東京，擔任軍制改革的首領。他既有人望，又是個通曉作戰的戰略家，或許不太懂政治，但有必要藉由西鄉隆盛的威名來統一兵制，建立國民軍。

山縣有朋這個人，不曉得該說他有先見之明，還是認為自己得替補大村先生去世後的空缺成為軍隊的支柱才好（遲早會成為支柱），總之他打算讓有人望的西鄉隆盛站在前頭，自己則跟在後頭統一兵制並建立國民軍，為此他強烈主張實施廢藩置縣以廢除各藩兵力。

「這樣啊，必須做得這麼徹底啊」新政府不得已，只好答應山縣有朋的提議。

大久保利通留下這句話：

「與其維持現狀不使瓦解，寧可當機立斷後才瓦解好些。[1]」

如果維持現況繼續帶領政府，政府遲早會崩潰瓦解；倒不如做出任誰也想不到的果決判斷，失敗後才瓦解更好些。如同大久保利通所寫的一般，他堅定決心接受山縣有朋的提案。這點可說是大久保利通的偉大、過人之處，也可說是狡猾、有先見之明，一旦做出決斷就會大膽執行。

那麼西鄉隆盛真的會出馬嗎？根據情報，他現在人在鹿兒島，建立兩、三萬人的軍隊正進行操練。於是大久保利通派其弟西鄉從道前去試探，似乎沒有遭到拒絕。既然如此，大久保利通便向天皇請求，派岩倉具視擔任特別勅使，與大久保利通、山縣有朋、川村純義三名隨行人員一同出發前往鹿兒島。十二月十九日與西鄉隆盛會面，向他請求說道：「政府想斷然實行這些政策，為此無論如何得麻煩你出馬到東京」。其中山縣有朋更是熱情地請求。出乎意料，西鄉先生竟爽快地答應，不過「在那之前，」他說道：

「我與長州的木戸商討過，亦與土佐的重臣洽談過，不光只有薩長，我打算以薩長土三藩兵力組織御親兵獻給朝廷。」

他在話中提到了木戸孝允及土佐，蘊含不讓薩摩的大久保派專美於前之意。「慎重起見，」山縣有朋接著繼續追問道：

「建立御親兵亦即不屬於任何一藩的藩兵，一旦有事，則薩摩藩派出的藩兵可是會反抗薩摩守，亦即島津侯喔。」

新政府的軍隊不屬於任何一藩的藩兵，這點你應該很清楚吧？不論這些藩兵是來自薩摩、長州或是土佐，全都歸屬於天皇的軍隊，一旦有事發生亟可能與薩摩的主公反目成仇喔——山縣有朋再三叮囑，心想：深不可測的西鄉先生應該不會不懂這點吧。

聽完西鄉先生回道：

「沒問題。」

沒關係，屆時我會反抗島津侯。他一句話就答應了。

就這樣，明治四年二月，西鄉再度前往東京。創建以他為中心的御親兵（日後的近衛兵）。他取得木戶先生及土佐的板垣退助同意，以薩長土三藩藩兵建立一支萬人軍隊。在東京集結後成直屬新政府的軍隊，負責保護天皇。這可說是山縣有朋所說的「國軍」之始。由於是採用薩長土藩兵，與他藩無關，所以沒有遭到強烈反對。總之有西鄉隆盛這名充滿領袖魅力的人位於中心後，這下搖搖欲墜的新政府總算多了一根棟樑，像是多了一點骨氣。

而在二月二十二日發布御親兵勅令。二十八日開始實施陸軍部隊最初的編制，將一萬人分成九支大隊，六支砲兵隊。

世界史上前所未見的大事業

好了，現在政府已擁有強而有力的直屬軍隊一萬人，同時隨著西鄉隆盛這名偉大人物的登場增添了骨氣，時代頓時改變。在御親兵的後盾下，下一步就是廢藩置縣。當時已經設置東京、京都及大阪三府[*2]，接下來終於要實施將各藩全部改成縣的強行手段。新政府認為，若不進行廢藩置縣說不定又會爆發內亂，對外就無法展現強勢態度，同時王政復古極有可能只淪為口號而告終。這是因為，在廢藩置縣後革命才開始有了頭緒，在這之前則一直維持搖搖欲墜，不知將要倒向何方的狀況。

事已發展至此，光靠大久保派來支撐政府是行不通的，六月二十五日，新政府開始進行內閣大改造。木戶孝允、西鄉隆盛隨即被任命為參議，政權稍微進行移動，大久保利通（大藏卿）以下則擔任各省的卿（大臣）。西鄉隆盛就任參議的十天後，山縣有朋於明治四年七月六日早晨拜訪西鄉隆盛，終於提出有關廢藩置縣大手術的請求：

「須打破封建，行郡縣之治。若諸藩繼續存留，中央政府將無法抬頭。」

西鄉先生若無其事地回道：

「好，知道了。」

以上對話全都留下紀錄，西鄉先生並不是個多話的人。他又補充一句：

「木戶先生的意見如何？若木戶先生也曉得的話，俺就沒有異議。」

木戶先生與西鄉先生似乎相當意氣投合。總的說來，木戶先生並不像大久保先生那樣擅長玩弄策略，而西鄉先生也不喜歡那種人。

山縣有朋聽完後說道：

「西鄉先生說的倒簡單，身為參議的你及木戶先生搞不好會落得像大村益次郎先生與廣澤真臣先生的下場。」

沒錯，明治四年一月九日，廣澤先生正與情婦睡覺時遭人偷襲暗殺而亡。用不著特地強調「情婦」二字，每個政府高官在東京都有養女人。雖然西鄉先生之後為這件事動怒，不過對出身鄉下地方的人而言女人是東京的好。無論如何，新政府雖然積極追捕犯人，卻抓也抓不到，案情陷入迷宮之中。廣澤先生是幕末時代表長州接獲偽倒幕令的大人物，因此山縣先生表達「明白嗎？搞不好會輪到你喔」之意，要西鄉先生有所覺悟，不過西鄉先生仍舊以一句話回答道：

「俺的話沒問題。」

他一臉泰然地說沒問題。根據山縣有朋的回溯，他說到了往後才感嘆西鄉之大才竟是如此遙不可及。說道：「其果斷明快，能體察事情利害，擁有能實行事物之能力。畢竟非尋常人所能及。」

後來爆發西南戰爭，西鄉先生最後自裁而死，而這場戰爭的新政府參謀長就是山縣有朋。當西鄉先生的首級送達時，雖不曉得他是否一邊撫摸首級一邊在心中說「對不起」，不過他總是躲在西鄉先生的背後斷然執行各項事務，在貪污案件中還被他救了一命，難怪他會終生讚揚西鄉先生。

木戶先生得知西鄉先生爽快地答應後，於七月七日的日記上寫著「今日心情相當愉快」。而他本身也乾脆地回答，當然是贊成。因此在七月九日，立刻在木戶先生家召開祕密會議。根據大久保利通的日記記載：

「自五時訪問木戶氏。老西鄉氏也進來。井上（馨）、山縣亦進來。談論大變革之程序及政體規則之事種種。大致已決。」

文中的老西鄉是種敬稱。因為大久保先生與西鄉先生年紀只相差三歲。與會者都是薩長出身者。「大」變革是指廢藩置縣，眾人聚在一起討論如何實施，當天晚上，有關廢藩置縣的程序及大原則都已大致決定。木戶先生及大久保先生說斷然實行此一大變革將前途多難，必須有所覺悟，西鄉先生看兩人為此費盡心思，便說道：

「若貴公等連費藩實施之程序也已決定，敝人將全盤接受。各地恐興起暴動，無須擔憂。鄙人定會加以鎮壓。」

這點正是西鄉先生的偉大之處。他說，既然你們都已經詳細規劃好了，屆時若發生任何狀況我都會擔起全部責任。聽到這番話，眾人頓時感到放心不少。西鄉隆盛於七月十八日寫給薩摩藩家老桂四郎的信現仍保存。由於篇幅較長，以下僅引用其中一段：

「縱然絕無異議，若一時廢止萬習，難說絕無異變，由於諸國尚未得知，於朝廷將以戰解決，確乎毫不動搖，這點敬請安心。」

一旦發生動亂時「將以戰解決」，是指西鄉隆盛陳述自己將率領近衛兵平定動亂的決心。由此可知，西鄉先生表面上看似泰然自若地回答「明白了」，但他的確做了極大的覺悟。

五天後的七月十四日，新政府疾如風地頒布廢藩令，所有藩無條件地全部解散，改為縣。同時所有知藩事全部遭到革職。

詔書的內容如下：

「朕惟更始時之際，內以保安億兆，外以欲對峙萬國，宜名實相符，使政令歸一。朕曩昔聽納諸藩版籍奉還之議，新命知藩事，使各奉其職。然數百年因襲之久，或有其名而無實者。何以保安億兆與萬國對峙乎。朕深深慨之。故今廢藩為縣。此務乃去冗化簡，除有名無實之弊，欲解政令多岐之憂。汝群臣應體朕此意。」

木戶先生的日記中提到。以前當自己主張版籍奉還之案時，「議論滿天下，說欲殺余者不下少數（放話說要殺了木戶的人所在多有）」，如今終於能迎接這天的到來（得以實施更周詳的廢藩置縣）。在大廣間玉座（天皇）之下，三條實美宣讀（廢藩置縣的）

敕語，（正好人在東京）五十六藩的在京知藩事跪拜聆聽。令人不禁回想起八年前三條實美亡命時的往事（長州被薩摩與會津打得落花流水，三條等人在雨中流亡到長州，即「七卿落難」）。毛利公也在五十六名知藩事當中伏首跪拜。看到此情景回想起往事種種，「感情塞滿胸，不知涕淚下」。令人無限感慨。因為主公在聆聽解散諸藩的詔書時，我人就在身旁。

西鄉隆盛上京之際，大主公島津久光曾再三叮囑「務必要阻止廢藩置縣」後才准他上京，一聽到廢藩令後自然盛怒至極。並在當天晚上放了整晚的煙火，自暴自棄地爆發怒氣與憤懣。

另外，在薩道義的日記中紀錄著巴夏禮在得知廢藩置縣來龍去脈後的感想。

「在歐洲若要推動如此巨大的變革，必須得先打好幾年戰爭才行。而在日本，僅發布一封敕諭便收回兩百七十餘藩的實權統一國家，可謂全世界前所未見的大事。這並非靠人力，只能說是天佑。」

司馬遼太郎先生在其著作《「明治」這個國家》當中如此提到：

「明治維新乃士族所發動的革命。死了眾多武士。為了上演這齣歷史劇必須支付一筆龐大的經費——軍事費及政略費用——全由諸大名自掏腰包。／得到的回禮卻是領地被收回、讓武士全都失業的廢藩置縣。他們大概心想：明治維新究竟是為了什麼？／雖說是大名、士族，若只有留下推翻幕府的薩長等數藩的勝者席位，其餘的全部變成平民倒還淺顯易懂。但事實是，不論勝者還是敗者全都如同跳進波濤洶湧的大海般平等地失業，這就是明治四年名為廢藩置縣的革命。／真是不得了。」

的確是件了不得的大事。

廢藩置縣確實是項了不得的大事業，但在另一方面似乎也沒那麼了不得。這是因為那就是日本人的性格。終戰時，原本還那樣態度堅決地說不可原諒的陸軍，一看到天皇發布詔勅的那瞬間立刻伏首跪拜。這時也是一樣，在日本人心中，原本沒有實權的天皇卻在關鍵時刻發揮極大的力量，由此可見天皇的影響力有多大。換言之，這正是萬世一系的天皇令人可畏的權威。

就這樣，兩百六十一藩遭到強制解散，改編制為三府三百零二縣。同日，山縣有朋任兵部大輔。相當於今日的防衛大臣兼統合幕僚長。

附帶一提，仔細看宮武外骨的《府藩縣制史》一書的封面會發現，有十七縣縣名與縣廳所在地名稱不同，其實這十七縣當中有十四縣是「朝敵藩」。另一方面，明明不是賊軍，但縣名與縣廳所在地相同者有六縣。這些都是觀望形勢、及早歸順西軍的縣。

列表

摘自宮武外骨的《府藩縣制史》

	舊藩名	舊縣名↓現縣名	縣廳所在地
曖昧藩	熊本藩	改稱白川縣，九年二月再置熊本縣	（熊本）
朝敵藩	松江藩	改稱島根縣，該名現存	松江
朝敵藩	姫路藩	改稱飾磨縣，九年八月與兵庫縣合併	神戶
朝敵藩	松山藩	改稱石鐵縣，六年二月改稱愛媛縣	松山
曖昧藩	宇和島藩	改稱神山縣，與石鐵縣合併為愛媛縣	松山
朝敵藩	高松藩	改稱香川縣，再三廢合復縣，現存	高松

曖昧藩	德島藩	改稱名東縣，十三年三月再置德島縣	（德島）
朝敵藩	桑名藩	廢津縣，三重郡四日市的三重縣	津
德川家	名古屋藩	改稱愛知縣，該名現存	名古屋
德川家	水戶藩	改稱茨城縣，該名現存	水戶
曖昧藩	金澤藩	改稱石川縣，該名現存	金澤
同分家	富山藩	改稱新川縣，十六年五月再置富山縣	（富山）
朝敵藩	小田原藩	改稱足柄縣，九年四月廢止，神奈川縣	橫濱
朝敵藩	川越藩	改稱入間縣，六年六月廢止，熊谷縣	↓廢
曖昧藩	岩槻藩	改稱埼玉縣，該名現存	浦和
朝敵藩	佐倉藩	改稱印旛縣，六年六月廢止，千葉縣	（千葉）
曖昧藩	土浦藩	改稱新治縣，八年五月廢止，茨城縣	水戶
朝敵藩	松本藩	改稱筑摩縣，九年八月廢止，長野縣	（長野）
朝敵藩	高崎藩	改稱群馬縣，該名現存	前橋

朝敵藩　仙台藩　改稱宮城縣，該名現存　仙台
朝敵藩　盛岡藩　改稱岩手縣，該名現存　盛岡
朝敵藩　米澤藩　改稱置賜縣，九年八月與山形縣合併　（山形）

從上表就能明白，事到如今明治新政府依然明顯區別西軍與東軍。例如儘管朝敵藩的松山藩及早歸順，仍被視為賊軍改稱為石鐵縣，到了明治六年二月才更名為愛媛縣。而新瀉雖然縣名與縣廳所在地一致，不過明治元年時的新瀉不過只是個小港町。叫人不得不說這擺明根本不想取名為「長岡縣」。不光是朝敵藩，甚至還阻礙曖昧藩。另外還有三個無法歸類的縣，滋賀縣、栃木縣、山梨縣內有許多小藩，是否該歸類於朝敵藩相當困難。總之凡是曾抵抗西軍的藩一律遭到歧視，不容分說地取縣名，負責取名的是井上馨。因此日本國從一開始便歧視賊軍藩。

這種歧視並非一時半刻，而且持續很長一段時間。後年成立陸軍與海軍時，出身賊軍藩者軍遭到嚴重的疏遠。我在撰寫《聖斷——昭和天皇與鈴木貫太郎》時，再怎麼不情願還是察覺到這個事實。忠誠的鈴木貫太郎出身於賊軍關宿藩，在鳥羽伏見之戰火燒

大坂城時他才剛出生，有過從城內逃出的經驗。這個人後來進入海軍，沒想到他竟然三度萌生辭職的想法。三度想辭職的原因全在於出身賊軍者遭到嚴重的歧視。

順便與各位談談我在其他書籍曾寫過的事，是關於對英美戰爭前夕的海軍中央陣容。令人驚訝的是全員盡是薩長土出身的強硬派。以永野修身軍令部總長（土佐）為首，海軍次官、軍務局長、人事局長、軍務局第二課長為長州，戰爭指導班長、軍令部情報部長、軍務局第一課長、軍令部作戰課主任參謀、軍令部作戰課員為薩摩，以及薩長閥的校官階級齊聚一堂。似乎到昭和時代為止一直都有官軍閥。而在最後關頭，想盡辦法在終戰時提出意見拯救國家敗亡的就是剛才提到的鈴木貫太郎、盛岡藩出身的米內光政以及仙台出身的井上成美。作家永井荷風曾在書中寫道：大日本帝國乃是薩長所建，薩長所滅之意的文句，說的一點也沒錯。我順便在後面補上一句：而出身遭到歧視的賊軍出身者則拯救了國家。

哎，或許會有人嫌我囉唆，我就疊床架屋再補一件。明治三十年的陸軍中將人數如下：長州十二人，薩摩十三人，土佐二人，福岡四人，東京一人，其餘沒有。同年的陸軍少將人數如下：長州四十人，薩摩二十六人，土佐六人，福岡四人，熊本一人，石川四人，東京二人，其餘沒有。

至於陸軍大將人數就別問了。因為全員都是薩長出身。薩摩只在海軍中將的人數輸給長州，絕大多數的海軍少將都是薩摩出身。正所謂「長州陸軍，薩摩海軍」。

1　這句是大久保利通的名言之一，原文如下：「今日のままにして瓦解せんよりは、むしろ大英断に出て、瓦解いたしたらんにしかず」。

2　左院，明治時代的立法機構。

＊1　集議院　官制改革時改名為公議所的政府諮詢機關。除了審議太政官所提出的議案外，亦受理民間提出的建白書等事務。明治六年時廢除，職務由左院2所繼承。

＊2　大阪　更改時期諸說紛紜，即大坂的町與攝津國東部合併為大阪府。

第十二章　國民皆兵與不平士族

海舟，不情不願地加入新政府

明治國家在廢藩置縣後並沒有發生暴動，令人稍微感到放心，因為是態度認真的國家，總之為了能盡早徹底學習西洋文明而組成「岩倉使節團」的組織，前往歐美各國進行訪問。

岩倉使節團於明治四年（一八七一）十一月十二日從橫濱港出發，特命全權大使為岩倉具視（右大臣，公家），副使為木戶孝允（參議，長州）、大久保利通（大藏卿，薩摩）、伊藤博文（工部大輔，長州）、山口尚芳（外務少輔，肥前）等四人，此外尚有書記官、理事官、隨行人員等總計四十六人，政府不惜灑錢將這個人才濟濟的團體送出國。其中也包括幕臣福地源一郎（櫻痴）、林董三郎（董），土佐的佐佐木高行、田中光顯，薩摩的村田經滿（新八，之後與西鄉先生一同參與西南戰爭作戰），長州的山田顯義（日後的陸軍中將），盛岡的大島高任等人。不僅如此，還有四十二名留學生也在同一艘船上，包括華族十三人、士族二十四人、開拓使派遣女子五人（津田梅子等人）。日後對民權運動影響重大、著有《一年有半》等著作的中江兆民也是留學生的成員之一，可見政府挑選及派遣相當優秀的人才出國。

訪問國家有美國、英國、法國、比利時、荷蘭、德國、俄羅斯、丹麥、瑞典、義大利、奧地利、瑞士等十二國，一年十個月後的明治六年九月十三日回到橫濱。不過木戶先生生病提前回國，大久保先生也提早回國。

他們是為了今後應該將日本建立成什麼樣的國家而去國外視察，反過來說在這個時間點，他們還沒決定好該建立什麼樣的國家以及詳實的建國藍圖。官僚內既有像山縣有朋一樣想效法帝政俄羅斯建立軍事大國的人，也有人像大久保利通一樣，認為建立以官僚體系統治國民的國家才最理想。或者也有人認為就算不是大國，建立以貿易為中心的小國也不錯，現在仍處於摸索階段。因此這時尚未出現我們所熟知的建設天皇制國家的願景。就算有也只存在於山縣有朋的腦中，要到很久以後（明治二十年代）才會出現成立天皇制國家的構想。無論如何，當時眾人所描繪的國家藍圖各不相同。

岩倉使節團的目的具體而言有三點：①向幕末以來簽訂條約的各國呈上國書——過去雖與諸多國家簽訂條約，不過新政府尚未以國家身份向各國提交正式文書。②條約改正的預備談判——幕末安政時代，在井伊直弼大老主導下所簽訂的諸多條約，其條件對日本都相當不利。作為新國家有必要想辦法修正這些條約，因此必須向各國試探修改的程度。③調查與研究各國的近代化制度與文物——學習西洋文明，包括各個國家屬於何種國家型態、如何運行在內。從結果來看，不論哪個國家都不接受條約改正，可行性為零，幾乎都以失敗做收，所達成的只有③，學習何謂西洋文明，學習該採哪些方面、哪些方面不該採納。也就是文明開化路線。

好了，岩倉具視、大久保利通、木戶孝允等政府首腦都到歐美去了，留守在國內只有三條實美與西鄉隆盛。再加上大隈重信與板垣退助，這裡我特地補上山縣有朋。因為在這個時期，山縣有朋腦中有個相當了不起的構想。三條實美等則沒有具體的國家構想。由於他在公家當中地位崇高，在威嚴上位居上位，不過年紀只有三十五歲，相當年輕。這麼一來，實質上政府內只剩西鄉先生一人。這時西鄉先生在想些什麼？「現在正是好機會」——這麼說有些奇怪，首先他打算拉拔盟友勝先生，若沒有他的鼎力相助政治就不會順利進行。這已在大久保利通出發前取得他的同意。不只是勝安芳，他還打算拉拔大久保一翁、山岡鐵太郎等有能力的幕臣。這在《海舟日記》十月一日有記載：

「一翁、山岡出府之事等內話。鄙人出身之事，西鄉、大久保等人嚴詞厲色地說服。答曰。殷之祖民不仕周，悠悠寬容。所謂周德只是屈從而已又如何。」

這時勝先生似乎已在東京（這年的九月三日上京），一翁先生與山岡先生仍在靜岡，西鄉先生趁機私下與勝先生談論出仕之事。不過勝先生卻辭退了，說道：現在已沒有我們出場的機會，只要你們好好執政就行。於是大久保先生與西鄉先生兩人一同嚴詞厲色地說服勝先生，他則回道：「在中國，被周朝滅亡的殷朝有個政治家祖民，他拒絕了周朝的邀請，反倒悠閒自適地度過餘生」。對祖民而言，被周朝邀請不過是種屈從。

我也這麼認為。內容大意是這樣。儘管如此，總之西鄉先生與大久保先生仍然逼著勝先生說道：「請務必出仕」。結果，勝先生終於還是答應了，心不甘情不願地成為新政府的一員。

說到這裡，稍微跟各位談談說服勝先生當時的東京景象。從這首眾所皆知的當時流行歌謠可窺見一二：

敲敲半髮頭[*1]，可聽到因循姑息之聲
敲敲總髮頭，可聽到王政復古之聲
敲敲散切頭，可聽到文明開化之聲

東京民眾似乎為了三千煩惱絲的問題陷入混亂之中。這是因為政府在明治四年八月九日時發布一則政令布告：「理髮、服裝、廢刀隨個人喜好。唯身著禮服之際必須帶刀」。這則布告並不是廢刀令。而是政府特地發布布告，告訴民眾帶不帶刀都可以，要不要剪掉髮髻請隨意，不穿洋服穿和服也行。由於刀乃是封建時代的象徵，既然已經進入文明社會最好捨棄刀劍；髮髻已經落伍了，為了能趕上超越西洋文明眾人應該煥然一新，因此東京的民眾有人順應時勢剪掉髮髻，也有人維持原樣，可看到形形色色的人。

記得以前在讀紀田順一郎的散文中曾讀到，埼玉縣的某個村內有個嫌披頭散髮像囚犯而拒絕剪髮髻的村民，因此理髮師便趁半夜時手拿剪刀，強行剪掉該村民的髮髻。似乎各地都有發生類似的騷動。

據說木戶先生是在發布布告的前六天剪髮。這是因為身為政府首腦應該以身作則。天皇的侍從似乎都是在布告發布當天剪髮。西鄉先生早在鹿兒島時代就理了大光頭。順帶一提，明治天皇是在明治六年三月才剪髮，這是幾年後的事。據說某天早上起來，眾人看到天皇沒了髮髻後全都嚇了一跳。這時尚有許多人還沒剪掉髮髻。根據紀錄，據說在天皇斷髮的同一個月，皇后陛下也跟著不再染黑牙齒。無論如何，在勝先生前往東京時非常流行這首歌謠，每個人都在煩惱該不該剪掉頭髮。至於勝先生何時剪掉髮髻，雖然查過資料還是不清楚。但我想這時他應該還沒剪髮。

人才登用與宮廷改革

明治四年十一月，當使節團從橫濱出發時，西鄉先生正大刀闊斧地實行其計畫。首先是大赦全體朝敵大名。而且是大赦不是恩赦。不僅封贈住在靜岡的德川慶喜從四位的品秩，同時被「安置」在不知何處的禁閉室的桑名松平定敬、會津松平容保以及老中板倉勝靜等人也全都獲得赦免。箱館戰爭責任者榎本武揚以下、松平太郎等人也一律遭到釋放，並立即傳喚並錄用擔任指揮官的永井尚志、大鳥圭介兩人為政府官員。西鄉先生不斷推行改革，讓周遭人大為吃驚。

其實在使節團出發前，西鄉先生與大久保先生、岩倉先生之間曾定下十二條約定。亦即「盡量不要更新國內事務規定，不要補充諸官省長官的缺額，不變更內閣規模，在各官省不新增勅、奏、判任官等官員」。不可在國內政治實施新的政策、不可做出錄用官吏等人事異動、不可擴大或縮小內閣規模、不增加人員，簡單講就是約定好維持現狀不得動手，在他們外出期間不得有多餘的舉動。儘管如此，西鄉先生卻將這十二條約定全丟到垃圾桶，獨斷推動各項政策。

大久保利通回國時真的大為吃驚。雖然沒有留下紀錄，不過他應該心想西鄉先生竟會做出如此魯莽的舉動。話雖如此，不論是大鳥先生還是永井先生一開始都是從地位最低的少丞開始任命，並沒有突然位居高位。儘管西鄉先生大膽地推行政策，卻都有按照程序進行。唯獨對勝先生及大久保一翁比較特別，由於這兩位是江戶無血開城的大功臣，因此在明治五年五月十日任命勝安芳為海軍大輔，大久保一翁為文部省二等（待遇等同大輔）。而二月時解散兵部省並另設陸軍省及海軍省，這兩省都沒有設卿，因此最高官位為大輔。也就是在海軍方面，勝先生突然一躍成為海軍之首。此舉恐怕會讓大久保利通與岩倉具視大吃一驚。另外陸軍之首則是山縣有朋。就這樣，賊軍人士全都從牢獄中得到解放，比方說榎本武揚也從這時開始重新活動，日後進入政府任職。另外山岡鐵舟則擔任天皇侍從，其經過與下面要介紹的有關。

與此同時，西鄉先生也著手進行宮廷改革。明治天皇周遭都是一群操著諸如「御鐵漿（染黑牙齒），八爪魚（章魚），數數（鯡魚卵）[1]」、「準備填飽肚子囉[2]（準備用早餐了）」等讓人聽不懂話的公家及女官，因此西鄉先生逐一罷免這群出身公家的侍從，改派薩摩、長州、土佐、越前出身的倒幕派士族擔任侍從。這時，幕臣山鋼鐵太郎也名列其中，其他尚有後來在佐賀之亂遭到處刑的島義勇，再加上之前的村田新八（他官位高達宮內大丞），總之全由一群硬漢猛將擔任侍從來鍛鍊天皇。同時也將宮內後方隨處可見的女官全數革職。由於不可能一次全部開除，大概分作二到三次（明治四年八月一日～明治五年五月）解僱這些侍從及女官。當正式對天皇展開進行武術訓練時，二十歲的天皇對此顯得相當高興，「幹得好，西鄉」對西鄉隆盛的信賴也突然大增。另外天皇愛好相撲，據說當他被山鋼鐵太郎毫不留情地投出去時反倒龍顏大悅，不過這件軼事似乎是捏造的，由此可知眾侍從相當積極地訓練天皇。

徵兵令發布的混亂

西鄉先生終於要著手實施徵兵令。選在岩倉具視及大久保利通不在期間實施的原因或許是因為實施時少了許多干擾，也有可能是徵兵令急先鋒山縣有朋「西鄉先生」、「西鄉先生」地推舉他，「好吧，由我來實施」他才會答應。為了建立國民軍隊而推行的徵兵令，是以已故大村益次郎的《兵部省前途大綱》一書中的內容作為藍圖，敘述如下：①設置天皇直屬軍隊（御親兵，即後來的近衛兵），這項已經完成。②自各藩主奪取兵權（廢藩置縣），這也完成了。③充實全國軍備（徵兵制），④獨立製造兵器，⑤設置陸海軍校培育專業軍人，等等。現在則是由自詡為大村先生後繼者的山縣有朋根據此藍圖推動計畫。

說到這裡，在這之前必須先來談最早的戶籍法。這項法令是在明治四年四月時發布，表面上目的是正確掌握政治的根本——人口數量、取締地痞流氓，實則作為徵兵與徵收稅金的事前準備工作。

明治五年三月，山縣有朋在擔任陸軍中將、近衛都督後（這項也違反了「十二條約定」）便立刻大幅刪減薩摩出身勢力強的近衛兵人數，藉由建立鎮台兵來削弱薩摩的勢力，全部採行徵兵制。他在《論主一賦兵》當中提到其構想：

「男子滿二十歲後服常備兵役，兩年後轉預備役，另服四年兵役，期間舉行春秋兩次復習。至此前後六年才得以完全免除兵役。」

在男子二十歲時進行徵兵，服完兩年兵役後並非就此解放，而是轉為預備役，在四年內的春季與秋季接受訓練——亦即重點在於前後六年來設籍於軍隊。當此一構想發表後，立刻引發全國四十萬名武士大聲反對：「政府究竟在想些什麼，到底要我們怎麼辦？」由於近衛兵的人數也大減，尤其是薩摩出身者更是大為光火。因為山縣有朋出身長州，對薩摩出身者而言自然不可原諒。

說起來徵兵是以農民、町人及門外漢為對象，與其傳喚這群人稍微加以訓練後編制成軍隊，不是還有我們這群專家、武士團在嗎？明明光靠士族就能湊足必要人數，為何要特地訓練一群門外漢？不僅如此，連長州出身者也提出反對意見。似乎有不少與山縣有朋同鄉的熟人向他提出忠告說道：「山縣先生，你這麼做一定會引發暗殺及暴動等流血事件。與起如此，首先應費時八年甚至十年時間從士族當中培育士官及下士官，等完成後再下定決心（訓練門外漢）才是」。

然而山縣有朋卻主張按照大村先生的計畫進行。問題是西鄉先生有何反應。儘管山縣有朋已對西鄉先生詳加說明，不過他一如往常地寡言，並沒有做出明確的回答。況且西鄉先生旗下有四天王之稱的桐野利秋（幕末時，以中村半次郎的身份在京都以千人斬聞名）、筱原國幹、別府晉介、邊見十郎太在身邊。這四天王對徵兵制感到相當憤慨激昂，而他們上頭的西鄉先生卻始終保持沉默。後來在西南戰爭時，於熊本城進行籠城戰的土佐出身的少將谷干城著有《隈山詒謀錄》一書。

「尤以桐野最不滿徵兵主義。西鄉乃寡言之人。故雖未明言，果然應採壯兵主義。……這時，桐野之不平幾達絕壁。對余大罵山縣大輔，曰：彼召集土百姓以作人偶，究竟有何益處？」

在谷干城看來，西鄉先生雖然沉默不語，但他應該抱持不該採取徵兵，而是主張重新採用武士作為軍隊核心，此外桐野利秋的憤怒已到達極點。

正當此時，山縣有朋的周遭爆發名為山城屋事件的貪污事件，山縣先生也遭到懷疑。薩摩出身的野津道貫少校（日俄戰爭時的軍司令官）率先出面彈劾山縣有朋。筱原國幹等近衛將校更是怒不可遏，「真是無恥的傢伙，誰要聽那種人的命令啊？」西鄉先生迫不得已，只好要求山縣有朋在遭到嫌疑期間主動辭去近衛總督一職，山縣有朋遂於七月中旬辭職，由西鄉先生接任該職。

不過山縣有朋是個相當有政治手腕的人，原以為他的政治生涯就此告終，沒這回事。儘管他一直縮頭縮腦，卻始終不願遠離權力。於是他私下拜託薩摩出身、硬要說的話比較贊成徵兵制的海軍少輔川村純義與西鄉從道去勸說西鄉先生。為了日後能奪回權力，如果不夠頑強的話是辦不到的。

這兩人與西鄉先生會面詢問他的意向，才得知他並不贊成徵兵制，不過仔細追問後發現他也不反對。這麼一來，山縣有朋如同不死鳥般開始出動，幾乎可說是強行勸說天皇，明治五年十一月二十八日，終於頒布了全國徵兵的詔敕。當然這是在岩倉具視及大久保利通等幹部不在國內期間所實施，西鄉先生很可能在最後點頭同意。由於沒有留下紀錄，也只能夠推測西鄉先生並不反對但也不贊成徵兵制，只是保持沉默成為山縣有朋的後盾。就這樣實施了徵兵制度。同日，太政官發布《徵兵告諭》，內容如下。

文中先是大力稱讚在古代日本國民皆兵，如何發揚國威，接著「後世佩雙刀（兩把刀），稱武士，抗顏坐食（一臉傲慢地吃白飯），甚至殺人，而官亦不問其罪」，意思是所謂的武士，就算殺人也不會遭到問罪。這則告諭的內容相當驚人。裡面蘊含著山縣有朋對武士階級的強烈反彈。我已經重複很多遍，由於山縣有朋的出身比足輕還要低下許多，曾遭到武士百般欺凌。他自孩提時起就遭到相當悽慘的對待。而這封告諭囊括他強烈反彈情緒。因此新國家為四民平等，「以上下平均，人權齊一為道，此即兵農合一之基礎」。文中明確提到新國家沒有武士、町人及農民之分，平等對待武士及農民這點相當重要，因此才實施徵兵制。

十天後的明治六年一月七日（新曆），山縣有朋先在東京、仙台、名古屋、大阪、廣島、熊本六地設置鎮台，在至今只有近衛兵的地方一口氣加入兵隊。如同他向天皇所建議的一樣。接著於一月十日，正式公布國民皆兵的徵兵令。山縣有朋只要在薩摩人不斷辯解、桐野利秋氣沖沖地想殺掉他之前搶先發布天皇命令，就大功告成，這就是山縣有朋的過人之處——先下手為強。不僅如此，他還自二月起解散所有近衛兵，將其中佔絕大多數的薩摩兵全部趕走。到三月底為止退伍者約佔百分之八十四。這麼一來，就安排好平時可動員三萬一千六百八十人，戰時可動員四萬六千三百五十人的軍隊。

這麼一來，一方面武士的憤怒聲浪不斷高漲，一方面也爆發全國性的大騷動。

不僅如此，告諭的內容還提到讓平民感到相當奇怪的事。

「……凡天地之間，一事一物無稅不有，以充國用。然則人本應盡心盡力報國。西人稱此曰血稅。以其生血謂之報國。且若國家有災害，眾人不得不遭受其災害一分，故可知眾人盡心盡力防範國家災害，則為防範自己受到災害之根本。」

這則告諭中提到的「血稅」以及「以其生血謂之報國」引發眾人的誤解。這是因為「政府以徵兵卒的鮮血釀造葡萄酒讓外國人享用」、「旗幟、毛毯及帽子的紅色是用徵兵卒的鮮血所染紅」等荒謬不實的傳聞滿天飛的緣故。而此時期正好與所有國民必須得接受教育、規定小學為義務教育的「學制發布」時期正好重疊，「原來小學是為了徵兵而誆騙人民的場所啊？怎麼可以灌輸小孩這種觀念？」因此全國民眾到處張貼「反對徵兵」、「反對小學」、「反對太陽曆」等標語，發起示威運動。

不過政府卻以不實施這些政策就無法成為一個獨立國家，強制實施。

另一方面，站在西鄉先生的立場，他原本就傾向用不著馬上實施國民皆兵，而是召集各地失業的士族來組織軍隊。由於反對騷動愈演愈烈，他認為必須讓山縣有朋下台以示負責，四月時也命山縣有朋辭去陸軍大輔一職。然後他再說服桐野利秋等強硬反對派。

「山縣中將已辭職。另外若諸君想追究山縣中將的責任，俺西鄉願意奉陪。既然已經正式決定為國策，就該委任當局靜待結果才是正道。」

西鄉先生的這番話強烈地撼動人心，反對派勢力也因此平息。別說是國民，就連武士階級的騷動也一口氣平定下來。不僅如此，他在開除山縣有朋後並沒有將他晾在一旁，六月，他任命山縣有朋為初代陸軍卿（陸軍大臣）。山縣有朋時值三十六歲，正是春風得意時。「如我所說，西鄉先生果然是支持我的」讓他又再度為西鄉隆盛傾倒。

另外，在這之後，十二月時從德國留學回國的桂太郎陸軍大尉（日俄戰爭時的總理大臣）讚揚山縣有朋毅然實施徵兵令說道「你可真是百折不撓耶」，平時不苟言笑的山縣有朋滿面笑容地回答道：「只有你對我說：這下就能奠定軍隊的基礎。有你的贊同，我的意志突然變得更堅定」。自此，深受山縣有朋賞識的桂太郎的仕途開始平步青雲。日本在實施徵兵令後，包括派閥方面在內，可以說奠定各方面的骨架。

「征韓論」騷動的結果

就這樣，西鄉先生趁幹部不在國內期間大刀闊斧地實施不少政策。可以說他依序進行國家最重要的改革。明治五年八月發布學制（小學義務教育制）、新橋・橫濱間鐵道的開通（五年九月）、廢除陰曆採用太陽曆——關於這點，由於明治五年十二月三日突然變成明治六年一月一日，因此十二月有二十幾天就此跳過。另外，由於政府財政困難，不願支付官吏月俸，十二月份的薪資因而取消，結果促使官吏發動反對運動——，明治五年十一月的制定國立銀行條例[*2]、發布徵兵令，以及發布最重要的地租改正條例[*3]（六年五月）……，由此可知，自明治五年至六年日本國民是如何茫然失措、不得不接受政府單方面發布命令。一般國民只能叫苦連天，勘所難堪。經過此一陣痛期後，才好不容易整頓好國內體制，開始步上國家的正軌。

接下來就只剩外交問題了。重要的是隔壁的朝鮮，日本換了新政府後，儘管擁有主權的新政府再怎麼向朝鮮提出結交，大院君政府卻哼都不哼一聲毫無回應。這時「西鄉政權」便挺身而出。當時朝鮮正值「大院君的朝鮮」時代，不但徹底實施鎖國政策，甚至看扁日本不當一回事。而且日本寄來信中卻看到「天皇」的「皇」字，只有宗主國清朝才能對朝鮮政府使用「皇」字，追根究柢日本原是我國的屬國，怎能擅自使用「皇」字呢，遂退回信件。「真是無禮」，問題也愈來愈大，結果在明治六年的夏秋之際爆發「征韓論」論爭。附帶一提，首度被列為閣議議題是在六月十二日。

不過征韓論並非這時才突然冒出來，而是從幕末以來就有的議題。學者與政治家，例如國防論元祖林子平、會澤正志齋等人早已開始討論，而吉田松陰、橋本左內（福井藩士）、藤田東湖（儒學者）等對此也深表關心。簡單講，必須想辦法對付朝鮮是薩長土等幕末憂國志士的共同課題。不僅如此，向態度無禮的大院君君臨的國家嚴重表達抗議，必要時得做好擊潰朝鮮的覺悟也是從以前就札根的共同意見。尤其是陸海軍的幹部更是殷切期望。明白眾人意見後，西鄉先生便主張征韓強硬論：「俺去向朝鮮嚴表抗議，若是對方不理會將不惜一戰」。眾人皆表贊同，沒人反對。因此作為國策，西鄉特使赴朝鮮進行交涉，萬一他遭到殺害反倒更好，這下就有征討朝鮮的藉口了——這是西鄉先生自己的想法。

西鄉隆盛於八月十四日寫信給他視為可仰賴的同志的板垣退助，信中提到：

「朝鮮使節一事，無論如何請務必盡力協助。……倘若先生對派遣小弟（指西鄉）一事猶豫不決（如果板垣遲遲下不了決定的話），將會再度遷延，故務請斷然下令派遣，若您能出口答應（若您開口贊成派遣西鄉），定能藉此發動戰爭，……」

西鄉隆盛在信中表達無論如何都要去朝鮮的覺悟，現在正是發動武力攻擊的好時機，請板垣退助盡速下決定。這麼一來，冥頑的大院君政府必定會殺掉自己，這時就有了出兵的正當藉口，這就是西鄉隆盛的祕密計畫。

就這樣，留守政府（由參議西鄉、板垣、大隈重信再加上四月新增的大木喬任、江藤新平及後藤象二郎上任。這也是在西鄉的獨斷下成立）幾乎已經敲定此項決策（只有大隈重信反對），準備向明治天皇上奏。年輕的明治天皇聽完後便說道：「此乃攸關國運的重大問題，先等在國外訪察的岩倉回國，聽取他的意見後再決定如何？」並沒有下達最終許可；另一方面，據說強硬派逼迫並向三條先生表示沒必要等岩倉具視回國，現在不是發呆的時候，要他向天皇呈報「為進行國交交涉，請派西鄉赴朝鮮」的意見並取得批准。其實，關於這點有點微妙。

我將各派說法整理如下，有一說指出，八月十七日的閣議中已經內定，三條先生按照請求向天皇呈報後得到批准，因此西鄉先生相當高興，但天皇仍表示最後聽岩倉具視的意見後再決定，意見稍作保留。不過姑且取得天皇的批准。然而各省內部發生摩擦，並傳出已國的大久保利通（五月二十六日回國）及身體不適延後回國的木戶孝允（七月二十三日回國）表示反對。反對原因在於若派遣軍隊前往朝鮮發動戰爭將造成重大的財政負擔。被拉進贊成派的三條實美在得知這點後，態度變得舉棋不定，便寄信給岩倉具視「立刻回國」，等待他回國——大概是這樣。

另一種說法是，由於三條實美並沒有向天皇呈報意見，所以天皇才沒有批准。這時緊急於九月十三日回國的岩倉具視與大久保利通提出強烈反對，贊成派與反對派起了衝突，使得征韓論論爭愈演愈烈。因此有趣的是，大久保利通竟於八月到九月請了一個多月的特別休假到關西旅行。大概是為了避免與征韓派對決，一邊擬定祕策，一邊等待岩倉具視回國。

在這之後，在沒有取得天皇批准下繼續推行征韓決策，總之岩倉具視雖已回國，但卻完全沒召開閣議。而即將預定在十月十二日召開的閣議則延到十四日。不僅如此，大久保利通於十二日就任參議。像是背後另有玄機似的，甚至任命征韓派的副島種臣為參議作為對抗。除此之外不再採取其他措施，而有如一國一城之主的征韓派參議大概小看了對手大久保利通的政治力，根本就是過於自信的遲鈍，就這麼迎接十四日的來臨。

十四日的閣議上，除了木戶孝允因病缺席外全員出席。西鄉隆盛、板垣退助、江藤新評、後藤象二郎、副島種臣為征韓派，從過程來看應該加上三條實美。相對地，岩倉具視、大久保利通、大隈重信、大木喬任則是反對派。好了，若要詳細介紹兩派的議論

時間怎樣都不夠用。簡單講，就是大久保利通主張國家財政貧困的國家該如何經營的現實論與西鄉主張基於革命精神的理想論進行正面衝突。

表

◎征韓派

太政大臣	三條實美
參議	西鄉隆盛
同	板垣退助
同	江藤新平
同	後藤象二郎
同	副島種臣
（閣員外）	
陸軍少將	桐野利秋
同	篠原國幹

司法大丞　島本仲道
同　樺山資綱
外遊中　村田新八
（準征韓派）
海軍少輔　川村純義
陸軍會計　津田　出
監督長
左院副議長　伊地知正治
陸軍少將　大山　巖
（外遊中）
◎非征韓派
右大臣　岩倉具視
參議　木戸孝允

同　　大隈重信
同　　大木喬任
同　　大久保利通
（閣員外）
工部大輔　　伊藤博文
開拓次官　　黑田清隆
前大藏大輔　　井上　馨
前外務大輔　　寺島宗則
大藏省出仕　　陸奥宗光
前大藏省出仕　　澀澤榮一
◎中立派
陸軍卿　　山縣有朋
海軍大輔　　勝　安芳

陸軍大輔　西鄉從道
陸軍少將　鳥尾小彌太
宮內少輔　吉井有實

在此稍微離題一下，來談談西鄉隆盛這號人物。這個身高五尺九寸，體重二十九貫[*4]的巨漢，臉上兩道濃眉雙唇緊閉，巨眼重瞳，其他大多數人對於革命後的國家像並沒有明確的藍圖。而在明治政府成立後，任誰都認為革命大業宣告結束之時，唯獨西鄉隆盛卻對此置若罔聞。因此他在寫給友人的信中斷言說道：「儘管立於草創之始，然飾家屋，著華服，抱美妾，謀蓄財，無法遂維新功業」，接著又說：「直至今日，戊辰義戰也已淪為只利私欲之戰，無顏面對天下及戰死者，再三催人淚」，甚至放聲大哭。

因為對西鄉隆盛而言，這場革命尚未完成。

遷居至東京時，關於他位於日本橋小網町的宅邸有這麼則軼事。該宅邸原是舊大名屋敷遺跡，建地相當寬廣，建有五、六棟三間或四間寬的住家。西鄉隆盛居住在其中一棟，其餘幾棟則作為離開母國的書生們之寄宿舍。某天，岩倉具視到西鄉隆盛的住處拜訪，由於屋內陳設過於簡陋粗糙讓他感到相當愕然，說道：

「你應該建造一棟符合身份的豪華宅邸。」

西鄉隆盛則大笑回道：

「不了，這裡已經比俺在鹿兒島的宅邸寬廣許多。」

在召開太政官會議之日，西鄉隆盛就是從如此簡陋的宅邸出門，自帶便當，身穿棉製和服及小倉袴，腳穿草鞋，帶著一名僕役步行前去開會。

因此在西鄉隆盛看來，大久保利通以現實的經濟要素極力主張以建設保守的殖產興業國家為目標，形同向外國奉承以牟利的商社。公司的董事住的是豪華住宅，盡享華衣美食，納東京的時髦女性為妾，過著大好人生。犧牲無數的戰死者並不是為了建立這樣的國家。現在的國家究竟有何理由存在？與其維持現況，倒不如再擊潰一次會更好，這是西鄉隆盛發自內心的想法。

因此會議上兩派意見完全不合。雙方火氣上升地大聲對罵，不知何時才能結束，議長三條實美完全出局，只好宣佈閉會：「本日會議到此為止，明日繼續討論」。

三條實美爬也似地走出會議廳後，西鄉先生嘆氣說道：「真令人傷腦筋，沒想到他竟如此沒出息」，同屬贊成派的江藤新平則回道：「西鄉先生，要比丘尼露男根[3]根本是不可能的事」。這句話確實留有文字紀錄。西鄉先生大笑說道：「三條不行啊，真沒用」，對三條實美完全放棄。

接著，自十月十四日起一連好幾天召開會議。西鄉隆盛時而出席，時而缺席，至於板垣退助、江藤新平及後藤象二郎等贊成派則積極參與會議。不知怎地局勢再度偏向贊成派，正當快要拍案決定贊成案時，大久保利通於十七日提出辭呈。這正是大久保利通的大膽之處，由於少了對手，也就無法做出最終決策。木戶孝允、大隈重信、大木喬任等三參議也效法大久保利通提出辭呈。而三條實美因此不知所措，精神錯亂而病倒。

反對派的大久保利通在得知三條實美精神錯亂後，便寫信給黑田清隆：

「太政大臣大人（三條實美）大病發作，人事因而斷絕。看其狀況大概是精神錯亂。實為令人驚駭不已。」

接下來該如何是好？大久保利通在日記中提到：

「但有一祕策。」

所謂祕策，是指不妨推舉岩倉具視為太政大臣代理來代替三條實美，將他的意見上奏天皇。

二十二日，自信十足、尚未察覺到反對派祕策的贊成派使出最後手段，西鄉隆盛、副島種臣、板垣退助、江藤新平四名參議前去岩倉邸訪問，促膝談判。木戶先生已經生病了，大久保先生也已辭職了，要是岩倉先生退步的話就是我方的勝利。

然而岩倉先生是名了不起的大人物。幕末的大騷動時，他假裝蟄居在岩倉村，實則在背地進行暗箱操作，不知傳聞是否屬實，傳聞他毒殺了孝明天皇，甚至下達假密敕等，全都是他所指示的。不，也有人認為岩倉先生是名傑出人物，與三條實美等不同，似乎是個相當正派的人物。而且於兩天前的二十日，天皇親自到三條邸探病後又到岩倉邸，直接任命岩倉具視為太政大臣代理。這才是大久保利通的「祕策」。

因此，岩倉具視面對蜂擁而至強勢的贊成派直接談判也不為所動。他精力充沛地回答如下：

「既然我現正代替身體微恙的三條公代為執行太政大臣的職務，就必須忠於自己的意見。明天我將進宮向天皇稟告反對派遣西鄉赴朝鮮的意見。請諸君靜待勅答。」

岩倉具視說，我明天將負起責任進宮向天皇陳述自己的反對意見，同時詢問天皇的意見，若最後天皇贊成派遣西鄉赴朝鮮我也無話可說。

這時，同席的桐野利秋因過於激憤，再三地撥弄刀鐔發出鏗鏘聲響。只要過去令人聞風喪膽的千人斬半次郎勃然變色地撥弄刀鐔，普通人早就嚇得兩腿發軟了，可是岩倉先生卻用銳利的目光瞪著他，斬釘截鐵地說道：

「閣下那是什麼舉動？只要我岩倉還有一口氣，絕不會更改信念。」

這也是岩倉具視的厲害之處。最後在強硬談判也徒勞無功，全員走出岩倉邸門外時，西鄉先生似乎感慨良多地說著：

「不虧是岩倉先生，真的相當拼命。」

其實這點可說是西鄉先生的不可思議之處，他本身也是如此，對於不惜生命、名譽也要遵從自身主義的人深感佩服。《西鄉南州遺訓》中提到：「愛己為最不善也」。大概是對岩倉具視捨身的氣魄產生共鳴吧。這下子西鄉先生也完全死心了。

翌日二十三日，岩倉具視如他所說的一樣進宮向天皇上奏反對征韓的意見，天皇接受他的意見。西鄉先生早已預料事情會如此發展。同日，他以「胸口痛得煩人」為由無法任公職，遞出辭呈離開政府。二十四、二十五日，副島種臣、板垣退助、江藤新平以及後藤象二郎等四名參議也跟著辭職。結果內閣過半數以上閣員立刻辭職。不，正因為上述四人辭職了，結果才會變成「一個都不留」。而陸軍士官也像是跟隨西鄉先生似地紛紛辭職。「這下糟糕了，得趕快想辦法才行」，於是岩倉具視與大久保利通找來近衛局的校官級將校十二人進入小御所代，不過卻沒能找來長官筱原國幹為首的主要將校，最後筱原國幹及陸軍少將桐野利秋、池上四郎、別府晉介等兩百九十名將校也遞出辭呈，使得近衛兵頓時缺了個大洞。

在慌亂之間，政府首腦及近衛兵都缺了個大洞，陷入不知發生何事的狀態。有意思的是，為了想辦法挽回辭職的近衛兵，明治政府仍然一直給付辭職的近衛兵薪資。他們領取薪資後，在即將爆發西南戰爭前夕將薪資全數退還給明治政府。

或許有人會認為，事到如今幹嘛還退回，有一首推測為西鄉先生於這年歲末所寫的漢詩佳作。為了讓各位認識身為詩人的西鄉隆盛，接下來就來介紹這首漢詩。朗讀如下：

白髮衰顏非意所
壯心橫劍愧無勳
百千窮鬼吾何畏
脫離人間虎豹群

以下是我隨手翻的譯文——的確我已髮蒼顏衰，那都無所謂。我早已燃起壯志，特地赴朝鮮準備一死，但卻無法實現。我無所畏懼。但我無意待在如虎豹般陰險毒辣的人士所歌頌讚美之處，不得不揮別此處——大意是這樣。

我們在此停下腳步想一想。當時，近衛兵的心中究竟有無「守護天皇」的意識？這群激動至極的將兵是不是忘了天皇陛下的存在？不，那群地位崇高的參議對天皇的態度也是一樣，相當危險。從意見不合就立刻辭職離去這點來看，縱使他們嘴裡呼喊著皇國皇國，我卻認為他們腦中尚無敬重並推舉天皇，建立以天皇為中心國家的意識。權力鬥爭最優先，其次才是對天皇忠誠。例如始終站在反征韓論立場的大隈重信，根據其著作《大隈伯昔日譚》，他斷定出身佐賀的江藤新平的企圖在於「藉端生事以打破薩長權力，使藩閥政府變成國民政府」。江藤新平贊成征韓論的原因竟是為了推翻薩長勢力，讓人相當失望。就連這本書的作者大隈先生，其反對征韓論的真的企圖也讓人不明所以，不禁教人懷疑。

板垣退助說：「維新之戰至今仍不足也」。權力爭奪的戊辰戰爭確實還沒有結束。

另外，當爆發征韓論的重大問題時，身為軍隊頭領的勝海舟（海軍）以及山縣有朋（陸軍）均不在東京。兩人都是因軍方有要事，勝先生前往橫須賀，山縣先生則前往名古屋。我認為他們可能是在逃避。尤其是勝先生應該心想：怎麼這麼快就爆發政權奪取之爭，我才不想跟這種事扯上關係。

就這樣，只剩下三條實美（太政大臣）、岩倉具視（右大臣）以及撤回辭呈的木戶孝允（參議）、大隈重信（參議）、大木喬任（參議）以及大久保利通（參議）等人留在政府。這時內閣是否全體總辭職重新進行選舉，倒也沒有，而是立刻任命新的參議。

明治六年十月二十五日，重新任命新閣僚。參議除了大久保利通、木戶孝允、大隈重信及大木喬任外，新任命伊藤博文（工部卿兼任）、勝安芳（海軍卿兼任）、寺島宗則（外務卿兼任），由於沒有人選，因此全員都是兼任。就這樣建立新體制。姑且不論有病在身的木戶先生，岩倉先生與大久保先生如同期待這天到來似的立刻著手編制內閣。

好了，從這時起展開了所謂大久保先生的獨裁。反抗他的人全都離開了。西鄉先生也回鹿兒島去了。當大改革結束後，終於進入管理國家的國策全都是以大久保利通為中心來決定的時代。不過大久保利通最不可思議之處在於，姑且不論他的為人，在政策上他確實是個積極的執行者、牽引者，但他看起來並不具備提出新政策、擁有獨創性點子的才能。因此，在翌年明治七年至八年，他又再度強行將因病離開政府的木戶先生拉回政府，並說服辭職的板垣先生再度入閣，致力於重整內閣。然而事情並沒有因此結束，總之與其說大久保利通憑藉一己之力奠定政權，倒不如說是別無選擇。

大久保利通的時代終於來臨，這時自然會讓人想起明治的大記者池邊三山所寫的大久保利通論。還記得以前我讀完後對此感到相當佩服。首先，三山先生說明治革命的原動力是兵力，追根究柢，自元治至慶應的五年來是暴力最盛行的時期。而暴力代表者則是西鄉隆盛。然而，同為武士出身的大久保利通為何沒有參與驚天動地的革命戰爭呢？三山先生指出此乃大久保利通這號人物的本質：

「我認為他是個徹頭徹尾的政治家，他之所以成為大政治家的原因就是源自這裡。」

原來世上果真有與生俱來的政治家，而大久保利通就是典型之一。讀過他的日記以及信，不但內容相當無聊，與木戶先生相較之下文筆也差了十萬八千里。不過他在政治上的剛毅果斷，一旦決定後絕不動搖之處則令人望塵莫及。三山先生還提到：「在堅忍不拔的執著力上，大久保可說是出類拔萃」，連福地源一郎（櫻痴）也評價其冷靜「有如北洋冰山」。他的確是個極為優秀的男人。無怪乎會成為最後權力鬥爭的贏家。

1　「御鐵漿，八爪魚，數數」，原文是「おみはぐろ、たもじ、かずかず」。「おみ」表尊敬之意，用於宮以上者，「おはぐろ」對應漢字為「鉄漿」，故在此將「おみはぐろ」翻成「御鐵漿」。「たもじ」在京都公家用語是指章魚，這裡翻成「八爪魚」來表示。「かずかず」是指「数の子」，這裡照漢字直接翻成「數數」。

2　原文是「おなかいれでおじゃーと」，在京都公家用語是指準備吃早餐，這裡採照字面直譯表達讓人聽不慣的公家用語。

3　要比丘尼露男根，原文是「比丘尼にアマ出せ」，「アマ」是陰莖的隱語。

4　原文是「己を愛するは善からぬことの第一なり」。

＊1　半髮頭　剃掉頭的前額部頭髮呈半月形後再綁髮髻的髮型。
總髮頭　不剃頭，留長頭髮後再綁成一束的髮型。
散切頭　又稱斬切頭。不剃髮也不綁髮髻，直接剪短頭髮的髮型。

＊2　國立銀行條例　根據此條例，開始設立東京第一國立銀行等民間銀行。設立目的原是處分政府發行的不換紙幣、提供興業資金；明治十五年（一八八二）隨著日本銀行的設立，在明治三十二年（一八九九）以前轉變成普通銀行。

＊3　地租改正條例　顯示土地制度及稅制之根本改革的條例。年貢從繳納現物改成繳納金錢，地租為地價的百分之三（之後改成百分之二．五），向土地所有人徵收地租。此條例實施後不僅鞏固政府的財政基礎，同時也促進土地的買賣、出租。

＊4　五尺九寸，二十九貫　相當於一七九公尺，一百零九公斤。

＊5　比丘尼　皈依佛門，受具足戒的尼僧。

第十三章　死於城山的西鄉殿

岩倉右大臣遭襲

圍繞征韓論造成政府分裂後，下野的政治家與軍人稱內閣為「新政府」，並利用報章雜誌對新政府進行猛烈的言論攻擊。不，不只是言論攻擊。明治七年（一八七四）一月十四日，宮中的晚餐會結束後，岩倉先生正打算從現在二重橋前一帶回到自宅，結果在靠近喰違見附[1]時遭到暗殺者襲擊。忘了說明。在那之前，皇居因起火燒毀，故遷移到現在的迎賓館作為假皇居。因此，岩倉具視在回家時會順路經過該見附。對恐怖份子而言，該場所是最佳的埋伏地點。

岩倉具視的眉毛下方被輕砍一刀，而腰間則從旁被刺進一刀。所幸插在腰帶的短刀救了岩倉具視一命。岩倉先生頓時從馬車摔下，直接滾進外壕，下半身泡在水裡並以枯草遮住身體。幸虧在黑暗之中刺客的燈籠發出的光成功幫忙隱藏他的存在。至今仍保留著喰違見附的石垣，可以想像當他偶爾從迎賓館順著往三宅坂的道路回家時，啊哈，就在這一帶遭到襲擊滾落到外壕的情景。不虧是幕末時曾屢次遭到刺客盯上、大膽無畏的人物，只有這般人物才能做出接下來的舉動：儘管附近有刺客逼近，他仍悄悄地泡在外壕水中屏住氣息，這可不是光有權力欲的懦弱公家所能做出的舉動，不禁令人欽佩。

犯人是士族武市熊吉等九人，全員都是土佐人，約半數人原是下級將校與士官。全員於十七日遭到逮捕，七月九日被處以斬刑。順便補充一句。一般人會認為，在西鄉先生下野後有不少薩摩人也跟著辭職，其實，反征韓派及改變意見者大多留在東京。這些人後來全都出人頭地。大山巖元帥（日俄戰爭時的滿州軍總司令官）就是典型的例子。然而，土佐出身連同板垣退助、後藤象二郎在內的文官及武官幾乎都辭職，留在政府的只有佐佐木高行、谷干城等數人，因此土佐人幾乎變成抑鬱不平的在野黨。換言之，日後土佐的民權主義就是源自於此。

岩倉具視在前年十二月解除太政大臣代理職務，回歸的三條實美再度位於內閣之首。然而，他之所以遭到狙擊是因為被認為是政府最大的掌權者。事實上這點雖然沒錯，不過他的背後當然還有大久保利通。也就是說，此舉可當作征韓派對岩倉・大久保政府的大膽挑戰。因此才震撼了新政府，但接著還有更令新政府驚嚇的提議。

不同於回到故鄉的西鄉隆盛，留在東京的四名征韓派前參議板垣退助、後藤象二郎、江藤新平以及副島種臣與由利公正等四名有力同志一起連署，向新政府提出民撰議院設立建白書。主導者是板垣退助，他將此事當作「畢生的事業」。原先也有邀請西鄉隆盛。然而儘管西鄉隆盛贊成此案，但他卻不相信光靠言論就能實現此案。據說他曾說過，想親手治理政權後再實現此一「前所未有的盛舉」。因此建白書的連署名單上沒有西鄉先生的名字。

「……據察方今政權所歸，上不在帝室，下不在人民，而獨歸有司。」

這份建白書不僅強烈抗議新政府無視天皇、無視民眾的獨裁，同時內容盡是強烈批判新政府的文字：

「……政令百端，朝出暮改，政刑成於私情，賞罰出於愛憎。……夫如是欲事天下之治安，雖三尺童子猶知其不可。若因襲不改，恐致國家土崩之勢。臣等愛國之情，不能自己。……」

接著在此前後，建立了名為愛國公黨的政黨。是日本最早的政黨。但卻在兩個月後解散。

江藤新平遭處梟首之刑

事情還有後續發展。在九州的佐賀爆發了讓新政府大為動搖的大事件。二月一日，當江藤新平與副島種臣得知被逐出政府後，由於過去一直居於薩長勢力之下充滿了憤懣，於是將近三千人的佐賀征韓派對新政府的敵意就此爆發，掀起暴動。也就是佐賀之亂。據說他們在奮起前夕準備了十幾門山炮。

大久保利通得知這項消息是在二月三日。他的反應相當快。隨即找來陸軍大輔西鄉從道命他進行佈署。西鄉從道受命後，陸軍省立刻向熊本鎮台下令出兵。司令官是谷干城少將。不僅如此，大久保利通還宣佈要親自前往九州鎮壓叛亂。而腦出血後尚未完全康復的木戶孝允整個提不起勁，在來訪的大久保利通的再三央求下，不得已只好在大久保利通出兵後接管內務省。當天的事在木戶孝允的日記中記載如下：

「大久保大為歡喜地離去。」（二月八日）

就這樣，在大久保利通坐陣指揮下，決定下達自徵兵令發布以來的大動員。向佐賀出發的總兵力約五千四百人。海軍也出動了「東」、「雲揚」兩艘軍艦。

為了民選議院運動留在東京的江藤新平驚愕地連忙趕回佐賀。原先是為了阻止叛變，十一日與島義勇會面，十二日時兩人堅定共同奮起的決心。由於佐賀已決定起義，薩摩、土佐以及舊政府的沒落家臣，再加上懷著東北地方悲憤情緒與憎恨的人們，這群反政府勢力陸陸續續地響應行動。若在此舉國發動大動亂，新政府必定會布上瓦解之路，江藤新平在心中打著如意算盤。卻沒想到大久保利通卻認真起來，甚至派出軍艦出場。

戰鬥上，佐賀的士族幾乎參與所有暴動，十六日起至十八日反叛軍包圍新政府取得優勢。這時，新政府軍的兒玉源太郎大尉（日俄戰爭時以滿州軍總參謀長聞名）身上負傷。可是到頭來，佐賀的士族還是輸了。三月一日，大久保利通進入佐賀城外的本營。深信大獲全勝的大久保利通立刻向參謀連進行關於賊徒的處罰。回答如下：首先是賊徒首領處以梟首（斬首示眾）的嚴刑。不用說，首領當然是指江藤新平及島義勇兩人。

江藤新平在孤立之戰吞敗後逃到薩摩，與西鄉隆盛見面。他熱烈地談論打算促使西鄉隆盛發起暴動，但西鄉隆盛卻不為所動。江藤新平在不得已下只得前往土佐進行勸說，但在此也毫無成果，結果天下大亂不過只是黃粱一夢，最後就縛。接著是叛亂鎮壓後新政府的處置。按照計畫，處置相當嚴峻。四月十三日，佐賀裁判所做出處以梟首之刑的判決，即日執行。新政府的用意當然是打算殺雞儆猴，警惕人心，防止以後再度爆發這種叛亂，這也是大多數人批評大久保利通對於往昔同志下手冷酷無情的原因。

名為征討台灣的出氣孔

接下來要談的或許有些吹毛求疵，但還是來確認一下。大久保利通為鎮壓佐賀之亂，於二月十四日從東京出發。聽好囉，要記起來喔。根據紀錄，參議大久保利通與大隈重信提出《台灣藩地處分要略》，新政府據此決定征討台灣是在二月六日。在忙著準備國內戰爭之際，沒想到還能做好與清朝開戰的覺悟決定派兵征討台灣，真是令人驚愕。讓人不禁懷疑新政府究竟是否體認到日本實際的國力有多少。

追根究柢，戰爭的原因是發生在明治四年。五十四名琉球人漂流到台灣遭到原住民殺害。而在明治六年，四名小田縣（位於現在的岡山縣）人也漂流到台灣遭到原住民掠奪。儘管他們嚴重表示抗議，清朝政府卻以台灣乃「化外之地」非直接統治之地為由拒絕承擔責任，「開什麼玩笑，不可原諒」成了新政府出兵台灣的原因，讓人不禁大叫：咦？為什麼現在非打不可？

不過仔細一想，說出兵是逼不得已也說得過去。之前的征韓論曾蔚為當時日本國民的輿論，後來卻遭到刻意中斷。因此，在這之後國內各地始終瀰漫著一股鬱悶的氣氛。尤其是舊薩摩藩士族之間別說是出現隔閡，根本是氣氛險惡。不光只有外野，政府內部的舊薩摩藩士之間也充滿險惡的氣氛。目睹舊佐賀藩士的暴動，總之讓人覺得危險萬分，如果不想辦法解決將會造成內部爆發，無法維持國家穩定。那才會又造成天下大亂。這時所需要的就是安撫局勢的出氣孔。只要派遣征討軍到台灣，就能讓各地的士族，尤其是舊薩摩藩士族發洩胸中的鬱憤，藉以緩和眾人情緒。因此才決定出兵征討台灣。不同於征韓，征討台灣不但規模小，也用不著擔心引發國際糾紛，說是這麼說，其實不過只是穿鑿附會的說法。

因此不禁讓人納悶，圍繞著征韓論進行大論戰結果引發的政變究竟是為了什麼。原因不可能是突然想擴展國力，也不可能備妥好足以發動對外戰爭的軍備。這麼說來，是因為征韓派挖苦岩倉使節團不僅浪費龐大的國帑，條約改正談判也失敗，是趟沒有任何成果的遊山玩水之旅；而對岩倉具視、大久保利通等人而言，由於西鄉先生在留守期間無視約定所實施的政策相當失敗，讓人反感至極，才會主張反征韓論嗎？可以確定的是原因並沒有那麼單純，不過看來這次有充分的理由讓人推測反對派者毫無顧慮地決定征討台灣。

當然政府內也出現不少反對意見。尤其是木戶先生，基於與反對征韓論的相同理由反對到底。他發現自己的意見不被採納，遂於四月十七日辭去參議一職回國。況且他身體狀況也不大樂觀。而陸軍卿山縣有朋也持反對意見，說道：「出兵外征會引起叛亂。國內統治也未必信心在握」。對此，大久保利通卻處之泰然。

「統治士族並不難。若國家陷入危難，只要請示皇帝陛下（天皇）的宸斷即可。」

海軍卿勝先生也屬於強烈反對派。他與大久保利通正面起衝突大吵一架，不久便被迫辭去參議一職。他的反對理由有二點：①政府過於樂觀的態度實在太荒唐。必定會引發歐美列強的干預，強行受到壓迫。②出兵外征將會造成國家財政重大損失。其實勝先生反對的最主要原因，大概是想趁早揮別西鄉先生離開後的大久保獨裁政府吧。

「有違朝命的行動」

四月九日，被任命為總大將（台灣蕃地事務總督）的陸軍中將西鄉從道從橫濱出發。儘管因佐賀之亂延遲出航，還是按照計畫即將進行征討台灣。在我小學時，記得學校有教過「台灣征伐」。另外，西鄉從道所收到的奉勅命令中提到：「鎮定後逐漸誘使土人開花（略）使之與日本政府間興起有益事業為目的」。內容似乎透露出使台灣東部受到日本影響的意圖。戰爭費用概略估算約五十萬日圓，相當樂觀。

然而，如同勝先生所說的一樣，英美兩國前來干涉。新政府對木戶孝允的辭職以及英美的干涉大感驚訝，大久保利通連忙前往長崎打算中斷軍事行動。五月四日，西鄉從道中將置若罔聞。然後大聲喊道：

「如果外國前來抗議，不妨回道：我們是違抗朝命從渡台船艦上逃脫的賊。」

之後，西鄉從道在十七日從長崎出發。這句話簡直就像滿州事變時的關東軍參謀，沒錯，就像板垣征四郎或石原莞爾所說的台詞。當內閣決定不擴大戰事時，陸軍中央就表示：你說什麼？我們堅持發起軍事行動，依照原訂計畫進行戰鬥。亦即獨斷專行是軍方的拿手好戲。唯有戰鬥才有生存意義。或許軍人一直在思考同樣的事。「去他的文人領軍」。

單就征討台灣戰鬥結果而言，最後以輕易登陸的日本軍獲勝做收。戰死者十人。但因沒有做好衛生方面的準備，因染上霍亂、瘧疾、破傷風及其他傳染病而病死的士兵竟多達五百人，呈現相當慘澹的狀況。戰爭費用為七百七十一萬日圓，明治七年的歲出預算在二月時預定為六千一百一十七萬日圓，故須另加約百分之十三的歲出預算在外征費上。開支相當龐大。

不過在九月中旬舉辦的日清談判上，最後日本以日軍撤退為條件，要求清朝支付賠款五十萬兩（相當於七十五萬日圓）。不僅如此，甚至還要求清朝實際承認琉球乃日本的一部分。十月三十一日，大久保利通心情愉快地在北京簽訂條約。十一月一日，給人冷靜剛毅印象的大久保利通離開了北京，這天的日記洋溢著他大為滿足與爽快的心情：

「……所幸事已成局，離開北京時自覺心中愉快。嗚呼，如此大事之際，古今稀有之事而生涯亦無。舟中無事。這天天氣相當平穩，秋天高霽四望，浩瀚如海。思往時，慮將來，竊期心事。」

大阪會議決定的方針

日清交涉大獲成功，宛如將軍凱旋般回國的大久保利通現已真正成為日本國的棟樑。其威勢不可擋，渴望出人頭地的人都跑去奉承大久保利通。說起來，在提出民撰議院設立建白書之前，舊紀伊藩士的大藏省租稅頭陸奥宗光（甲午戰爭時的外務大臣）拋棄自己的地位下野。當時，他強烈抗議政府要職全被薩長出身者占領。他寫了一句「日本人」後說道：不應當以官職犒賞過去的功績。舉國激盪著抑鬱不平情緒的原因，在於居上位者公私不分，黨派上分配不公所致。接著又斷言說道：

「往昔平氏盛時，世人見之，曰：非平氏者非人也。形同今日曰：非薩長者殆乎非人也。豈不歎息乎？」

新政府不顧陸奧先生的嘆氣，仍以大久保利通為中心，由薩長閥所組成。話雖如此，薩摩有西鄉隆盛與其熱情的一派，長州有木戶孝允，土佐有板垣退助及自由民權派。光靠征討台灣並不能滿足不滿情緒累積已久的征韓派。幾乎毫無成效。這樣下去別說是緩和險惡的氣氛，反倒讓國家變得前途多難，難以維持。這時，大久保利通開始著手策劃。其第一步就是大阪會議。

大阪會議是善用從這時起開始發揮出色的斡旋才幹的伊藤博文，將木戶孝允拉回中央，他如同小白鼠般到處奔波。憑藉著舊長州藩士的情誼順利將木戶孝允拉回中央。不僅如此，在忠實的伊藤博文的跑腿下，甚至還成功說服板垣退助再次加入新政府。就這樣，明治八年（一八七五），大久保利通、木戶孝允、板垣退助、伊藤博文、井上馨等人於大阪的加賀伊會面，並召開會議。議題是政府改造。而木戶先生所構思的「三權分立」、「以元老院為上院，地方官會議為下院」也大幅通過。圖解如下：

天皇　內閣（太政大臣・參議）　元老院（上院）・地方官會議（下院）

大審院

行政（各省）

總之，木戶先生一如往常地堅持自己的主義絕不屈服，口若懸河地陳述自己的理想，相當了不起，不過就算他再怎麼詳細解說，決議也會終歸無效，根本無濟於事。

簡單講，這可以說是大久保利通對那些在野造成威脅者的懷柔手段。木戶孝允與板垣退助分別於三月八日及十二日先後被任命為參議，不過附帶一提，十月時板垣退助便因討論不合辭掉參議一職，木戶先生也因為意見不同，於翌年明治九年三月辭退參議及名為內閣顧問的閒職。套用陸奧先生的話來說，這就是所謂的「非大久保派者非人也」。

新政府順利透過將木戶孝允拉回政府中央迴避對大久保獨裁政權的批判，政局姑且稍微恢復穩定後，於五月與俄羅斯簽訂《庫頁島千島群島交換條約》。另外，由於大小報刊不斷針對政府展開論戰過於煩人，政府遂在六月二十八日發布《新聞紙條例[*1]》、《讒謗律[*2]》以強化鎮壓，結果變成強迫板垣退助辭職。使得政局愈演愈亂，難以收拾。木戶孝允說：為了收拾這場混亂，除了恢復大阪會議前的狀態外別無他法，讓大久保利通大為吃驚。總之新政府一邊讓大久保利通與木戶孝允能攜手合作，一邊朝自己相信的方向往前邁進。這時，新政府突然接獲一則對外大事件的急報。

皇國淪為西洋諸國之奴隸

九月二十日，發生一起令人驚愕的事件。日本軍艦「雲揚」在執行「測量朝鮮西海至清國牛莊之海路」的任務，傍晚時分，當軍艦正停靠在朝鮮西海岸江華島附近測量海路時，突然遭到朝鮮的草芝鎮砲台掃射。其實，原本就贊成征韓論的艦長井上良馨少校正在等待朝鮮突發的無法舉動，便毅然決定進行報復。翌日二十一日，開始射擊草芝鎮砲台。「雲揚」雖是一艘小型軍艦卻搭載阿姆斯壯大砲，發揮極大的威力，擊破砲台使之沉默後，隨即編制陸戰隊登陸，不僅攻擊堡壘，甚至還放火燒了全村後返回艦上。從下令艦砲射擊、陸戰隊登陸、破壞砲台到燒毀村莊等一連串的舉動，是否覺得似曾相識？沒錯，簡直與幕末的薩英戰爭及下關戰爭時外國艦隊下令開砲、派陸戰隊登陸等舉動完全相似。井上良馨是舊薩摩藩士，曾在薩英戰爭時從軍，是親身體驗過英艦艦砲的威力及鹿兒島市內起火燃燒的軍人。大概是重溫過去被打得落花流水的經驗。

這麼一來，誰還管什麼在大阪會議上所決定的三權分立、參議與卿採分離制、上下兩院制的民主政治。對外的危機感早就將各種妙策良方全都吹跑了。所有報紙全都大肆報導應避免征韓論再現。而閣內也照常直言不諱，如前所述，民權激進派的參議板垣退助一怒之下便辭職。而被推舉擔任左大臣的島津久光（這個人原本就將明治政府視為亡國的政府，因此相當生氣）也氣勢洶洶地寫了封語氣強烈的意見書上奏天皇。內容如下：如今參議身兼各省長官（卿），任意妄為，不顧傾國，其責任全在太政大臣三條實美身上。若不立刻將三條實美革職，「皇國終將淪為西洋諸國奴隸之事如觀懸鏡」。後來這則上奏文遭到駁回，島津久光也憤然提出辭呈。不用說，他內心深處憎恨的對象當然不是三條公，而是以前的家臣大久保利通。

十月二十七日，新政府已受理島津久光與板垣退助的辭呈，超保守派與激進派就此退場離去。島津久光立刻返回鹿兒島。只剩下剛毅的大久保利通與漸進溫和主義的木戶孝允留在政府。然而，這兩人脾氣原本就合不來，不知哪天就會分道揚鑣。大阪會議早已成了過去，究竟該建設一個怎樣的國家，國家前途可以說仍處在一片黑暗。

眼下的江華島事件，由擔任全權大使的黑田清隆率領大型軍艦「日進」等五艘軍艦前往朝鮮反覆談判。到了明治九年（一八七六）二月二十六日，雙方簽訂《大日本國大朝鮮國修好條約》獲得解決。由於該條約的簽訂，日本不僅推開了採取鎖國主義的朝鮮門戶，甚至還鎮服朝鮮獲得了設置居留地、沿海測量、領事裁判權等不平等條約的特權。彷彿幕末時遭到諸外國壓迫，不得不簽訂各種條約的日本般似曾相識。仔細想想，自培里來航以來已過了二十三年。不禁令人感嘆我日本國已經變強，成了五條御誓文中提到的「大振皇基」的對外高壓國家。

儘管如此，如今征韓論爭時的自重派主張征討台灣，與朝鮮交涉時則發動軍事示威。其理念根本前後不一致。難道是忘了日本國力依然軟弱，又或者是本質上依然捨棄不了幕末以來日本人的攘夷精神呢？不論大小，一旦遭到來自外部的壓力，就會頑強地非得擊退對方不可，眾人立刻團結一致變成超鷹派，這大概就是所謂的日本人吧？我想答案應該不只一個，可以確定的是，從這時起日本的外交方針開始偏向對外擴張主義。

而對外應自重、合作的意見也逐漸減少。換句話說，自日俄戰爭後一直到大正、昭和時期，或許從這時候起日本就已經開啟通往日後成為軍事大國的大道。

叛亂、叛亂、還是叛亂

我的寺子屋式講課也持續好長一段時間。由於教室方面的問題，不能再繼續溫吞地拖下去。接下來將會加快腳步。簡單講，就是一口氣衝到西鄉先生戰死的部份。

好了，儘管新政府以唯一稱得上是政治家、身兼參議與內務卿的大久保利通為中心經過多方努力，但卻徒勞無功，日本國仍無可避免地得歷經堪稱戊辰戰爭後續的動亂期，直到明治十年的西南戰爭為止。也可說是為了建設國家而爆發的大爭執。明治九年新政府與朝鮮簽訂勝利條約後，同年三月二十八日，先是發布山縣有朋所建議的「帶刀禁止令（廢刀令）」。

「即日起除穿著大禮服、軍人及警察官吏等穿著規定制服時外，嚴禁帶刀，謹此布告。若有違反者，則沒收其刀。」

各地士族階層原本就瀰漫著相當險惡的氣氛，隨著「帶刀禁止令」發布後，士族階層頓時怒火衝天。當然不光是廢刀令。就連廢除士族俸祿制（秩祿處分）也是不可原諒的政策。總之自征韓論爭以來，新政府的所作所為全都讓人看不慣。新政府基於開國和親的方針與夷狄友好，沉迷於移植輕浮的西洋文明，將日本自古以來的良好國情破壞殆盡。不顧念刀乃是武士之魂簡直是豈有此理。這股悲憤、激昂的情緒終於爆發了。但因對政府的反叛屬於個別性，意見有些分散。唯一的共同點就是反叛者都是屬於志士般的激情慷慨型。

十月二十四日爆發熊本．神風連之亂。以敬神黨（神風連）領袖太田黑伴雄（熊本縣士族）為中心，總計兩百多人所發動的暴動，不但襲擊縣廳、鎮台，甚至還殺死縣令安岡良亮與鎮台司令長官種田政明少將。其他還殺了四名縣廳官員，翌日遭到鎮台兵平定。當時，種田少將是在官邸就寢時遭到襲擊，與他一起共枕的愛妾小勝有打電報給東京日本橋的老家：

「老爺已經不行了，妾身則是手受傷」
當時《伊呂波新聞》的編輯假名垣魯文則替這封電報加上下句。
「吾願代君赴戰場，誠為國與家」
加上下句後，正好湊成「七・七・七・五」音律數的都都逸[2]，因此造成一股風潮。成為流傳至今的名言佳句。
十月二十七日，爆發福岡秋月之亂。由呼應神風連的舊秋月藩士宮崎車之助、今村百八郎兄弟為中心的兩百三十人舉兵起義，在縣令渡邊清的要請下出動小倉鎮台分營的將兵，於十一月三日平定叛亂。
十月二十八日，爆發山口萩之亂。前參議前原一誠在得知熊本、福岡與反政府的同志發起暴動後，遂召集萩的同志掀起叛亂。起義的旨意書的開頭先讚美先君忠正公（毛利敬親）的功績，接著卻寫道：「木戶孝允等出入帷幄，恃寵無比，而掠先君之業為己功」（原文為漢文），使祖宗的土地化為烏有。然而響應召集的士族卻不足一百五十人，這麼一來自然沒能釀成大叛亂，「已集合徒黨，當縣廳下令解散時，遂攜兵器奪取公金，朝石州地方逃走，此乃該縣廳所發電報」（十一月一日《東京日日新聞》）。很快地便遭到廣島鎮台兵所平定。

內心積憤已久的岩漿

在神風連舉兵起義後不久，木戶先生在日記中記述如下：

「據今日情形所察，士農工商滿天下，眾人心中只充滿不平，就連短暫的寧靜也非真正的和平，只有不滿的張弛。洋洋得意的盡是官員。故人心自好動亂，自然如肥後的暴動（指神風連之亂）得費數日鎮定時，必定會波及諸處，掀起起義自是當然。」

如木戶孝允所記述，全天下盡是憤恨不平的士族，他們正期待著爆發足以顛覆新政府的大亂，這種說法或許有些誇張，但也相去不遠。說更白一點，這群人全都在指望鹿兒島的西鄉先生。總之，在這群不平士族階層之間西鄉隆盛的聲望相當崇高，因此熟知西鄉隆盛的江藤新平、前原一誠以及神風連的太田黑伴雄一定都在期待，只要引發叛亂西鄉隆盛一定不會袖手旁觀，必定會起身而動。而世人也將神風連之亂視為薩摩軍本隊出動前的前哨戰。

然而，不知為何西鄉隆盛卻沒有起身而動。只是保持沉默，從遠處靜靜地看著他們遭到討伐。一般認為，西鄉隆盛不可能對江藤新平與前原一誠見死不救，而是世人的目光大多聚集在他身上。

薩摩私學校的學生當然不可能對這種輿論坐視不理。現在在鹿兒島市城山的山腳下仍保留上面刻有「私學校跡」的石碑。西鄉隆盛因征韓論失敗而回到鹿兒島後，曾在這裡興建名為私學校的私塾，興建時間是在明治七年六月。這裡聚集了一群為了西鄉隆盛可以連性命、金錢、甚至名譽都可以不要，年輕氣盛的士族。以前他們也曾大喊，只要一有機會就要擁立西鄉，堅決打倒新政府，這樣的意見一直未曾間斷。而接連爆發的叛亂更是強烈地刺激他們。

就在這時，對於氣氛險惡的鹿兒島一直抱著警戒心的新政府決定將放置在鹿兒島的鹿海軍武器及彈藥遷移到大阪。私學校的學生在得知此一措施後，對此解讀為新政府下定決心要鎮壓他們。既然對方正有此意，雙方正面衝突也只是時間早晚的問題。這麼一來，他們一副先下手為強的模樣，侵襲武器彈藥庫並掠奪六百顆彈藥。這是發生在明治十年一月三十日的事。再加上薩摩出身的警察官中原尚雄等一行人從東京抵達薩摩，這些人表面上是返鄉，實則奉命暗殺西鄉隆盛，私學校學生深信是內務卿大久保利通以及大警視川路利良派他們前來。況且在二月三日逮捕這一行二十一人進行拷問後，其中幾人立刻一五一十地坦白西鄉暗殺計畫。並得知他們以西鄉隆盛↓和尚、桐野利秋↓柴魚片、別府晉介↓花手巾、私學校↓一向宗、島津久光↓黑糖等暗號。聽完真想大罵「真是混帳！」。

不出所料，所有疑惑都解開了。真相如何已經不是問題。現在正是挺身而出的時候。只能讓內心積憤已久的岩漿爆發出來。找什麼當理由都好。或許戰爭就是這樣爆發的。

牧野伸顯（曾在《昭和史》登場）是大久保利通的次子。西鄉先生從么弟西鄉小兵衛那裡得知私學校學生發動起義時，正與長子菊次郎（與牧野伸顯交情似乎不錯）一起去泡溫泉，牧野伸顯在散文〈父親利通的暗殺〉（《文藝春秋》昭和二十一年九月號）中如此描述當時的事：

「（西鄉）驚訝得拍大腿，說〈糟糕了〉。在談到那個地方的事時，菊次郎甚至向我打手勢。西鄉因湯治及打獵經常不在城下，我不認為他會到那個地方。」

適逢戰爭爆發前後，在鹿兒島滯留的薩道義在日記中記下他的所見所聞：

「西鄉雖是名義上的指導者，但在叛亂的首謀者當中卻不是最積極的推動力，扮演這項角色的據說是篠原國幹。另一名首謀者桐野利秋是以前曾以中村半次郎之名，在戊辰戰爭打響名聲的男人。」

薩道義的觀察八成沒錯。已經無法阻止他們瘋狂的舉動。到頭來，西鄉先生只得跟他們說：「我把自己交給你們」。

「西鄉，你該適可而止了吧？」

關於西鄉隆盛舉兵一事，大久保利通在京都出差時曾寫信給伊藤博文。

「……若能曲直分明、堂堂正正地曝其罪名，鳴鼓討伐，誰能非議（批判）其乎。而於此時發此事端（由對方發動戰爭），誠乃朝廷不幸中之大幸，內心暗自竊笑。」

西鄉隆盛對於大久保利通正因此暗自竊笑一事毫不知情，二月十七日從鹿兒島出征。

西鄉隆盛呀，是個通情達理的男人
他說願為國家而死[3]

我只唱這首歌的一小段，其餘細節則省略。不過我再補充個一、兩句。

西南戰爭乃是明治政府賭上命運的戰爭。假使新政府軍在這裡吞敗的話，等於過去的努力成果完全遭到否定，一切將再度翻盤。要是西鄉先生率領的部隊不是在熊本，而是一口氣進攻東京的話又會如何？這個問題常被拿出來討論。不過相較於政府賭上命運而戰，總的來說，姑且不論西鄉先生是否認定徵兵制所培育農民出身的門外漢軍團不可能贏過自己的職業軍團，而是他打從一開始就輕視對方。另一方面，來真的的政府則將最新型的武器全部投入。如同在戊辰戰爭中，向打完南北戰爭後的美國採購最新型武器的西軍打敗東軍一樣，門外漢只要持有高性能的武器就能獲勝。

翻閱現在位於目黑的防衛省防衛研究所保存之舊日本軍史料當中有關西南戰爭的紀錄，就能清楚了解到新政府方面為了戰爭而重新擴張軍備。西鄉軍舉兵時的兵力為一萬三千人（後來約三萬人），而且都是曾歷經戊辰戰爭或在私學校接受過嚴格戰鬥訓練的精銳前武士團。相對的，新政府軍兵力為三萬七千人（後來增強為五萬八千人），其中絕大半數都是徵兵所徵募的農民與町人子弟，不光是訓練程度較差，士氣也不值一提，相當狼狽。根本沒辦法好好打仗。因此新政府軍首腦煞費苦心地導入火箭彈、連發槍等最先端的兵器。不僅如此，在標題為〈偵探報告書〉的史料當中記載著戰前便暗中展開活動的偵探，亦即間諜所偵查到許多令人大吃一驚的情報。西鄉軍的詳細行動自不用說，甚至連西鄉隆盛與桐野利秋意見對立等內部機密情報都有記載。另外，新政府軍首腦老早就掌握到西鄉軍的戰略戰術以熊本城攻略為主，而非以東京為目標。

在田原坂攻防戰中，新政府軍每日平均使用的槍彈數量為三十二萬發。使用的槍是新型史奈德步槍。可採用前裝式或以臥射姿勢裝填彈藥。熟悉後一分鐘內可射擊六發以上的子彈。另一方面，西鄉軍使用的是舊型埃菲爾德式步槍。必須豎起槍身從槍口裝填彈藥才行，容易向敵軍曝露全身。自然就變成射擊的絕佳目標了。此外，一分鐘只能射擊兩、三發子彈。不僅如此，其中還有不少軍隊不得不使用落伍的火繩槍來應戰，如此當然沒辦法好好作戰。

不過西鄉軍相當驍勇。在田原坂敗陣後，四月十五日，不得已只好取消包圍熊本城而撤退，但鬥志卻絲毫未減。改在要害之地人吉聚集八千人，以此為據點以圖再起，進行決戰。其頑強不屈的奮戰態度堪稱日本最強，且名留青史。根據史料記載，束手無策的新政府軍首腦又向英國採購大量武器及彈藥等新兵器。包括史奈德步槍一萬五千挺、彈藥三千萬發、一分鐘內最高可連續發射一百二十五發的機關槍、射程距離及穿透力都相當優異的馬提尼－亨利步槍，以及在空中爆開後就會打開降落傘，一邊照明地面一邊降下的照明彈等。這麼一來，光靠肉身與刀槍抵抗大量火藥與鋼鐵的西鄉軍就如同太平洋戰爭末期的日本陸軍一樣，根本毫無勝算。

秋意漸濃的九月二十四日，西鄉先生從容地走在來自四面八方的槍林彈雨中，當流彈擊中了他的大腿及腹部時，他回過頭對身旁的別府晉介說道：

「晉殿，晉殿，到此為止了。」

在別府晉介一刀揮下，西鄉先生就在城山結束性命。享年五十一歲。在城山的最後幾天，西鄉隆盛在岩崎谷的洞窟裡埋頭讀書。這名既是詩人，也是革命家的巨人究竟在想些什麼？

對了，在這之前的五月二十六日，木戶孝允去世。享年四十五歲。由於病情嚴重，據說他在睡夢中突然大聲叫喊著：

「西鄉，你該適可而止了吧！」

從幕末的鬥爭時起，這個人始終面露憂色，一直到最後仍然憂心國家的明天而撒手人寰。接獲西鄉隆盛出征的消息後，木戶孝允於二月二十五日在日記中如此寫道：

「因一朝憤怒滅其身，損其名。實在令人嘆息不已。此乃人世的一大遺憾。」

在這場戰爭中，新政府軍戰死者為六千兩百七十八人。傷者九千五百二十三人。西鄉軍的死傷者約一萬五千人，據說戰後遭到處斬者為二十二人。國破山河在，而戰爭卻只是徒留空虛。

1　喰違見附，江戶開府後在初期最早建造的見附（江戶時代，在位於枡形城門外側的門設有監視者負責監視往來行人的番所）之一，不同於其他見附，沒有採用石垣等所建成之簡易外郭門。

2　都都逸，為江戶末期一種遵循「七・七・七・五」音律數的口語定型詩。主要以男女之間的戀愛為題材。

3　這段歌詞原文如下：「西鄉隆盛や　話せーる男ー　国のためならァ死ねと言うた」。

＊1　新聞紙條例　明治八年（一八七五）政府所發布的報紙取締法令。由於各地報紙刊登了許多反政府的評論而發布。採取報紙發行許可制，嚴禁外國人成為報紙的創辦人或擔任編輯。於翌年修正、強化，明治四十二年被新聞紙法所取代。

＊2　讒謗律　取締言論及出版的法令。無論是否屬實，凡在著作類等侵害他人名譽，傳播惡名等均加以取締。

終章　一個都不留之後

大久保利通慘死

石川縣士族島田一郎等六名刺客仿效幕末刺客的作法，在暗殺對象的首級或身上留下一封「斬姦狀」。下面將朗讀這封斬姦狀開頭激烈抨擊新政府獨裁的一小段文章：

「……方今（最近的）竊熟察皇國時狀，舉凡政令法度，上非出自天皇陛下之聖旨，下非基於眾庶人民之公議。而是取決於數名獨居要路官吏之臆斷專決。」

這裡刺客的目標就是專擅統治國家的獨裁者，即參議大久保利通。島田一郎事先寄出預告信，明白告知暗殺大久保利通的原因及宗旨，但據說大久保利通連看也不看一眼。

就這樣，明治十一年（一八七八）五月十四日，島田一郎等人在做好萬全準備下一口氣進行襲擊。地點在麴町的紀尾井坂下。當大久保利通從位於麴町三年町（位於現在首相官邸附近）的自宅準備前往位於赤坂御所的太政官府出勤時，島田一郎等人趁載著大久保利通的雙匹馬車經過時砍下馬的前腳制止馬車，接著將大久保利通拉下馬車。據說大久保利通無暇抵抗，遭到亂刀斬殺，最後一擊被一刀刺進咽喉，刀尖貫穿他的脖子刺進地面。享年四十九歲。

現在在該地點，即位於新大谷飯店前的清水谷公園內建有一座巨大的大久保利通遭難紀念碑。每當眺望這座紀念碑時我總會想，暗殺紀念碑究竟有何意義。

記得有一本外國的推理小說《一個都不留》[1]，木戶孝允、西鄉隆盛以及大久保利通幾乎在這一年內相繼死去，幕末動亂的中心人物全都一個也不留了。只剩下負責領導國家政治、軍事的山縣有朋及伊藤博文。人的命運還真的很難說。明治元年時山縣有朋三十一歲，伊藤博文二十八歲，十年後變成了四十一歲與三十八歲。這兩人年紀尚輕，曾幾何時已位居政權頂端。

柴五郎（日後的陸軍大將）原是會津出身，在戰火中失去母親與姊妹，他在回憶錄中對於西鄉隆盛與大久保利通之死記述如下：

「此雙雄在維新之際相謀主張武裝暴動，以『若不能吸引天下的耳目就不能成大事』為由，是拿會津來血祭的元兇，縱使雙雄乃今日國家之柱石也不可原諒，到頭來因自身的專橫失控造成如此下場，令人無法心生半點同情，雙雄死於非命乃是理所當然，當然值得高興。」（石光真人編著《某位明治人的紀錄——會津人柴五郎的遺書》）

就算是我也不會講得那麼過份，卻能深切體會被當作賊軍藩人的心情。

破壞者與建設者

另外，我不大欣賞的福澤諭吉曾寫過嚴厲批判新政府的文章，不禁令人深表同感。以下是福澤先生所著的《丁丑公論》當中關於西南戰爭的一小段：

「苟名為政府者不可顛覆，若顛覆之者將成永遠無窮之國賊，則放眼世界古今任何時代無非國賊。若舉近期著名者，即今日政府之顯官為十年以前與西鄉一同顛覆日本國政府舊幕府者，可云其國賊之汙名為千歲不可雪者耶？」

福澤先生指出，政府或權力並非絕對的，而是相對的，再怎麼打著大義名分也會隨時間而改變。說到底，沉迷於權力爭奪者將背負千秋罵名。對此我深有同感。不管木戶先生再怎麼憂國憂民，他是革命派一員也是不爭的事實。我再重複一遍，儘管幕末國策一致決定採取開國，革命派卻刻意發動戰爭使國家陷入一片混亂，奪走無數人的性命以奪取權力。美其名稱之為「維新」，但這種舉動毫無疑問就是革命。出身下級武士的革命派在推翻將軍、實施廢藩置縣後，地位全都超過自藩主公，站上政治頂點。可是，「那麼下一步該建設什麼樣的國家？」這群革命派卻幾乎沒有任何藍圖、設計圖甚至願景。

說了或許有人會罵我：你還真不是普通的反近代主義者耶，不過我對提倡「明治是孕育現代日本的母胎」的近代化論的確抱持懷疑態度。的確，明治時期確實經歷過從封建時代褪皮後進入文明社會的地殼變動，然而太政官政府的政令卻迫使日本國民接受並忍耐。舉例來說，這在講課時沒機會提到，新政府強制下令農民必須用現金，不得用米繳納租稅。否則太政官政府將無法編制國家預算。而且不斷地實施讓國民水深火熱的政策。過了十年後，最重要的構成「今後國家」的骨架依然還沒完成。主要進行的只有權力鬥爭。

的確，革命派中有西鄉先生這一號反近代主義者的巨人在。同時他也是革命的統帥。可是他已不符合新時代的需求了。西鄉隆盛曾說過一句很有意思的話：

「若將國家比喻為一棟家屋，我有自信建造的房子遠比甲東（大久保）的還要牢靠。然而，家屋的建築業已結束，在擺設家具、裝飾室內到佈置住家景觀方面，甲東確實有天賦，諸如我等連修理茅廁一隅也不夠資格。但若要再度破壞家屋，甲東仍不如老子。」（毛利敏彥《大久保利通》）

或許這名極具領袖風範、認為道義與理想才是政治基底的大人物必須得消失後，才能夠展開真正的日本文明化＝歐洲化。因此在接獲西鄉隆盛起義的報告後，大久保利通面露「笑容」自是理所當然。換言之，堪稱戊辰戰爭的延長、圍繞著明治權力動盪不安的這十年，可說是古代日本人的道義主義者西鄉隆盛與代表近代超合理主義之建設與秩序的政治家大久保利通之間萬不得已的「私鬥」。

在人稱明治的「郵政事業之父」前島密的自傳《鴻爪痕》當中，記載一件相當有意思的軼事。這是前島密在西鄉隆盛死後，從大久保利通那裡聽來的：

「我與西鄉分道揚鑣時，既無話可說，也無事可爭。他只說了一句『我對一切感到厭煩』，我也只回了一句『隨你的便』後，就此決裂。」

明治六年十月，西鄉隆盛在回鹿兒島前夕曾與大久保利通會面，似乎是兩人最後的面談。

「他只說了一句『我已厭煩』便離去，到頭來導出去年的慘劇，實在令人遺憾不已。啊啊，西鄉當年說的那句『我已厭煩』，至今也讓我感到『厭煩』。雖然只有隻字片語，卻也讓人感到討厭。」

私鬥的結果只有一句『我已厭煩』，連我這個講課的人也感到「厭煩」。

先行獨立統帥權

在本章的最後，出於私心想跟各位談談統帥權。在此登場的是山縣有朋。

他在西南戰爭作為新政府軍的參謀長，使盡全力擊敗西鄉軍。當時，山縣有朋在指揮軍隊時，有件事讓他感到苦惱不已。那就是決定戰場的軍隊編制、兵力多寡或軍隊的移動及使用等軍令事項時，必須得一一徵求文官總督宮（有栖川宮熾仁親王）以及出發到大阪的政府的理解與許可才行。這點讓人感到吃不消。遇到亟需臨機應變時令人感到相當礙手礙腳。尤其是因人員稀少的參謀部行事不周，不斷發生作戰計畫的決定延後與錯誤，讓山縣有朋深感軍隊指揮權（統帥權）獨立的重要性。無論在哪個時代，前線現場與後方本部的意見疏通都是讓軍隊大傷腦筋的一大難題，自然會出現請求准許獨斷專行的場合，而完全沒有統帥權的情況更是所在多有。

於是在明治十一年十二月五日，在山縣有朋的提案下，政府針對以往陸軍省內的參謀局進行改革，並新設參謀本部。同時採用山縣有朋旗下的智囊桂太郎中校（日俄戰爭時的總理大臣）所提方案，制定「參謀本部條例」。內容涵蓋山縣有朋的所有意見。就這樣在建立組織後，山縣有朋於十二月二十四日將陸軍卿一職讓給西鄉從道，自己則擔任參謀本部長。山縣有朋在這部份頗有先見之明。

參謀本部不論在形式上還是實質上已成為完全獨立的軍令機關。參謀本部長相對於陸軍卿為獨立職位，同時被賦予比陸軍卿還優越的地位，其中「優越的地位」是基於山縣有朋的強烈要求。

請容我再囉唆一下補充說明。在《條例》第二條當中提到，參謀本部長的職務為「掌管參與帷幕機務」。帷幕是意指天皇的麾下，因此參謀本部長作為直屬天皇的幕僚長（參謀長）掌管所有軍令事項。而在《條例》第五條當中，明文規定軍令事項的實施（執行軍隊指揮等所有事項）在「親裁後，隨即下令陸軍卿實施」。亦即在這項條文的延長下，不管天皇的意圖如何，陸軍卿都必須立刻實施奉天皇裁示的參謀本部長所下達的軍令事項命令。也就是說，即使是地位高於閣僚之一陸軍卿的太政大臣，凡是軍令方面得一律服從奉天皇裁示的參謀本部長所下達的命令。

此即從政府獨立出來的統帥權，不，應該說擁有超乎獨立權力的統帥權。在以巧妙的手段籠絡周圍人士、徹頭徹尾的政略家山縣有朋與桂太郎兩人精心策劃下，軍隊指揮權已經開始獨立。因此明治二十二年憲法制定完成時，由於統帥權早已獨立出來，故有關軍隊的憲法條文只有兩項。各位明白了嗎？日本早在國家基本骨架完成之前，就已經選擇步上軍事優先國家這條路。

就這樣，木戶先生去世了，西鄉先生自決而死，大久保先生遭到暗殺，山縣有朋很早便促使統帥權獨立，我的講座就到此結束。其實在這個階段，日本國會變成怎樣的國家還無法看清全貌。今後一切才正要開始。很遺憾，不，或許各位一點也不覺得遺憾，我的講課姑且到此結束。真的非常感謝各位的聽講。

1 《一個都不留》，為知名英國推理小說作家阿嘉莎．克莉絲蒂的傑作之一。

後記

本書是將二〇〇八年三月至七月於慶應大學丸之內校區所舉辦的特別講座，每次時間約一小時半至兩小時，共計十二次的課程內容彙集成冊。有別於上次出版《昭和史》（平凡社）時是針對四名學生採取寺子屋式語調，這次則是在寬廣的教室講授終身學習課程，站在包括年長者在內男女老幼共計二十五人以及相關人士等諸多學生面前進行講課。不變的是與《昭和史》時一樣，仍維持以持扇講談或落語的人情噺[1]口吻講授毫無根據的內容。偶爾也會哼唱「起轎前往東海道……」、「咚咚咚呀咚呀咚……」等歌謠。不過有時也會因走音或記錯歌詞，引起在座幾名學生發出嗤笑，真是慚愧。

說起來，會再度決定舉辦這個長篇大論講座的起因是在《昭和史　戰後篇》剛出版不久時，新潮社出版企劃部 Nonfiction 編輯部（當時）的大畑峰幸先生希望我也能講授幕末史。在他多次找我到不錯的店喝一杯、積極勸說下，我經不住慫恿，才會有這場講座。受大畑先生的酒飯之恩當然不用說，同時我也深切體認到酒這種玩意能讓人胸襟開闊，無所畏懼地接下重大工作，現在正在反省中。話雖如此，我還是要向大畑先生以及同Nonfiction編輯部的笠井麻衣小姐——彙集成書時給她添了不少麻煩——致上由衷的謝意。另外，也要感謝提供協助的新潮社全體校訂者。真的非常謝謝你們。

本書的主題如同「序章」所述。即向我小學時被灌輸的皇國史觀（亦即薩長史觀）稍微提出異議。薩長對戊辰戰爭時淪為賊軍的諸藩所提出的要求當中，包括背叛德川家的倫理課題以及分外的金錢要求。更廣義的說，亦即被迫忍辱成為薩長的隸屬藩。重道義的武士根本不可能乖乖遵從。戊辰戰爭也因而發生，不過東軍諸藩的箭頭主要是朝向薩長土肥，而非天皇。卻沒想到西軍的戰死者一個全被供奉在靖國神社，而東軍的戰死者至今仍被當作逆賊，沒有任何人被供奉在靖國神社。當靖國問題吵得沸沸揚揚時，雖然也有人致力申訴東軍戰死者受到的不合理待遇，卻遭到眾人遺忘。歷史本應秉持公正的態度，但令人遺憾的是至今薩長史觀仍在世上橫行。現在想想，或許我不過是想替東軍雪恨才花這麼長時間講古。

另外，雖已重複很多遍，從幕末到明治個位數年[2]的政爭當中常可聽到「薩長要取代德川號令天下」這句話。一般認為這句話正好道盡擁戴藩主大鬧一場的「志士」們心聲。不過，事情發展當然不可能那麼順利。世界及國內局勢並不容許這種情況發生。原因是如同勝海舟常說的，除了建立新的統一國家外日本國別無生路。那麼統一國家的方案是什麼？這點新政府的「革命」幾乎什麼都沒考慮過。至於以萬世一系的天皇為軸心作為超越性象徵的構想，要到很久以後才出現。也就是說，或許新政府在明治十年以前勉強奠定了國家運作的基礎，卻畫龍不點睛，薩長真正獲得統一國家所需的精神權威則是很久以後的事。這也是本書僅以「幕末史」作為標題的緣故。

參考文獻列於書末。在此向諸位作者及出版社致上誠摯的謝意。尤其是日置英剛先生所編纂的《新國史大年表》第六卷（國書刊行會）給了我極大的幫助。這本日置先生自身形容為「多此一句年表」真的彌足珍貴。另外先跟各位讀者聲明，除了和歌及俳句外，書中所引用的日記及書簡等均採用新假名及新漢字以方便閱讀，有時會將漢字改成假名、加上標點符號等。這是為了讓近來不懂歷史的年輕人也能夠讀讀本書。另外，除了外國人以外年齡一律採用虛歲。

二〇〇八年十月，這天也是慶喜的大政奉還之日

半藤一利

---

1 人情噺，為落語演目的類型之一，主要是講述人情冷暖、世態炎涼的故事。

2 明治個位數年，指明治元年至十年。

參考文獻

アーネスト・サトウ《一外交官の見た明治維新》（上、下巻）岩波文庫　一九六〇年
飛鳥井雅道《明治大帝》筑摩書房　一九八九年
荒木昌保編《新聞記事で綴る明治史》（上）亜土　一九七五年
石井孝《明治維新の国際的環境》吉川弘文館　一九五七年
石井孝《維新の内乱》至誠堂新書　一九七四年
石井良助、朝倉治彦編《太政官日誌》（第六巻）東京堂出版　一九八一年
稲生典太郎《明治史要》小峰書店　一九五六年
大久保利謙編《明治政府》人物往来社　一九六五年
岡義武《近代日本政治史》（1）創文社　一九六二年
岡義武《黎明期の明治日本》未来社　一九六四年
桶谷秀昭《草花の匂ふ国家》文藝春秋　一九九九年
大仏次郎《天皇の世紀》（1～17）朝日文庫　一九七七～七八年
小田村寅二郎編《新輯日本思想の系譜》（文献資料集〔下〕）時事通信社　一九七一年
黒板勝美編《続徳川実紀》（第三、四、五篇）吉川弘文館　一九九九年
佐々木克《戊辰戰爭》中公新書　一九七七年
佐々木克《志士と官僚》ミネルヴァ書房　一九八四年

渋沢栄一編《昔夢会筆記》平凡社　一九六六年
杉森久英《明治天皇》中央公論社　一九八六年
田中惣五郎《大久保利通》千倉書房　一九三八年
妻木忠太編《維新後大年表》有朋堂書店　一九二八年
富田信男編著《明治国家の苦悩と変容》北樹出版　一九七九年
奈良本辰也《歴史に学ぶ》潮出版社　一九八一年
日本史籍協会編《木戸孝允日記》東京大学出版会　一九六七年
日本史籍協会編《大久保利通日記》東京大学出版会　一九六九年
萩原延寿《遠い崖》（11、12、13巻）朝日新聞社　二〇〇一年
橋本敏夫《勝海舟戊申日記》金鈴社　一九四三年
日置英剛編《新国史大年表》（第六巻）国書刊行会　二〇〇六年
福地源一郎《幕府衰亡論》平凡社　一九六七年
松浦玲《勝海舟》中公新書　一九六八年
松浦玲《徳川慶喜》中公新書　一九七五年
松尾正人《廃藩置県》中公新書　一九八六年
宮地佐一郎編《坂本龍馬全集》光風社書店　一九七八年
村松剛《醒めた炎》（下巻）中央公論社　一九八七年
渡辺幾次郎《明治天皇》明治天皇頌徳会　一九五八年

「幕末史」相關年表

嘉永六年（一八五三）	六月	美國的培里艦隊前來浦賀，要求幕府開國
		第十二代將軍德川家慶去世（享年六十一歲）
	七月	俄羅斯的普提雅廷前來長崎，要求幕府開國
	十月	德川家定就任第十三代將軍
嘉永七年・安政元年（一八五四）	一月	培里再度來航
	三月	簽訂神奈川條約
	八月	簽訂日英和親條約
	十二月	簽訂下田條約
安政二年（一八五五）	十月	安政大地震（江戶地震）
		堀田正睦取代阿部正弘就任筆頭老中
		幕府開設長崎海軍傳習所
	十二月	簽訂日荷和親條約
安政三年（一八五六）	七月	哈里斯前來下田，就任初代美國總領事
	九月	清朝爆發亞羅號事件

安政四年（一八五七）	六月	阿部正弘去世（享年三十九歲）
	十月	哈里斯前往江戶，與將軍家定會面
安政五年（一八五八）	二月	堀田正睦上京，向朝廷奏請准許簽訂日美友好通商條約
	三月	孝明天皇拒絕批准簽訂日美友好通商條約
	四月	井伊直弼就任大老
	六月	簽訂日美友好通商條約
		決定德川慶福（家茂）為將軍繼承人
	七月	將軍家定去世（享年三十五歲）
		薩摩藩藩主島津齊彬去世（享年五十歲）
		分別與荷蘭、俄羅斯及英國簽訂修好通商條約
	八月	朝廷向水戶藩下達「戊午密勅」
	九月	簽訂日法修好通商條約
		安政大獄開始（～安政六年十月）
	十月	德川家茂就任第十四代將軍
安政六年（一八五九）	六月	開放長崎、箱館及神奈川三港
	十月	長州藩士吉田松陰在江戶處以死罪（享年三十歲）
安政七年・萬延元年（一八六〇）	一月	咸臨丸向美國出航。為日本第一艘橫渡太平洋的船
	三月	爆發櫻田門外之變，井伊直弼遭到殺害（享年四十六歲）
	八月	前水戶藩主德川齊昭去世（享年六十一歲）

萬延二年・文久元年（一八六一）	十二月	美國公使館通譯休斯肯遭到薩摩藩浪士暗殺
	四月	和宮受封內親王（翌年二月與家茂舉行婚禮）
	五月	長州藩士長井雅樂向朝廷提出「航海遠航策」，主張開國及公武合體
文久二年（一八六二）	一月	坂下門外之變
	四月	薩摩藩主之父島津久光率兵上京，向朝廷提出幕政改革案
		寺田屋事件，島津久光肅清薩摩藩內的尊皇攘夷派
	六月	公家大原重德與島津久光一同下江戶
	七月	一橋慶喜就任將軍後見職，松平慶永（春嶽）就任政事總裁職
		這時，京都正盛行攘夷運動
	八月	生麥事件
	閏八月	會津藩主松平容保就任京都守護職
	十二月	長州藩士高杉晉作火燒英國公使館
文久三年（一八六三）	二月	長井雅樂遭到攘夷派責難而切腹（享年四十五歲）
	三月	將軍家茂上京，為第三代將軍家光以來睽違二百二十九年的上京
	四月	幕府宣布以五月十日為期，實施攘夷
	五月	長州藩砲轟經過下關的外國船隻
	六月	高杉晉作編制奇兵隊
	七月	薩英戰爭（同年十一月達成和議）
	八月	八月十八日政變，薩摩與會津聯合將攘夷派的長州勢力逐出京都

年	月	事件
文久四年・元治元年（一八六四）	十二月	一橋慶喜等六人被任命為參預（島津久光於翌年一月就任）
	三月	參預會議解體
	六月	池田屋事件
	七月	蛤御門事件
		幕府下令西國諸藩出兵參戰第一次長州征伐
	八月	下關戰爭，長州向四國艦隊投降
元治二年・慶應元年（一八六五）	二月	高杉晉作等人掌握長州藩實權
	五月	坂本龍馬在長崎組成龜山社中
	十月	朝廷勅許簽訂通商條約
慶應二年（一八六六）	一月	薩長同盟成立
		寺田屋騷動
	六月	第二次長州征伐開始
	七月	將軍家茂去世（享年二十一歲）
	九月	幕府與長州藩協定休戰
	十二月	德川慶喜就任第十五代將軍
		孝明天皇駕崩（享年三十六歲）
慶應三年（一八六七）	一月	明治天皇繼承皇位
	四月	高杉晉作去世（享年二十九歲）
	八月	這時發生「有何不可」騷動

年	月	事件
	九月	薩摩、長州及安藝三藩簽訂舉兵討幕的密約
	十月	前土佐藩主山內容堂建議幕府大政奉還
		朝廷向薩長兩藩下達討幕密勅（偽詔）
		將軍慶喜向朝廷提出大政奉還上表文
	十一月	坂本龍馬（享年三十三歲）與中岡慎太郎（享年三十歲）遭到暗殺
	十二月	王政復古大號令
		小御所會議上，做出德川慶喜辭官納地的決定
慶應四年・明治元年（一八六八）	一月	以鳥羽伏見之戰掀開戊辰戰爭序幕
	二月	德川慶喜在上野寬永寺禁閉
	三月	西鄉隆盛與勝海舟針對江戶城開城進行會談
		發布「五條御誓文」、「安撫億兆宸翰」
		勝海舟與英國公使巴夏禮進行會談
	四月	江戶城無血開城
	閏四月	公布政體書，實施太政官制
	五月	成立奧羽越列藩同盟
		上野彰義隊之戰
	七月	江戶改名為東京
		長岡城再度淪陷
	九月	會津、盛岡等藩投降，結束奧羽戰爭

年	月	事件
明治二年（一八六九）	三月	明治天皇遷都東京
	五月	箱館五稜郭之戰，榎本武揚等人投降，結束戊辰戰爭
	六月	版籍奉還
明治四年（一八七一）	二月	創設御親兵（日後的近衛兵）
	七月	廢藩置縣
	十一月	岩倉使節團出發到歐美
明治五年（一八七二）	八月	公布學制
	九月	開通新橋～橫濱之間的鐵路
	十二月	停用陰曆，改採太陽曆
明治六年（一八七三）	一月	公布徵兵令
	六月	征韓論成為閣議議題
	七月	公布地租改正條例
	九月	岩倉使節團回國
	十月	西鄉隆盛於征韓論爭失敗
		眾多參議、軍人等辭職，引發一場大政變
明治七年（一八七四）	一月	板垣退助等人提出民撰議院設立建白書
	二月	佐賀之亂
	五月	台灣出兵（譯注：即牡丹社事件）
明治八年（一八七五）	二月	召開大阪會議，決定三權分立等新體制

明治九年（一八七六）	五月	簽訂庫頁島千島群島交換條約
	九月	江華島事件
	三月	公布帶刀禁止令（廢刀令）
	十月	神風連之亂、秋月之亂、萩之亂
明治十年（一八七七）	一月	爆發西南戰爭
	五月	木戶孝允去世（享年四十五歲）
	九月	西鄉隆盛自刃而死（享年五十一歲），結束西南戰爭
明治十一年（一八七八）	五月	大久保利通遭到暗殺（享年四十九歲）
	十二月	參謀局變成參謀本部，從陸軍省獨立出來

國家圖書館出版品預行編目(CIP)資料

幕末史 / 半藤一利著；黃琳雅譯．──初版．──
新北市：遠足文化，2017.10──（大河；19）
譯自：幕末史
ISBN 978-986-95322-8-0（平裝）
1. 江戶時代 2. 明治維新 3. 日本史

731.268 106016454

大河 19

幕末史

作者──半藤一利
譯者──黃琳雅
總編輯──郭昕詠
編輯──徐昉驊、陳柔君
行銷經理─張元慧
封面設計─霧室
排版──簡單瑛設

社長──郭重興
發行人兼
出版總監─曾大福
出版者──遠足文化事業股份有限公司
地址──231新北市新店區民權路108-2號9樓
電話──(02)2218-1417
傳真──(02)2218-1142
電郵──service@sinobooks.com.tw
郵撥帳號─19504465
客服專線─0800-221-029
部落格──http://777walkers.blogspot.com/
網址──http://www.bookrep.com.tw
法律顧問─華洋法律事務所 蘇文生律師
印製──呈靖彩藝有限公司

初版一刷 2017年10月
初版四刷 2021年12月